BIG

빅데이터, 인공지능을 만나다

DATA

한국금융연수원
KOREA BANKING INSTITUTE

발/간/사

대표적인 글로벌 투자금융회사인 골드만삭스가 자사의 정체성을 'technology company'라 재정의할 만큼 이제 디지털금융 기술은 국내외 금융기관들의 생존을 좌우할 수 있는 핵심분야가 되고 있습니다. 이러한 추세에 맞추어 국내 금융기관들은 디지털금융 기술을 기반으로 기존의 조직체계를 혁신하고 새로운 비즈니스 모델을 구축하고자 디지털 트랜스포메이션을 추진하고 있습니다.

이와 같이 급변하는 금융환경에 대처하고 디지털 트랜스포메이션을 추진 중인 금융기관들의 니즈에 적극 부응하기 위해 한국금융연수원에서는 지난 2019년 7월 디지털금융 전문인력 양성에 특화된 금융DT Academy를 출범한 데 이어, 이번에 디지털금융 전문도서인 「KBI 디지털금융시리즈」를 발간하게 되었습니다.

「KBI 디지털금융시리즈」는 빅데이터, 인공지능, 블록체인, 클라우드, 디지털 마케팅, 디지털금융 비즈니스 등 디지털금융의 6개 핵심분야로 구분하여 각 분야에 정통한 실무전문가들이 이론과 구체적인 사례들을 모아 집필하고, 이에 더하여 각 분야별 디지털 전문가들로 구성된 금융DT Academy 자문단으로부터 감수를 받아 책의 완성도를 높였습니다. 동 시리즈는 디지털 트랜스포메이션을 추진하는 금융인뿐만 아니라 디지털금융에 관심이 있는 일반인에게도 디지털금융에 대한 이론적·실무적 지식을 넓히는 데 큰 도움이 될 것으로 기대합니다.

그동안 「KBI 디지털금융시리즈」가 최종 나오기까지 많은 노력을 기울여온 집필자들, 자문위원들, 그리고 우리 원 관련 직원 여러분들께 깊이 감사드리며 앞으로 동 시리즈가 디지털금융에 대한 우리나라 최고의 실무지침서가 되기를 바랍니다.

한국금융연수원 원장 문재우

머/리/말

몇 년 전 유행했던 빅데이터가 다시 돌아왔다. 많은 기업이 빅데이터를 외치며 관련 예산을 편성하고 있다. 과거와 달라진 점이 있다면, 빅데이터 기술을 대하는 기업들의 자세다. 빅데이터가 우리를 새로운 미래 세상으로 인도해주는 마법의 지팡이라 여기는 환상은 더 이상 없다. 기업은 차분하게 현실적인 한계를 인정하며, 빅데이터를 이용하여 얻을 수 있는 효익과 한계가 무엇인지 분석한다.

빅데이터 기술의 한계를 경험한 회사들은 AI 또는 RPA(Robot Process Automation) 기술과의 조합을 통해 한계를 극복하고 현실적인 성과를 내려 노력한다. 그러나 여전히 실무적으로는 빅데이터에 대한 오해가 많은 듯하다. 빅데이터를 분석한다면서, 엑셀에서 다룰 수 있는 수준의 데이터를 R 또는 파이썬(python)으로 분석 도구만 바꿔 빅데이터 분석이라고 부르는 경우도 많다. 엑셀에서 관련 인과관계 중심의 로직을 설계하고, 이를 R로 간단한 시각화 구현을 해놓고 빅데이터 시각화를 했다고 이야기하기도 한다 모두 빅데이터 도입에 대한 기업 담당자의 무리한 욕심이 빚은 해프닝이다.

빅데이터의 진정한 가치는 의도하지 않았을 때 나타난다. 빅데이터 분석에서는 인과관계가 아니라 상관관계를 통해 인사이트를 얻는다. 여러 형태와 속성의 정형·비정형 데이터를 한군데 모아놓았을 때, 이전에는 보지 못했던 상관관계를 발견하고 이를 통해 이전에 볼 수 없었던 새로운 시각을 얻을 수 있다.

빅데이터 책을 쓰려고 사전 조사를 해보니, R 또는 파이썬 기술을 중점적으로 다루거나 빅데이터를 인문학적 관점에서 살펴본 책은 많았다. 그러나 기업 담당자들이 빅데이터 기술을 자사에 도입할 때 필요한 기초 기술부터 프로세스, 거버넌스 전반에 대한 현실적인 내용을 안내하는 책은 찾기 어려웠다. 이 책은 빅데이터를 도입하고자 하는 기업 담당자들에게 실질적인 도움을 주려 했다.

독자들은 이 책을 통하여 빅데이터 기초부터 빅데이터 분석의 심장 역할을 하는 인공지능(AI) 기술까지, 필요한 지식을 차곡차곡 습득할 수 있을 것이다. 또한 빅데이터와 인공지능(AI)의 기술적 지식뿐만 아니라, 기업이 빅데이터를 활용하고자 할 때 꼭 필요한 빅데이터 거버넌스와 컴플라이언스 그리고 관련된 주요 프라이버시 이슈도 함께 살펴볼 수 있게 했다. 빅데이터 기술에 관심 있는 학생들뿐만 아니라 빅데이터 실무를 맡은 기업 담당자들에게도 많은 도움이 될 것이다.

지도교수님이신 고려대학교 김형중 교수님의 가르침이 없었다면 우리는 이 책을 쓰지 못했을 것이다. 교수님은 곧 은퇴를 하시지만, 그간의 가르침은 이 책을 통해 독자들에게 전달될 것이다. 김형중 교수님께 깊이 감사드린다. 본서가 출판될 수 있도록 지원을 아끼지 않으신 한국금융연수원 문재우 원장님과 편집과 교정의 노고를 아끼지 않은 한국금융연수원 출판미디어사업부 모든 직원에게 깊은 감사의 마음을 전한다.

이 책의 독자 여러분께 따뜻한 봄날의 기운과 평화가 가득하기를 바란다.

심준식, 우재현

Part 1 빅데이터 프로세스와 거버넌스 1

Part

2 인공지능 시대의 빅데이터 분석 방법 161

Part 01

빅데이터 프로세스와 거버넌스

1장 디지털 트랜스포메이션

1절 디지털 트랜스포메이션 개요

인류는 1차 산업혁명을 통해 기계를 이용한 생산성을 높였다. 전기를 발명하여 대량생산을 가능케 함으로써 2차 산업혁명을 해냈다. IT 기술을 이용하여 정보를 빠르고 효율적으로 습득하고, 복잡한 작업을 기계에 맡겨서 자동화하는 3차 산업혁명을 이뤄냈다. 그리고 이제 우리는 4차 산업혁명을 앞두고 있다.

4차 산업혁명이란 무엇인가? 4차 산업혁명이라는 단어는 2016년 세계 다보스포럼에서 클라우스 슈밥(Klaus Schwab)이 "4차 산업혁명의 시대가 왔다"라고 주장하며 처음 사용했다. 슈밥에 따르면, 4차 산업혁명은 이전의 1·2·3차 산업혁명과 달리 선형적 속도가 아닌 기하급수적인 속도로 진행 중이다. 슈밥은 이를 디지털 혁명, 디지털 트랜스포메이션(digital transformation)이라 불렀다.

디지털 트랜스포메이션은 디지털 기술을 기반으로 이종의 과학기술을 융합해서 경제·기업·사회의 패러다임을 근본적으로 바꾸는 파괴적 혁신을 뜻한다. 디지털 트랜스포메이션은 국가 간, 기업 간, 산업 간의 경계를 무너뜨리는, 기존 역사에서 볼 수 없었던 인류 시스템의 근간을 바꾸는 혁명적인 변화를 수반한다.

2절 디지털 트랜스포메이션의 특징

1. 유연성

시장경제의 특성은 '불안하고(volatile), 불확실하고(uncertain), 복잡하고(complex), 모호하다(ambiguous)'는 것이다. 4차 산업혁명은 이를 근본적으로 바꾸고 있다. 디지털 기술을 통해 정보가 투명하게 공유되면서 시장 예측성이 높아지고, 불확실성과 모호성이 낮아졌다. 불필요한 중개자가 사라짐으로써 가치사슬(value chain)이 간결해지며, 복잡했던 유통구조도 간결해졌다.

산업 간 경계도 무너지고 있다. 경계가 없어진다는 표현이 맞을 것이다. 유통업체가 자체 브랜드를 만들어 생산을 하고, 물류 업체는 제품을 기획하여 판매한다. 콘텐츠 배급사는 콘텐츠의 유통뿐만 아니라 제작도 한다. 온라인과 오프라인의 경계도 사라졌다. 오프라인 업체는 온라인 플랫폼을 구축하고, 온라인 회사는 오프라인 플래그십스토어를 만든다.

이처럼 전통적인 경계가 사라지는 것이 디지털 트랜스포메이션의 큰 특징이다. 이를 디지털의 유연성이라 부를 수 있다. 디지털화는 산업 간, 기업 간, 개인 간의 연결을 가능하게 하고 맞춤형 대량생산 시대가 열리고 있음을 의미한다. 디지털 기술을 통해 인간과 기계는 훨씬 더 생산적으로 일하고, 자원은 좀 더 효율적으로 이용된다. 디지털은 세상을 유연하게 바꾸고 있다.

2. 속도

디지털 트랜스포메이션의 가장 큰 특징은 속도라고 할 수 있다. 과거에 제조업은 고객 주문 추이를 보면서 생산량을 결정했다. 디지털 기술의 발전으로 이제는 실시간으로 고객의 반응을 살필 수 있게 됐다. 시스템은 고객이 제품을 클릭한 횟수와 상품 페이지에 머문 시간을 기록한다. 챗봇 상담 기록이 콜센터의 통화 내용과 통합되어 디지털 데이터로 취합된다. 기업은 온라인, 모바일 채널에서 고객이 많이 살펴본 제품의 생산량을 늘리고, 조회 수가 낮은 제품의 생산량은 낮춤으로써 재고 보관 비용을 최소화하고, 고객의 요구에 빠르게 대응할 수 있게 됐다.

이에 따라 개발, 주문, 출시, 배송. 도착까지의 소요 시간이 급격히 단축되고 있다. 산지에서 출하된 식품은 '로켓배송'이라는 이름으로 다음 날 소비자의 식탁에 오른다. 불과 몇 년 사이에 시장의 속도는 과거와는 비교할 수 없을 정도로 빨라졌다. 디지털의 힘이다. 디지털 트랜스포메이션은 '속도 혁명'이다.

3. 디지털 트랜스포메이션과 유니콘

많은 신생 기업이 디지털 기술이나 비즈니스 모델을 기반으로 탄생한다. 그 기업 중 시장에서 미래 가치를 인정받아 '유니콘(Unicorn)'이라는 이름으로 주목을 받는 곳도 있다. '유니콘'이란 기업 가치가 10억 달러(약 1조 원) 이상인 비상장 스타트업(Start-up) 기업을 말한다. 유니콘은 뿔이 하나 달린 전설 속의 동물이다. 스타트업이 상장하기도 전에 기업 가치가 1조 원 이상이 되는 것은 마치 유니콘처럼 상상 속에서만 존재할 수 있다는 의미로 사용됐다. 이는 2013년 벤처투자가인 에일린 리(Aileen Lee)가 처음 사용한 이래 성공한 스타트업의 척도가 됐다.

대표적인 유니콘 기업으로는 미국의 우버·에어비앤비·핀터레스트·깃허브·몽고DB·슬랙·에버노트, 중국의 샤오미·디디추싱 등이 있다. 우리나라에서는 쿠팡, 옐로모바일, 비바리퍼블리카, 야놀자, 위메프 등이 유니콘 기업의 명단에 이름을 올렸다.

유니콘 기업들은 대부분 디지털 기반의 비즈니스 모델과 플랫폼을 가지고 있다. 이에 유니콘의 특징을 아날로그 방식의 디지털 방식으로의 전환, 즉 디지털 트랜스포메이션이라 칭하며, 4차 산업혁명의 급속한 변화에 유연하게 적응해 빠르게 성공한 사례로 인식된다.

4. 속도의 법칙

이전 산업혁명과 비교하여 디지털 트랜스포메이션으로 대표되는 4차 산업혁명만의 특징을 한 가지만 꼽는다면 속도라고 할 수 있다. 4차 산업혁명의 디지털 변화의 속도는 이전 산업혁명과는 비교할 수 없을 만큼 빠르다. 4차 산업의 속도가 너무나도 빨라서 속도와 관련된 흥미로운 이론도 생겨났다. 바로 '무어의 법칙(Moore's Law)'이다.

1) 무어의 법칙

인텔의 공동설립자 고든 무어(Gordon Moore)가 1965년에 주장한 '반도체 집적회로의 성능은 18개월마다 2배로 증가한다'라는 법칙이다. 좀 더 광범위하게 정의하면 컴퓨터의 성능은 일정 시기마다 배가 되며, 기하급수적으로 증가한다는 법칙을 말한다고 볼 수 있다.

원래는 〈일렉트로닉스〉라는 잡지에 논문 형식으로 실렸던 글인데, 후에 널리 인용되며 법칙으로 자리 잡았다. '인터넷은 적은 노력으로도 커다란 결과를 얻을 수 있다'라는 메트칼프의 법칙, '조직은 계속적으로 거래 비용이 적게 드는 쪽으로 변화한다'라는 가치사슬을 지배하는 법칙과 함께 인터넷의 경제 3원칙으로 불린다. 무어의 법칙은 디지털 혁신의 대명사처럼 여겨지며, 1990년대 말 미국의 컴퓨터 관련 기업들이 IT 정보 기술에 막대한 비용을 투자하게 하는 계기가 됐다.

재미있는 점은 무어 본인은 '마이크로 칩의 밀도가 18개월마다 2배로 늘어난다'라는 디지털 트랜스포메이션의 속도를 언급한 적이 없다는 사실이다. 주변에서 무어의 발언을 보완하고 재해석함으로써, 시대에 의해 '무어의 법칙'이 탄생한 셈이다.

2) 지프의 법칙

무어의 법칙 못지 않게 흥미로운 법칙이 있으니, 바로 '지프의 법칙(Zipf's law)'이다. 컴퓨터가 존재하지 않던 시절에도 빅데이터를 분석하여 효과적으로 활용한 학자가 있었다. 1930~1940년대에 하버드대학교 독문학과 학과장으로 있었던 조지 킹슬리 지프(George Kingly Zipf)다.

지프의 법칙에 따르면 사용 빈도가 높은 단어는 소수이고, 다수 또는 대부분의 단어는 사용 빈도가 낮다. 지프의 법칙에 따르면, 어떤 자연어 말뭉치에 나타난 단어들을 사용 빈도가 높은 순서대로 나열했을 때 모든 단어의 사용 빈도는 해당 단어의 순위에 반비례한다. 가장 사용 빈도가 높은 단어는 영어 정관사 'the'이며, 전체 문서에서 7%의 빈도(약 100만 개 남짓의 전체 사용 단어 중 69,971회)를 차지한다. 두 번째로 사용 빈도가 높은 단어는 'of'로 약 3.6%(36,411회)의 빈도를 차지하고 세 번째로 사용 빈도가 높은 단어는 'and'(28,852회)로, 지프의 법칙에 정확히 들어맞는다. 약 135개 항목의 어휘만으로 브라운대학교 말뭉치의 절반을 나타낼 수 있다.

지프가 보기에 모든 단어는 동등하게 창조되지 않았다. 예를 들어 정관사 'the'라는 단어는 자주 사용되지만, 'quiescence(침묵)'이라는 단어는 거의 사용되지 않는다. 지프는 단어 사용의 불균형을 파악하고 이를 깊게 연구했다.

지프는 이렇게 가정했다. 영어라는 언어가 하나의 국가이고, 각각의 단어는 국민이다. 그리고 국민(단어)의 키는 사용되는 빈도에 비례한다. 이에 따르면 자주 사용되는 'the'라는 단어는 거인이고, 'quiescence'라는 단어는 난쟁이에 가까울 것이다. 이 재미있는 가정을 좀 더 확대해보면 어떨까? 이것이 바로 지프가 '지프의 법칙'을 발견하게 된 위대한 질문이었다.

단어의 사용 빈도수를 파악하기 위해 지프는 모든 단어가 사용된 사례를 일일이 세서 손으로 적는 오래된 방식을 따라야 했다. 요즘에는 컴퓨터에 명령어 한 줄이면 가능하지만 1937년 당시에는 단어의 개수를 셀 수 있는 컴퓨터가 존재하지 않았다. 지프의 작업은 난관에 부딪혔다. 그러던 어느 날 지프는 우연히 마일스 L. 핸리(Miles L. Hanley)의 작품을 발견했다. 《율리시스》의 엄청난 팬이었던 그는 '《율리시스》 단어 색인'이라는 엄청난 품이 들어가는 작품을 출간했다. 그는 용어색인(concordance)으로 불리는 학술서의 한 형태인 이 책을, 동료 《율리시스》의 연구자들과 독자들이 《율리시스》에 나오는 모든 단어의 사례를 찾아볼 수 있도록 하고자 썼다. 지프는 핸리의 색인에서 각각의 항목이 얼마나 긴지만 세면 됐다. 지프는 컴퓨터가 없던 시절, 빅데이터를 사용하여 단어 간의 빈도수를 분석했다.

1930년대의 인문학자 지프는 시대를 앞서서 빅데이터를 어떻게 효과적으로 다뤄야 하는지를 알고 있었다. 지프는 자신이 구할 수 있는 데이터의 종류와 특성을 고려하여 질문을 정교하게 재구성했다. 모든 단어의 수를 센다는 불가능한 문제에 매달리기보다는 '《율리시스》에 등장하는 단어들의 수'라는 샘플을 찾고, 이를 효과적으로 분석할 수 있는 도구(색인)를 찾았다. 핸리의 색인으로 무장한 지프는 《율리시스》에 등장하는 단어들을 빈도에 따라 순위를 매겼다.

최고의 자리는 정관사 'the'가 차지했는데 14,877회, 즉 18단어마다 한 번씩 등장했다. 열 번째로 자주 등장한 단어는 'I(나)'로 2,653회였다. 'Say'는 265회로 100단어마다 한 번씩 나왔다. 'Step'은 26회로 1000단어마다 한 번씩 나왔으며 1,000번째 자리에 놓였다. 1만 번째에는 'indisputable(반론의 여지가 없는)'을 비롯한 여러 단어가 올랐는데 단지 2회만 등장했다.

순위표를 읽어보면서 지프는 재미난 사실을 알아챘다. 단어의 순위와 빈도 사이에는 반비례 관계가 성립한다는 점이었다. 만약 어떤 단어의 순위를 숫자로 나타냈을 때 다른 단어의 순위보다 10배 크다면, 예컨대 50위가 아니라 500위라면 그것의 빈도는 다른 단어의 10분의 1이었다. 예를 들면 3,326회 언급되어 8위에 오른 'his'는 330회 등장해 80위에 오른 'eyes'에 비해 빈도수가 10배 컸다.

이 사실을 달리 생각해보면 우리가 기대하는 것보다 등장하는 단어들의 수가 훨씬 적다는 뜻이다. 《율리시스》에서는 겨우 10개의 단어만이 2,653회 이상 사용됐다. 100개 이상의 단어가 265회 사용됐고, 1,000개의 단어가 26회 사용됐다. 지프도 곧 발견한 사실이지만, 이 점은 단지 조이스의 《율리시스》에서만 나타나는 특징이 아니었다. 이와 똑같은 규칙성이 신문, 중국어나 라틴어로 쓰인 문서, 그리고 지프가 살펴본 거의 모든 것에서 발견됐다.

오늘날 지프의 법칙으로 불리는 이 발견은 세상에 알려진 모든 언어의 보편적 구성 원리임이 밝혀졌다. 지프는 컴퓨터가 없던 시절 빅데이터를 분석하여 모든 언어의 보편적 구성 원리를 밝혀냈다. 지프가 시대를 한참 앞서 어떻게 빅데이터를 다뤘는지, 그 과정을 우리는 배워야 한다. 빅데이터 분석에서 중요한 것은 성능이 좋은 도구가 아니라 분석 방법과 방향이다.

3절 디지털 트랜스포메이션과 경영혁신

1. 경영혁신의 세 측면

경영혁신은 크게 세 가지로 분류할 수 있다. 상품과 서비스에 혁신을 불어넣는 제품 및 서비스 혁신, 운영적인 측면에서 혁신을 불어넣는 프로세스 혁신, 그리고 회사의 사업 모델에 혁신을 불어넣는 비즈니스 모델 혁신이다.

한국 기업들의 경영혁신 활동은 이 가운데 프로세스 혁신을 통한 회사의 운영 효율성 개선에 치중되어 있었다. 디지털 혁신 시대 경영혁신의 중심은 창의적이고 선도적인 비즈니스 모델 혁신이 되어야 한다. 디지털 기술을 이용한 비즈니스 모델 혁신은 과거에 없던 새로운 사업 영역을 만들어가고 있다. 아마존이나 페이스북에서 볼 수 있듯이 아이디어와 디지털 기술이 결합하면서 새롭게 부상하고 있는 디지털 플랫폼 모델은 차량이나 호텔 등의 무거운 인프라 없이도 기존 산업을 위협할 정도로 빠르게 성장하고 있다.

2. 경영혁신을 요구하는 디지털 환경의 변화

기존 비즈니스 모델에 데이터를 활용한 디지털 서비스 모델을 추가해서 경쟁력을 강화한 좋은 예가 미국의 스포츠용품 브랜드 '언더아머(Under Armour)'다. 언더아머는 스포츠웨어를 중심으로 하는 의류 회사로, 패션 업계에서의 성공을 기반으로 데이터 및 분석 회사로 변신하고 있다.

언더아머는 기존 패션 사업의 경쟁력을 강화하기 위해 디지털 혁신을 주요 어젠다(agenda)로 설정했다. 그리고 운동 앱(app)을 만들어서 사용자의 운동, 식이, 수면 등의 정보를 입력하고 관리하게 했다. 이 정보를 활용한 기록 분석을 통해 지속적인 운동 성과의 향상으로 고객 만족도를 높였다.

이런 자사 앱이 성공을 거두자 애플 헬스(Apple health), 핏빗(Fitbit), 미스피트(Missfit) 등 타사 운동 서비스 앱과 IoT 기술을 연동해 개방형 건강 디지털 플랫폼을 구축했다. 이와 같이 타사 앱과 연동함으로써 플랫폼 이용이 더욱 활성화되면서 선순환을 일으켜 데이터 확보 속도가 지속적으로 빨라졌다. 언더아머는 막대한 양의 데이터 처리를 위해 기업용 클라우드 회사인 SAP와 제휴함으로써 전 세계 개인들의 데이터를 빠른 속도로 처리하고 분석할 수 있는 플랫폼을 구축했다. 이처럼 언더아머는 디지털 플랫폼에서 수집된 소비자의 데이터를 활용하여 마케팅 플랫폼으로 진화했다. 더 나아가 식품 회사, 제약사, 병원 등과도 데이터를 교환하는 헬스케어 개방형 통합 디지털 플랫폼을 구축했다.

3. 축소 또는 확장되는 기업의 경계

핵심 역량이 있는 좁은 부분에만 초점을 둔다는 점에서는 기업의 경계가 축소되지만, 핵심 역량 외의 기능을 보완하기 위해 외부의 광범위한 파트너에 의존한다는 측면에서는 오히려 기업의 경계가 확장된다. 맥도날드의 주문 혁신이 좋은 사례다.

맥도날드의 드라이브 스루 매장을 생각해보자. 차량 주문 마이크를 통해 고객의 주문을 접수한 담당 시급제 종업원은 주문 내용을 주방 요리사에게 전달하고, 1~2분 후에 고객에게 빅맥 버거를 제공할 수 있다. 그간 이것은 아웃소싱이 불가능한 직업이었지만, 디지털 기술은 맥도날드의 주문 처리 과정을 변화시켰다. 오늘날 애틀랜타 맥도날드 드라이브 스루 주문 장소에 도착한 고객은 스피커폰 반대편의 주문 접수자가 수천 마일 떨어진 하와이에 있다는 것을 거의 모른다. 전체 상호작용은 디지털화된 음성 패킷이 하와이로 보내지면서 이뤄진다. 하와이의 주문 접수 종업원이 주문을 컴퓨터에 입력하면, 고객이 있는 애틀

랜타 가게 컴퓨터에 그 결과가 표시된다. 주문 처리에 거의 시간이 소요되지 않으며, 전문화된 주문 접수는 고객에게는 보다 일관된 경험이 되고 맥도날드 종업원들의 전문성은 보다 심화된다.

이와 같은 사례에서 보듯, 기업은 디지털 기술을 통해 밖으로는 경계를 넓혀 외부 파트너와 긴밀히 협력하고 안으로는 경계를 더욱 좁혀 핵심 역량에 집중하는 것이 필요하다.

4. 디지털 트랜스포메이션의 흔적, 데이터

디지털 트랜스포메이션의 흔적은 데이터다. 디지털 트랜스포메이션의 흔적은 너무 많아서 일반적인 정보 처리 기술로 감당하지 못할 만큼 크다. 이른바 '빅데이터'다. 1930년대 컴퓨터가 없던 시절 조지 킹슬리 지프가 모든 언어에 적용할 수 있는 법칙을 발견했듯이, 우리도 데이터를 통해 기업의 경영에 도움이 되는 새로운 규칙을 찾아낼 수 있다. 빅데이터 분석을 통해 인사이트를 얻고, 이를 통해 기업의 매출을 높이고, 비용을 줄일 수 있다. 디지털 트랜스포메이션의 성패가 데이터 분석 및 활용에 달려 있는 이유다.

디지털 기술을 적극적으로 활용하여 변화에 능동적으로 대처한다면, 전에는 볼 수 없었던 새로운 기회와 시장이 열릴 수 있다. 지금부터 빅데이터에 대해서 좀 더 자세히 살펴보도록 하겠다.

2장 빅데이터의 개요

1절 빅데이터란 무엇인가

1. 인류 초기의 데이터

우리 조상 호모사피엔스는 현재 우리와 같은 모습이 되기 전부터 데이터를 사용했다. 동물원의 동물들이 저마다 자신이 좋아하는 이상한 소리를 내는 것처럼, 초기 인류도 모호한 소리를 내는 것을 좋아했다. 처음에는 단순히 그런 소리를 내는 것을 좋아했을 테지만, 점차 그 소리로 데이터를 전달하기 시작했다. 초기 인류는 이해하고 전달해야 하는 데이터가 적었기 때문에 언어와 숫자가 필요하지 않았다.

인류가 점차 진보하고 문명화가 진행되면서 표현해야 하는 데이터도 많아졌고, 몇 가지 소리만으로는 감당할 수 없게 되면서 언어가 생겼다. 그 시대에는 인간이 생활하면서 쌓은 경험 데이터가 생존을 위한 정보가 되는 가장 소중한 재산이었고, 구술 언어로 후대에 전해졌다. 인류가 음식과 물건을 소비하면서 '많고 적음'이라는 개념도 생겼다.

2. 문자와 숫자의 출현

1) 문자

우리 조상들은 새로운 사물을 신속히 학습했고 언어도 점점 풍부해지고 추상적이 됐다. 물체, 수량, 동작 등 언어로 묘사되는 공통의 요소들이 추상화되면서 현재 쓰는 어휘가 만들어졌다. 언어와 어휘가 어느 정도까지 많아지자 두뇌에만 의지해선 모든 어휘를 기억할 수 없게 됐다. 모든 지식을 기억해내는 사람은 없다. 그래서 정보를 효율적으로 기록해야 할 필요성이 생겼고, 이것이 바로 문자의 기원이다.

1782년 이집트에서 로제타 비석이 발견돼 기원전 32세기(초기 왕조 시대)부터 지금까지 이집트 전체 역사를 파악하게 됐고, 이는 역사학계와 언어학계를 흥분시켰다. 현재 우리는 1,000년 전 마야 문명보다 5,000년 전 이집트에 대해 더 많이 알고 있다. 이는 이집트인이 그들 생활의 가장 중요한 정보를 문자로 기록해둔 덕분이다. 1822년 프랑스 언어학자 장프랑수아 샹폴리옹(Jean-François Champollion)이 고대 이집트 상형문자를 해석하여 로제타 비석의 내용을 풀어냈다.

로제타 비석을 통해 우리는 다음과 같은 사실을 알 수 있다.

(1) 정보가 많으면 안정성이 확보된다

로제타 비석의 내용을 보면 같은 정보가 세 번 반복된다. 이는 요즘 기업에서 빅데이터 플랫폼을 운영할 때 빅데이터의 안정성을 확보하기 위해 같은 데이터의 복사본을 2개 더 보관하는 '빅데이터 3copy 정책'과도 일맥상통한다.

(2) 텍스트 형태의 데이터는 가치 있는 정보를 담고 있을 확률이 높다

로제타 비석 사례에서 코퍼스(Corpus, 말뭉치)라고 하는 언어 데이터는 숫자 또는 상징 같은 형태의 데이터와 비교하여 월등히 가치 있는 정보를 담고 있었다. 특히 두 언어나 여러 언어가 동시에 사용됐을 경우, 비교 분석을 함으로써 정확한 의미 전달이 가능하다. 이는 현재의 데이터 분석에서도 마찬가지다. 여러 언어를 비교 분석하여 정확한 의미를 파악하고자 했던 로제타 비석 연구 방식은 현대 기계언어 연구의 기초가 됐다. 로제타 비석 해독 이후 구글을 비롯한 많은 기계번역 서비스가 '로제타'를 표방하는 것도 이상한 일이 아니다. 언어학자들에게 로제타는 번역의 가장 효과적인 방법론을 뜻하기 때문이다.

2) 숫자

문자는 상고 시대의 '정보 빅뱅'으로 사람들의 머리에 그 정보를 담을 수 없을 때 등장한 반면, 숫자는 하나하나 세어야 재산이 얼마나 있는지 파악할 수 있는 만큼 사람들이 가진 게 많아졌을 때 등장했다. 초기의 인류는 수를 잘 세기 위해 나무, 뼈 또는 휴대하기 편한 다른 물건에 숫자를 하나하나 새겼다.

1970년대 한 고고학자가 스와질란드와 남아프리카공화국 사이에 있는 르봄보(Lebombo)산에서 35,000년 전 개코원숭이 종아리뼈 몇 개를 발견했는데, 거기에는 셈을 했던 흔적이 있었다. 역사학자들은 이를 지금까지 발견한 것 중 인류 최초의 셈 도구라고 보고 있다. 이를 통해 35,000년 전 인간에게 수 체계가 생기기 시작했음을 알 수 있다. 기록할 수 있는 형태를 갖춘 숫자와 상형문자는 같은 시기에 탄생된 것이 분명하며 지금으로부터 수천 년의 역사를 갖는다.

3) 표음문자

사물의 규칙성은 내재적이며, 그 매개체에 따라 바뀌지 않는다. 자연어는 은연중에 정보과학 규칙에 따라 발전해나갔다. 티그리스강과 유프라테스강 사이의 메소포타미아 지역에 두 번째 인류 문명이 세워질 무렵, 표음문자라는 새로운 문자가 탄생했다. 표음문자는 페니키아인이 메소포타미아에서 지중해의 동부 해역인 시리아로 전했다. 타고난 상인인 페니키아인은 표음문자를 새기는 데 많은 시간을 들이고 싶지 않아 자모를 22개로 간소화했다.

이 자모는 페니키아의 위쪽 지역인 에게해의 여러 섬(크레타섬 등)을 거쳐 그리스인의 조상에게로 전해졌다. 표음문자는 고대 그리스에서 활발하게 발전하면서 그리스 문자 자모의 표기법, 발음과 긴밀히 결합해 상대적으로 배우기 쉬운 언어가 됐다.

이후 몇 세기 동안 마케도니아인과 로마인의 세력이 확장되면서 수십 개 자모만으로 구성된 이 언어는 아프로-유라시아(Afro-Eurasia) 대륙 언어 체계의 중심이 됐고, 이로써 현재 서구의 모든 표음문자는 '로마식 언어(Roman languages)'라고 불리게 됐다.

상형문자에서 표음문자로의 이행은 비약적인 발전이었다. 인간이 사물을 설명하는 방식이 사물의 외관에서 추상적인 개념으로 진화했고, 알게 모르게 정보에 코딩을 적용했기 때문이다. 그뿐만 아니라 우리 조상의 문자 코딩은 매우 합리적이었다. 로마 문자체계를 전체적으로 보면, 자주 사용되는 글자는 짧고 잘 쓰이지 않는 글자는 길다. 정보 이론에서 가장 짧은 코딩 원리에 딱 들어맞는다.

3. 역사 속의 데이터 검증

중국의 역사가 사마천은 약 53만 자로 수천 년 중국의 역사를 기록했고, 멀리 중동의 유대인도 비슷한 길이로 창세기 이래, 특히 모세 이후 조상들의 역사를 기록했다. 이것이 바로 《성경》의 구약이다. 《성경》의 간결한 문체는 중국의 《사기》와 매우 비슷하다. 그러나 1인 저자가 쓴 《사기》와 달리 《성경》은 수 세기에 걸쳐 쓰였고, 후대인이 보충할 때까지 수백 년, 심지어 수천 년 전의 원자 필사본을 참고했다.

필사할 때 오류가 생기는 것은 불가피했다. 그래서 유대인은 현재 컴퓨터나 통신의 체크코드(check code)와 유사한 방법을 발명했다. 즉, 히브리어 자모 하나에 숫자를 하나씩 대응시킨 것이다. 그런 후 각 행의 문자를 합치면 특수한 문자가 얻어지고, 이 숫자가 그 행의 체크코드가 된다. 마찬가지로 각 열도 이렇게 처리한다. 유대인은 《성경》 한 페이지 필사가 끝나면 각 행의 문자를 더해 새로운 체크코드가 원문과 동일한지를 살폈다. 한 페이지의 각 행, 열의 체크코드가 원문과 완전히 일치하면 그 페이지의 필사에 오류가 없다는 뜻이다.

4. 데이터의 성격

21세기의 가장 중요한 원자재는 데이터다. 데이터는 새로운 시대의 석유다. 한 세기가 넘도록 인간 사회와 경제는 석유를 발견해 수출하고, 이송·저장·정제하여 전 세계가 사용하는 제품을 만들어내는 기술을 바탕으로 발전해왔다. 미가공 데이터를 제품 및 서비스로 탈바꿈시키는 역량이 삶을 바꿔놓고 있다. 미가공 상태의 원유는 무용지물이다. 원유를 정제하여 휘발유, 플라스틱, 기타 화학제품으로 만들어야 비로소 효용이 발생한다.

원유와 마찬가지로 미가공 데이터 역시 그 자체로는 별 쓸모가 없다. 데이터의 가치는 데이터를 전처리하고, 통합하고, 비교 분석하여 새로운 데이터 제품과 서비스를 내놓는 데이터 분석 능력에 좌우된다. 가공된 원유가 2차 산업혁명의 원동력이었듯이, 가공된 데이터는 4차 산업혁명으로 대표되는 디지털 트랜스포메이션의 핵심 자원이다.

석유의 매장량은 유한하며, 매장량이 줄어들수록 생산 비용이 상승한다. 다행히도 데이터는 석유와 근본적으로 다르다. 과학기술의 발달에 따라 데이터 생산량은 기하급수적으로 증가하는 반면, 데이터의 가공에 드는 비용은 감소한다.

5. 빅데이터의 출현 배경

데이터 산업은 일반적으로 데이터의 생산, 수집, 저장, 처리, 분석, 유통, 활용 등을 통해 상품을 생산 및 제공하는 산업으로 정의된다. 최근 국내 데이터 산업이 급격히 부상하고 있다. 한국산업진흥원에 따르면 2018년 국내 데이터 산업의 전체 시장 규모는 15조 1,525억 원이며, 2017년의 14조 3,530억 원 대비 5.6% 성장한 것으로 나타났다.

데이터 산업이 부상하는 이유는 데이터 자원을 활용하여 새로운 비즈니스 가치를 창출할 수 있기 때문이다. 최근 부상하고 있는 인공지능 기술은 이런 데이터를 분석하고 활용하여 새로운 제품 및 서비스를 만들 수 있도록 돕는다. 이렇게 창출된 새로운 비즈니스 가치는 산업 전반에 혁신을 일으키고 더 많은 데이터를 생성함으로써 데이터 과학의 선순환 고리를 완성한다.

통계청의 발표에 따르면 우리나라 국민의 93%가 스마트폰을 가지고 있으며, 스마트폰 사용에 일평균 3시간가량을 소비하고 있다. 하루에 스마트폰을 만지는 횟수는 약 90회로 추산된다. 사실 스마트폰은 만지지 않고 들고만 다녀도, 위치 정보를 통해 데이터를 생성한다. 은행 계좌가 없는 사람은 있어도, 스마트폰이 없는 사람은 찾기 힘들다. 심지어 글을 쓸 줄 모르는 아이들도 스마트폰을 이용하여 능숙하게 콘텐츠를 소비한다.

이처럼 데이터가 끊임없이 생성되니. 석유와 달리 고갈될 걱정은 없다. 석유를 사용할 때는 자원의 유한성과 물리적 형태라는 사실에 제약을 받는다. 반면 데이터를 사용할 때는 자원의 유한성과 지리적·물리적 제약을 뛰어넘는다. 특히 4차 산업혁명, 디지털 트랜스포메이션의 시대로 오면서 다양한 디지털 기기에서 실시간으로 생성되는 데이터는 기존과 비교할 수 없을 만큼 양이 많아졌고, 생성 속도도 빨라졌다. 이런 변화는 정보 가치의 희소성보다는 가공 능력과 속도의 중요성을 부각시켰고, 기존의 정보 처리 시스템으로 다루기 어려운 수준이 됐다. 이처럼 다양하고 복잡하며 많은 양의 데이터를 '빅데이터'라 부른다.

〈표 1-1〉 빅데이터 출현 배경

출현 배경	내용
사용자 데이터 수요 증가	온라인, 오프라인 사용자 정보 및 소비 패턴 데이터 수요 증가로 관련 데이터의 저장 증가
미디어 콘텐츠 증가	의료(CT 촬영), 보안(CCTV) 등 다양한 분야에서 멀티미디어 콘텐츠가 생산되며 데이터 증가
SNS 사용 인구 증가	스마트폰의 보급에 따른 SNS 사용 인구 확산
IOT 기기 증가	디지털 기기 간 연결이 보편화되며, 이종 데이터 간의 결합 사례 증가

출처: Mckinsey, "Big Data: The Next Frontier for Innovation, Competition, and Productivity"

시장조사기관 가트너(Gartner)사의 'Big Data Analytics'에 따르면 기존 데이터처리와 빅데이터 처리에 대해 다음과 같은 차이점을 설명하였다.

1) 빠른 의사결정이 상대적으로 덜 요구된다.

대용량 데이터를 기반으로 한 분석은 장기적이고 전략적이며 계속된 접근이 필요하다. 하지만 기존의 데이터는 문제에 대한 즉각적인 대응 처리속도가 매우 중요하다. 기존 데이터의 빠른 의사결정과는 달리 빅데이터는 상대적으로 의사결정이 느리다고 볼 수 있다.

2) 프로세싱 복잡도가 높다.

다양한 데이터, 복잡한 로직 처리, 대용량 데이터 처리 등으로 인해 프로세싱의 복잡도가 매우 높으며, 이를 해결하기 위해 통상적으로 분산 처리 기술이 필요하다.

3) 처리할 데이터양이 방대하다.

빅데이터는 DBMS가 저장, 관리, 분석할 수 있는 범위를 초과하는 규모의 데이터이다. 기존 방법과 비교해 처리해야 할 데이터 양이 매우 크다.

4) 비정형 데이터의 비중이 높다.

빅데이터에는 로그 데이터, 구매기록 등 정형 데이터와 소셜미디어, 위치 센서, 콜센터 로그, 통신 CDR 로그 등 비정형 데이터가 포함되어 비정형 데이터 비중이 높다.

5) 분석/처리 유연성이 높다.

기존 데이터 분석 체계와 비교하여 빅데이터는 사전에 정의된 데이터 분석모델이 없어 상대적으로 분석/처리 유연성이 높다.

6) 실시간 처리가 어렵다.

빅데이터는 용량이 크고, 복잡성이 높은 특징이 있어서 동시에 실시간으로 처리가 보장되어야 하는 데이터 분석 업무에는 적합하지 않다.

6. 빅데이터의 특징

빅데이터는 데이터의 양이 매우 많고, 생성 속도가 빠르며, 형태가 다양한 것이 주요 특징이다. 최근에는 빅데이터의 특성을 설명하기 위해 영문의 머리글자를 따서 '5V'라고도 부른다. 데이터의 양(Volume), 생성 속도(Velocity), 형태의 다양성(Variety)에 데이터의 가치(Value)와 정확성(Veracity)을 덧붙인 개념이다.

1) 양

빅데이터의 양(Volume)은 단일 데이터 집합의 크기가 수십 테라바이트에서 수 페타바이트에 이르며, 그 크기가 끊임없이 증가하는 것이 특징이다. 어느 정도가 많다는 것일까? 사실 이는 절대적인 개념이 아니라 상대적인 개념이다. 일반적으로 보유하고 있는 기반 인프라로 감당하기 어려운 수준의 크기이면 빅데이터라 할 수 있다. 디지털 기술의 발달로 데이터 조사를 할 때 더는 표본 추출을 하지 않는 추세다. 샘플이 아닌 전수 조사가 가능해졌다.

2) 속도

속도(Velocity)는 대용량의 데이터를 빠르게 처리하고 분석할 수 있는 속성이다. 디지털 데이터는 매우 빠른 속도로 생산되므로, 이를 실시간으로 저장·유통·수집·분석 처리가 가능한 성능을 의미한다.

3) 다양성

다양성(Variety)은 다양한 종류의 데이터를 의미하며, 정형화의 종류에 따라 정형·반정형·비정형으로 분류할 수 있다. 이처럼 다양하고 방대한 규모의 데이터는 미래 경쟁력의 우위를 좌우하는 중요한 자원으로 활용될 수 있다는 점에서 주목받고 있다. 대규모 데이터를 분석해서 의미 있는 정보를 찾아내려는 시도는 예전에도 존재했다. 그러나 현재의 빅데이터 환경은 과거와 비교해 데이터의 양은 물론 질과 다양성 측면에서 패러다임의 전환을 의미한다. 이런 관점에서 빅데이터는 산업혁명 시기의 석탄처럼 IT와 스마트 혁명 시기에 혁신 경쟁력 강화, 생산성 향상을 위한 중요한 원천으로 간주되고 있다.

4) 가치

다양한 종류의 많은 데이터를 빠른 속도로 처리하는 빅데이터 기술은 의미 없는 수많은 데이터에 가치를 부여할 수 있게 했다. 기업은 단편적으로는 의미가 없는 데이터 조각들을 한곳에 모아, 빅데이터화하여 분석함으로써 새로운 시각과 인사이트를 얻는다. 이처럼 기업이 빅데이터 분석을 하는 궁극적인 목적은 현재 당면하고 있는 문제를 해결하는 데 유용한 가치 있는 정보를 얻기 위해서다. 따라서 가치(Value)는 빅데이터의 주요 특징이다.

5) 정확성

빅데이터 시대에는 방대한 양의 데이터를 분석하여 일정한 패턴을 추출할 수 있다. 하지만 정보의 양이 많아지는 만큼 데이터의 신뢰성이 떨어지기 쉽다. 따라서 빅데이터를 분석하는 데 기업이나 기관에 수집된 데이터가 정확한 것인지, 분석할 만한 가치가 있는지 등을 살펴야 하는 필요성이 대두했다. 이런 측면에서 빅데이터의 특징으로 정확성(Veracity)이 제시되고 있다.

7. 빅데이터의 새로운 V

1) 가변성(Variability)

최근 소셜 미디어의 확산으로 자신의 의견을 웹사이트를 통해 자유롭게 게시하는 일이 쉬워졌다. 그런데 생각을 글로 표현할 때, 때로는 맥락에 따라 자신의 의도와 달리 오해를 불러일으킬 수 있다. 이처럼 데이터가 맥락에 따라 의미가 달라진다고 하여 빅데이터의 새로운 속성으로 가변성(Variability)이 제시되고 있다.

2) 시각화(Visualization)

빅데이터는 정형 및 비정형 데이터를 수집하여 복잡한 분석을 실행한 후 용도에 맞게 정보를 가공하는 과정을 거친다. 이때 중요한 것은 정보를 사용할 대상자를 얼마나 이해하고 있느냐다. 사용자를 이해하지 못한다면 정보를 가공하는 데 들어간 시간적·경제적 비용이 무용지물이 될 수 있기 때문이다.

〈표 1-2〉 빅데이터 정의

구분	정의	참고
Mckinsey	일반적인 데이터베이스 SW가 저장, 관리, 분석할 수 있는 범위를 초과할 수 있는 규모의 데이터	데이터의 규모에 초점
IDC	다양한 종류의 대규모 데이터로부터 저렴한 비용으로 가치를 창출하고, 데이터의 초고속 수집·발굴·분석을 지원하도록 고안된 차세대 기술 및 아키텍처	업무 수행에 초점
Gartner	빅데이터는 21C의 원유	데이터 활용에 초점

출처: 최규현, "빅데이터 연구 동향과 시사점"

8. 광범위한 데이터의 다양성

데이터 소스의 다양성이 지속적으로 증가하고 있다. ERP나 CRM 시스템같이 내부 프로세스에 중점을 둔 전통적 운영 시스템들은 분석에 사용되는 데이터의 주요한 원천이었다. 그러나 지식과 인식의 확산을 위하여 다음과 같이 광범

위한 데이터 소스들이 포함되면서 애널리스틱스 프로세스에 유입되는 데이터 소스들의 복잡성이 급속도로 증가하고 있다.

데이터의 다양성에 대해서는 다음을 예로 들 수 있다.

- 인터넷 데이터: 클릭스트림, 소셜 미디어, 소셜 네트워크 링크 정보
- 조사 자료: 설문조사 정보, 실험 정보, 관측 정보, 경쟁사와 시장 데이터, 산업 보고서, 고객 데이터, 비즈니스 데이터 등
- 위치 데이터: 모바일 기기 데이터, 지리 공간 데이터 등
- 이미지 데이터: 영화, TV 방송, DVD, CCTV 데이터 등
- 기업 데이터: SAP ERP 데이터, EDI, 가격·품질 관련 정보 등
- 다양한 디지털 디바이스 데이터: 센서 정보, PLCs, RF 장치, LIMs, 원격 측정 정보 등

데이터의 광범위한 다양성은 데이터를 저장소에 입력하는 작업에 상당한 어려움을 불러일으킨다. 이런 데이터의 다양성은 데이터의 전처리 작업(데이터를 분석 처리에 활용할 수 있는 형태로 변경하는 작업)을 매우 까다롭게 만든다.

빅데이터 분석 실무자들은 분석의 8할이 전처리라 표현한다. 데이터 분석 실무의 상당한 시간과 노력을 전처리에 소비하는 것이 현실이기 때문이다. 따라서 빅데이터를 분석할 수 있는 상태로 만드는 '데이터 전처리 과정'을 얼마나 효율적으로 수행하느냐가 매우 중요하다.

9. 정형 데이터와 비정형 데이터

이런 다양한 데이터는 정형 데이터와 비정형 데이터로 나눌 수 있다. 저장과 분석이 용이한 유형의 데이터를 '정형 데이터'라 하고, 쉬운 정의가 불가능하고 엄청난 저장 용량이 들어가며 일반적으로 분석이 매우 까다로운 형태의 데이터를

'비정형 데이터'라 한다. 정형 데이터와 비정형 데이터를 가르는 기준은 무엇일까? 고정된 필드에 저장되어 지는지 여부이다. 고정된 필드에 저장되어 있지는 않지만, 메타데이터나 스카마등을 포함하는 데이터를 '반정형 데이터'라 한다.

정형 데이터의 대표적인 예는 기업의 ERP 시스템에서 산출되는 숫자로 이뤄진 재무제표를 들 수 있다. 비정형 데이터는 텍스트, 이미지 데이터를 떠올리면 쉽다. 페이스북, 인스타그램 등 소셜 미디어를 통해 폭발적으로 생성되고 있는 데이터는 대부분이 텍스트와 이미지 등의 비정형 데이터다. 정형 데이터가 선형적인 형태로 증가하는 데 비해, 비정형 데이터는 기하급수적으로 증가하고 있다. 따라서 빅데이터 분석에서는 정형 데이터보다 텍스트나 이미지 등 비정형 데이터의 분석이 더 중요시된다.

〈표 1-3〉 빅데이터의 유형

구분	설명
정형 (Structured)	고정된 필드에 저장된 데이터 (예: 관계형 데이터베이스, 스프레드시트)
반정형 (Semi-Structured)	고정된 필드에 저장되어 있지는 않지만, 메타데이터나 스키마 등을 포함하는 데이터 (예: XML, HTML 텍스트)
비정형 (Unstructured)	고정된 필드에 저장되어 있지 않은 데이터 (예: 텍스트 분석이 가능한 텍스트 문서 및 이미지·동영상·음성 데이터)

출처: 김종업·임상규, "빅데이터(Big Data)의 활용과 개인정보보호"

10. 내부 데이터와 외부 데이터

수집 데이터의 위치에 따라, 내부 데이터와 외부 데이터로 구분할 수 있다. 이는 데이터가 저장되는 위치가 아니라, 데이터가 발생하는 위치를 뜻한다. 수집 시 내부와 외부 데이터를 분류하는 가장 큰 이유는 원천 시스템과의 연계를 위한 인터페이스의 기술적 방법 및 정책적 차이점 때문이다.

〈표 1-4〉 수집 데이터의 위치에 따른 유형

구분	특징
내부 데이터	- 수집하는 원천 데이터의 저장소가 내부 시스템에 있는 데이터 - 수집 난이도와 위험도가 외부데이터에 비해 낮음
외부데이터	- 수집하는 원천데이터가 외부 시스템에 있는 데이터 - 수집 난이도와 위험도가 내부데이터 보다 높음

2절 빅데이터의 활용 가능성

1. 데이터 기반의 비즈니스

빅데이터가 중요시되는 시대다. 산업 전체적으로 데이터의 양이 폭발적으로 증가하면서 빅데이터를 분석하고 활용할 수 있는 역량이 기업의 핵심 역량으로 자리 잡았다. 역사상 어느 시기보다 데이터의 중요성이 부각되고 있는 현시점에서 기업들은 어떤 방식으로 데이터를 활용해나갈지 고민하고 있다.

데이터를 많이 모으는 것도 중요하지만 더 중요한 것은 필요한 데이터를 체계적으로 분석하고 추출하여 유효한 운영 정보로 활용하는 것이다. 이를 '빅데이터 애널리틱스(big data analytics)'라 부른다. MIT 슬론 매니지먼트 리뷰(SMR)는 "빅데이터 그 자체뿐만 아니라, 빅데이터를 분석하는 기술이 곧 기업의 경쟁력이 될 것이다"라고 주장했다.

빅데이터 애널리틱스는 단순히 데이터의 분석이나 지표의 제시가 아니라 내부, 외부 데이터의 통합 분석에 의해 경영진의 의사결정에 영향을 준다는 측면에서 의미를 갖는다. 기업의 의사결정에 영향을 미칠 수 있는 비즈니스 가치와 통찰을 부여하는 것은 빅데이터 자체가 아니라 빅데이터 애널리틱스다. 아무리 풍부하고 유익한 자료가 있더라도 이에 대한 분석이 수반되지 않으면 의미가 없다. 중요한 것은 빅데이터 분석이다.

빅데이터가 출현하기 전부터 경영 분야에서는 일찌감치 분석적 사고에 의한 정보를 토대로 보다 합리적인 의사결정을 추구해왔다. 가장 대표적인 예가 회계, 재무 분야라 할 수 있다. 기업에서 거래가 발생하면 가장 먼저 축적되는 데이터가 회계 데이터다. 이런 회계 데이터는 일정한 규칙에 따라 저장 및 정리되어 있다가 분석 및 가공을 통해 필요로 하는 정보로 탄생한다. 회계 정보는 기업의 재무 현황과 경영 활동의 결과를 객관적인 정량적 데이터로 나타내준다. 이런 회계 정보를 분석해서 얻게 되는 재무 정보는 경영 의사결정 활동을 위한 시사점을 제공한다.

이런 분석적 수치 기반의 경영 활동은 글로벌 경쟁이 치열해지면서 점차 마케팅과 고객 관리, 생산, 품질 관리 등의 경영 분야로 확대됐다. 예를 들어 단순히 고객 데이터를 관리하던 기업이 고객의 마음을 읽고 고객에게 감동을 줄 마케팅 기법을 찾기 위한 분석 기반의 시스템이 바로 CRM(Customer Relationship Management)이다. CRM에서는 고객의 기본적인 데이터는 물론 고객의 구매 행태와 관련 사이트 방문 행동 등에 관한 데이터를 통합적으로 축적하고 있다가 이를 분석하여 고객의 선호에 적합한 제품의 추천, 할인 제공 등의 맞춤형 판매 전략을 구사할 수가 있다.

다른 예로는 6시그마 전략이 있다. 6시그마는 1980년대 초 모토롤라가 무선 호출기 시장에서 품질로 고전을 면치 못하고 위기에 빠지자 이를 타개하려는 시도에서 출현한 데이터 분석 기반의 품질 혁신 기법이다. 즉 6시그마는 기업이 최고의 품질 수준을 달성할 수 있도록 통계에 근간을 둔 분석적 접근방법이다. 생산, 제품 및 품질 관련 데이터를 분석하여 품질상의 문제점을 찾고 이를 해결하는 데 공헌하면서 수많은 기업으로 확산됐다. 이런 분석 기반의 비즈니스 성과는 감이나 직관에 의한 비즈니스 성과와 점차 차이를 벌려가면서 기업의 경쟁 역량을 높이는 데 크게 공헌해왔다.

2. 비즈니스에서의 빅데이터 분석

데이터 분석 기반의 비즈니스 활동은 빅데이터 환경을 맞이하면서 더욱 활기를 띠게 됐다. 이전보다 더욱 방대하고 다양한 데이터를 실시간으로 활용하여 더욱 정교한 의사결정과 신속한 상황 대처를 할 수 있게 된 것이다.

1) 마케팅 분야

마케팅 분야에서는 시장조사를 할 때 트렌드를 읽어낼 수 있고, 중장기 전략을 수립할 때는 현재 동향과 고객의 감성, 제품 선호도 변화 및 앞으로의 흐름을 알아낼 수 있다. 판촉활동을 펼칠 때는 소비자가 누구인지, 무엇을 구매했는지, 고거 판촉활동에 어떻게 반응했는지 등을 파악해 목표 고객을 설정할 수 있다. 또한 과거의 정형화된 데이터와 반복적으로 갱신되는 단편적인 데이터를 결합해서 소비자가 상점에 있는 동안 실시간 판촉활동을 진행할 수도 있다. 빅데이터와 결합해 사용되는 마케팅 분석은 마케팅 실적을 적절히 평가하고, 고객들의 구매 습관과 시장 트렌드 및 니즈(needs)에 대한 통찰을 얻고, 데이터 기반의 마케팅 결정을 내리는 데 도움을 받기 위해 진행된다.

2) 제조 분야

제조 업체의 경우 R&D 및 설계, 공급사슬, 생산 및 마케팅, 서비스 등 여러 가치사슬 단계에서 빅데이터를 활용할 수 있다. 먼저 R&D 및 설계 단계에서는 제품 생산 주기 관리에서 빅데이터를 포착하여 활용할 수 있다. 기업들은 여러 정보 시스템이 수집한 데이터를 하나의 거대한 집합체로 통합하여 관리함으로써 보다 통찰력이 있는 제품 생산 주기 관리를 할 수 있다. 또한 제품 설계 시 판매 데이터 및 고객의 피드백 데이터를 참고하는 등 다양한 데이터를 활용함으로써 좀 더 가치 있는 제품을 생산할 수도 있다. 공급사슬 단계에서는 판매

업체들의 판매촉진 관련 데이터(아이템, 가격, 실적 등)와 제품 출시 데이터(제품 목록, 증가/감소 목록 등) 및 재고 데이터 등을 통합하여 분석함으로써 수요를 예측하거나 재고를 실시간으로 관리할 수 있다. 생산 단계에서는 사물인터넷(IoT), RFID 센서 기술 등을 이용하여 각 생산 설비로부터 실시간으로 축적된 많은 양의 데이터를 분석함으로써 제조 품질을 향상시키고 설비에 대한 예측 정비를 실현할 수 있다.

3) 인사 분야

그간 애널리틱스 적용이 상대적으로 적었던 인사 분야에서도 빅데이터가 활용되기 시작했다. 예를 들어 전 세계 젊은이들이 가장 선호하는 기업인 구글에서는 직원들의 퇴사율이 급격히 높아지자 퇴직자들의 데이터를 분석했다. 그 결과 최근 출산한 여성의 이직률이 직원 평균 이직률의 2배 이상이라는 사실을 알게 됐다. 이에 구글은 5개월 급여 및 수당 100%의 유급 휴가를 제공하기로 하는 등 출산휴가 정책을 변경했다. 특히 출산 여직원들의 개별적인 희망사항을 복지에 적극 반영하는 맞춤형 지원책을 시행했다. 한편 SAS에서도 지난 5년간의 퇴사자에 관한 데이터 분석을 통해 주요 퇴사 원인을 파악하고 이를 인력 운영 계획 및 우수 인재 유지 전략에 활용하고 있다.

인사 관리는 경쟁력의 핵심인 인재를 적절히 관리하며, 그 효과와 효율을 통해 비용을 줄이고 이익을 실현하는 데 기여해야 한다. 이런 요구를 반영할 수 있는 것은 다름 아닌 데이터 분석에 의한 과학적 인적자원 관리다. 이는 직원에 대한 데이터 분석을 기반으로 직원들의 니즈를 반영한 맞춤형 인사 관리를 의미한다.

삼성경제연구소는 데이터 분석에 의한 직원 관리의 3대 원칙으로 다음 세 가지를 제시했다.

- 직관보다 데이터에 근거할 것
- 전체보다 개인에 주목할 것
- 사후 해결보다 예측 및 예방에 집중할 것

4) 그 외 분야

이와 같은 빅데이터 활용 현상은 전통적으로 데이터 분석을 중요시하던 회계, 재무, 생산 운영, 마케팅, 고객 관리 등의 분야로부터 인적자원 관리, 공급체인 관리 및 연구개발(R&D) 분야로 급속히 확산되는 경향을 보이고 있다. 예를 들어 공급체인 관리 분야에서는 적정 재고량 결정, 물류창고와 물류센터의 위치 선정, 제품과 트럭의 경로 선택, 트럭 적재량 관리 등에 데이터 분석이 응용되고 있다. 또 연구개발 분야에서는 제품의 고객 선호 특성 파악, 특정 제품의 효과 분석, 제품의 고객 선호 디자인 파악 등에 데이터 분석이 적용되고 있다.

3장 빅데이터 프로세스 주요 단계 및 솔루션

1절 빅데이터 프로세스 개요

기업은 빅데이터를 바탕으로 의사결정을 하기까지 여러 단계를 거친다. 그 첫 단계는 내부, 외부의 데이터를 수집하고 저장하는 단계다. 이후 데이터 처리 과정을 통해 분석할 수 있는 정돈된 데이터(Tidy Data)로 변환한다. 변수와 관측점, 값이 일관된 체계를 갖춰야만 분석 패키지와 소통할 수 있기 때문이다.

데이터 처리 이후 분석 단계에서 기업은 분석 목적에 맞게 모형(model)을 설계한다. 모형 설계 과정에서 첫 번째로 해야 할 일은 탐색적 자료 분석을 통해 데이터의 특성을 파악하는 것이다. 가령, 데이터의 쏠림 현상(skewness)은 없는지, 데이터를 왜곡시키는 아웃라이어는 없는지 등을 확인해야 한다. 통계 분석에서 결정계수를 확인하는 것 또한 모형의 설명력을 가늠할 수 있는 정량적인 척도가 되기도 한다. 필요에 따라 데이터를 정규화하거나 연속형 변수를 범주형으로 바꾸는 등의 과정을 통해 분석 데이터의 신뢰도를 높여야 한다.

분석 목적에 따라 설계된 모형과 알고리즘은 지속적으로 수정되고 보완된다. 시간이 흐르면서 데이터의 성격이 바뀌는 경우도 있고, 분석 과정에서 더 간결하면서도 정확도가 높은 모형이 발견되기도 하기 때문이다. 기본적으로 오차가 최소화되는 모형이 좋은 모형으로 꼽히지만 과적합에 대한 문제, 모형의 복잡성에 대한 문제, 컴퓨터 자원 소모에 대한 문제, 연산 시간에 대한 조건도 모형의 평가 요소로 고려된다.

〈그림 1-1〉 데이터 업무 수행 흐름도(예시)

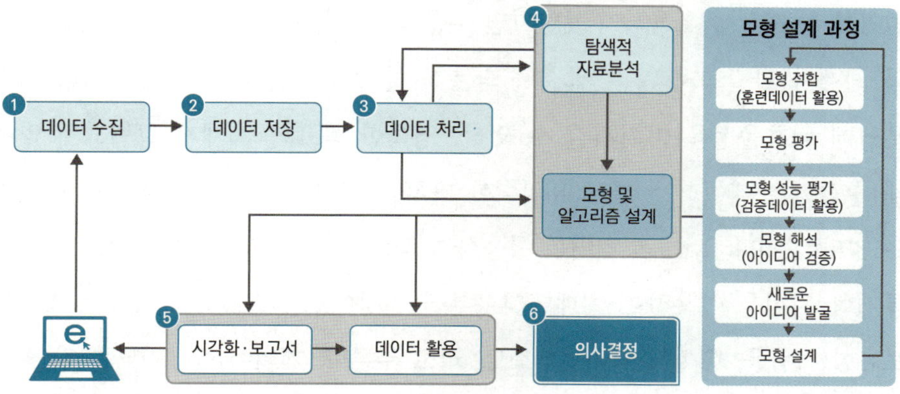

출처: 삼정KPMG 경제연구원

이런 기본적인 데이터 업무 수행의 흐름을 바탕으로 기업에서 빅데이터 프로세스가 어떻게 흘러가는지 단계별로 살펴보고자 한다. 빅데이터의 수집, 저장, 처리, 분석 단계에서 사용되는 다양한 솔루션의 기능과 종류에 대해서 알아보자.

2절 빅데이터 수집

데이터가 곧 기업의 경쟁력이 되는 시대다. 얼마나 많은 양질의 데이터를 수집하고 축적하고 있느냐가 기업의 중요한 차별화 요소가 되고 있다. 기업들은 어떻게 하면 기업 내부와 외부의 데이터에 접근하여 보다 많은 데이터를 수집할 수 있을지 고민하고 있다.

1. 명확한 목표와 체계의 중요성

기업이 데이터 수집 단계에서 겪고 있는 이슈 중 하나는 필요 이상의 시간과 자원을 데이터 수집 업무에 할애한다는 점이다. 기업 내외부 데이터를 연결해 새로운 통찰력을 얻을 수 있을 것이라는 생각에 기업들은 데이터를 최대한 많이 보유하려는 경향이 있다. 하지만 아무리 빅데이터를 보유한다 하더라도 기업에서 이를 잘 활용하지 못한다면 무용지물이다. 수집 단계에서 명확한 목표와 체계가 확립되지 않은 채 수집되는 식별 불가능한 데이터는 오히려 기업 운영에 비효율성을 야기시킬 수 있다. 명확한 목표와 체계가 확립되지 않은 채 수집되는 데이터는 결코 유의미한 가치를 지닌 정보와 인사이트로 이어질 수 없다. R이나 Python 언어를 사용하여 정형, 비정형 데이터를 다룰 수 있고, 통계학 지식을 이용하여 빅데이터로부터 인사이트를 도출할 수 있는 역량을 보유한 사람을 '데이터 사이언티스트' 라고 부른다. 기업이 빅데이터를 잘 활용하기 위해서는 데이터 사이언티스트의 역할이 매우 중요하다.

2. 데이터 수집 기술의 특허 현황

데이터 수집 기술은 오픈소스를 중심으로 활발히 개발되고 있다. 특허청이 발간한 '2017 통계로 본 특허 동향'에서는 2002년부터 2016년까지 전 세계 특허 통계 데이터베이스(PATSTAT)에 공개된 빅데이터 분야 특허를 분석했는데, 6,614건의 출원특허 중 '빅데이터 수집'에 해당되는 특허가 가장 많은 것으로 나타났다. 76.5%(5,060건)에 해당하는 특허가 데이터 수집과 관련된 기술이었으며, 나머지 15.6%가 데이터 처리·저장·관리, 7.9%가 분석과 관련된 특허 출원인 것으로 나타났다.

〈표 1-5〉 데이터 수집 기술의 세부 분류와 특허 건수

기술	내용	건수
디바이스 데이터 수집 기술	다양한 디바이스 데이터 소스에 접근하여 데이터를 수집하는 기술	2,134
웹·소셜 미디어 데이터 수집 기술	웹·소셜 미디어 서비스를 기반으로 데이터를 조합 및 질의하여 연계하는 기술	1,627
트랜잭션, 운영, 웨어하우스 데이터 수집 기술	운영 데이터베이스의 변경을 실시간으로 감지해 데이터 웨어하우스에 반영, 최신 데이터 기반의 의사결정을 지원하는 기술	1,133
빅데이터 유통 인프라 기술	빅데이터 유통 효율성을 위한 기술과 데이터 간 상호 연계를 위한 표준, 개인정보 보안 기술	166

출처: 통계청, 삼정KPMG 경제연구원 재구성

3. 기업들이 활용하는 데이터 수집 기술

기업들은 데이터의 유형과 형태에 따라 효율적인 방법으로 데이터를 수집하고 있다. 기업에서 활용하는 데이터 수집 기술은 웹상의 정보를 수집하는 크롤링(Crawling)부터 로그 수집기(Log Aggregator), RDB 수집기(RDB Aggregator), RSS 리더, 새밍(Shaming), 오픈API(Application Programming Interface) 등 다양하다.

〈표 1-6〉 주요 데이터 수집 기술

수집 기술	특징
Crawling	웹 로봇을 이용하여 조직 외부의 SNS, 뉴스, 웹정보 등 공개되어 있는 웹문서를 수집하는 기술
Log Aggregator	조직 내부에 존재하는 웹서버 로그, 웹로그, 트랜잭션 로그, 클릭 로그 등 각종 로그 데이터를 수집하는 오픈소스 기술
RDB Aggregator	관계형 데이터베이스에서 정형 데이터를 수집하여 HDFS(하둡분산파일시스템)이나 Hbase와 같은 NoSQL에 저장하는 오픈소스 기술
RSS Reader	RSS(Really Simple Syndication)는 웹 기반 최신 정보를 공유하기 위한 XML 기반 콘텐츠 배급 프로토콜임
Shaming	인터넷에서 음성, 오디오, 비디오 데이터를 실시간 수집하는 기술
Open API	서비스, 정보, 데이터 등을 어디서나 쉽게 이용할 수 있도록 개방된 API로 데이터를 수집하는 방식

출처: 과학기술정보통신부, 한국정보화진흥원, 삼정KPMG 경제연구원 재구성

1) 웹크롤링과 웹스크래핑

CJ올리브네트웍스는 온라인 유통 트렌드를 파악하기 위해 내부·외부 데이터를 결합 및 분석하여 활용하고 있다. CJ올리브네트웍스는 웹크롤링과 웹스크래핑 기술을 활용해 분석에 필요한 부가 데이터를 확보하고 내부 데이터와 결합하여 온라인 시장의 흐름을 찾는 트렌드 분석 정보 제공 서비스를 하고 있다. 제조 및 유통사 기준의 카테고리, 브랜드 및 품목(SKU)별 구매 실적을 분석하여 경쟁사 동향 및 상품 연계 분석 등에 활용하고 있다. CJ올리브네트웍스는 데이터 유통 생태계 조성의 일환으로 한국정보화진흥원(NIA)에서 주관하는 '2018년 빅데이터 전문센터'에 선정된 바 있다.

〈그림 1-2〉 CJ올리브네트웍스의 데이터 크롤링 활용 방안

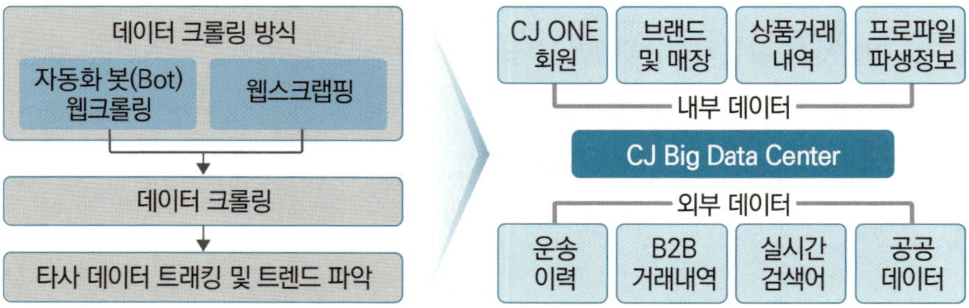

출처: CJ올리브네트웍스

2) 오픈API

디지털 시대에는 연결되지 않은 기업은 생존이 어렵다. 이에 따라 기업들은 데이터 수집 기술 중에서도 오픈API를 통한 데이터 거래, 유통에 많은 관심을 기울이고 있다. 오픈API란 데이터 플랫폼을 외부에 공개해 외부 개발자나 사용자들이 다양한 서비스나 애플리케이션을 개발할 수 있게 하는 프로그램을 의미한다. 데이터 생산자들이 자사의 데이터를 제3자가 이용할 수 있도록 오픈API

플랫폼을 공개하기도 하는데, 파트너사나 다른 기업은 이를 재가공하여 새로운 비즈니스 모델을 만들 수 있다.

〈그림 1-3〉 오픈API로 연결된 기업 개념도

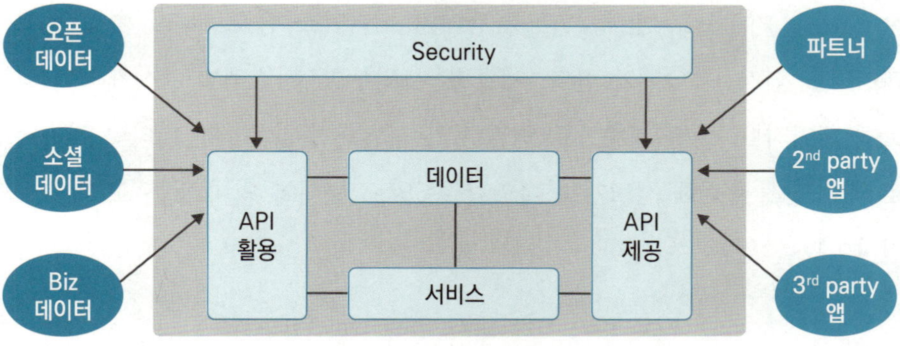

출처: 한국데이터산업진흥원, 삼정KPMG 경제연구원 재구성

3) FTP

데이터 전송방법에는 여러 가지가 있지만, 대용량의 데이터를 전송할때는 일반적으로 FTP를 사용합니다. File Transfer Protocol(파일전송 프로토콜)의 약자로 TCP/IP 네트워크상에서 컴퓨터들이 파일을 교환하기 위해 1971년 최초로 공개된 통신규약이다. FTP는 원래 교환을 목적으로 개발된 것이어서 안정성과 신뢰성이 보장되지만, 보안을 고려해서 방화벽 설정과 SFTP(Security File Transfer Protocol, 보안 파일전송 프로토콜)를 이용하기도 한다.

4) PII를 기준으로 고객 데이터 연계 및 통합

기업들은 소비자와의 접점에서 확보한 외부 데이터만으로는 유용한 통찰력을 얻기 어렵다. 외부에서 확보한 데이터를 내부의 데이터와 연계, 통합해야 고객의 추가적인 속성을 파악해 고객을 전방위적으로 이해할 수 있다. 고객을 전방위적으로 이해하기 위해 내부·외부 데이터 연계에 주목하는 대표적인 기업이 삼성SDS다.

기업은 개인식별정보(Personally Identifiable Information, PII)를 정의하고 이를 기준으로 판매, VOC, 캠페인, e커머스 등으로부터 수집한 고객 데이터를 연계, 통합해야 한다. 채널별, 사업부별, 시스템별로 산재되어 있는 고객 데이터를 PII를 기준으로 연결하고, 식별되지 않은 데이터라면 지속적으로 데이터를 축적해 식별자를 확인할 수 있도록 해야 의미 있는 고객 정보와 인사이트를 얻을 수 있다.

〈표 1-7〉 고객 이해를 위한 데이터의 연계

내부 데이터 Enrichment	내·외부 데이터 연계
고객 기본 데이터 표준화 및 정제 고객 접점 채널별 상이한 포맷 표준화	**비식별 데이터 축적 및 모니터링** 축적된 비식별 데이터 모니터링
고객 데이터 매핑 및 그룹화 고객 데이터 통합을 위한 PII 정의	**Unique ID 기반 가상고객 정의** 비식별 고객 데이터 간 연결고리 확인
지속적인 데이터 품질 유지 신규 고객 데이터 모니터링 및 품질 관리	**내부 데이터와 연계** AI 기반으로 내·외부 데이터 연계

출처: 삼성SDS

4. 데이터 수집 주기 결정

빅데이터는 사회학에서 통용되는 '양질 전환의 법칙'이 적용된다. 양적 축적이 이뤄져야 질적인 변화를 가져올 수 있다는 말이다. 비록 당장은 숫자에 불과한 데이터일 수 있겠지만, 데이터가 축적됐을 때 유의미한 정보가 될 수 있다.

그러나 현실에서는 기업의 한정된 자원으로 인해 데이터를 무한정으로 늘릴 수 없다. 이에 따라 기업은 데이터의 수집에 필요한 비용과 효용을 고려해 수집할 데이터를 결정하고 수집 주기를 설정할 필요가 있다. 실시간 스트리밍 데이터를 수집하기 위해서는 이를 저장하고 효율적으로 처리할 수 있는 IT 시스템이 갖춰져야 하고, 배치 데이터의 경우 어느 주기로 데이터를 수집할 것인지에 대한 사전 설계가 필수적이다. 또한 데이터의 유형에 따라 어떤 데이터 수집 기술을 활용하는 것이 효율적인지도 사전에 파악해야 한다.

〈표 1-8〉 데이터 유형에 따른 수집 기술

분류	데이터 유형	수집 기술
정형 데이터	텍스트 데이터, 엑셀 스프레드시트	ETL, FTP, Open API
반정형 데이터	JSON/XML 포맷 데이터, HTML, 웹문서, 웹로그, 센서 데이터	Crawling, RSS, Open API, FTP
비정형 데이터	SNS, 이미지, 음성·영상 데이터	Crawling, RSS, Open API, FTP, Streaming

출처: 한국정보화진흥원, 삼정KPMG 경제연구원

5. 데이터 품질 관리

'쓰레기를 집어 넣으면 쓰레기가 나온다'라는 말이 있듯이, 기업이 아무리 많은 양의 데이터를 수집하고 좋은 시스템을 갖추고 있더라도 수집한 데이터가 엉망일 경우 무용지물이다. 데이터 수집 과정에서 기업은 양적인 측면에 집중하는 경향이 있는데, 데이터의 양과 질 모두를 고려해야 한다.

기업은 정확하지 않거나, 정합성이 떨어지는 데이터를 수집하지 않기 위해 데이터의 품질 관리에도 많이 신경 써야 한다. 그러기 위해서는 데이터 사이언티스트(Data Scientist)와 같은 전문인력을 분석 단계뿐만 아니라 데이터 수집 단계에도 투입하여 체계적인 데이터 수집 체계를 만들어야 한다.

6. 빅데이터 수집 솔루션

빅데이터 수집 솔루션은 다양하다. 수집 솔루션의 종류 및 특징은 〈표 1-9〉와 같다.

〈표 1-9〉 빅데이터 수집 솔루션별 특징 및 사용 사례

솔루션	특징	사용 사례
플럼(Flume)	단순한 구조로 로그 수집 가능	하둡으로 데이터를 입력하기가 간단하고, 아키텍처가 유연하여 다양한 구성을 하고자 할 때 사용
척와(Chukwa)	하둡에 의존적인 수집기	여러 서버의 로그 데이터를 수집하고 하둡 파일 시스템에 저장할 때 사용
스쿱(Sqoop)	RDBMS 데이터 수집기	RDBMS에 있는 하둡 파일 시스템으로 옮길 때 사용
스트림셋(Stream Set)	파이프라인 기반의 데이터 플로	복잡한 데이터 플로 또는 지역 간 데이터 이동이 없을 때 사용
나이파이(Nifi)	프로세스 그룹 기반의 데이터 플로 관리	프로세스 그룹 간의 연결, 스케줄러, 데이터 추적 기능 그리고 자체 클러스터를 원할 때 사용
플루언트디(Fluentd)	로그 데이터 수집에 용이	JSON으로 데이터를 구조화하고 로그 수집, 필터링, 버퍼링, 출력 등 로그 데이터의 처리를 유연하게 함
데이터퓨(Datafu)	효과적인 라이브러리 사용으로 안정적	하둡의 대용량 데이터 작업을 위한 라이브러리 모음
수로(Suro)	분산된 애플리케이션 서버에서 데이터 수집 용이	넷플릭스에서 공개한 오픈소스로 스트리밍 데이터 분석을 위한 인프라로 이용자 반응에 실시간 대응을 원할 때 사용

출처: 박인근·홍지후·강남규·김성호·정구범, "빅데이터 분석과 활용"

1) 플럼

플럼(Flume)은 클라우데라(Cloudera)에서 제작하고, 지금은 아파치 재단에서 관리 중인 로그 수집기다. 특히 대량의 이벤트(event) 데이터를 전송하기 위해 사용된다. 간결한 아키텍처를 가지고 있어서 유지보수 및 확장성이 뛰어난 것으로 알려져 있다.

웹서버의 로그를 이벤트로 받아 플럼 에이전트(Flume agent)가 소스(source), 채널(channel), 싱크(sink) 구조로 데이터의 흐름을 제어한다. 소스에서는 데이터 변환, 채널 지정 기능을 한다. 채널은 데이터를 임시 보관하는 큐(queue) 역할을 하고, 싱크는 채널로부터 받은 이벤트를 전달하는 역할을 한다.

2) 척와

척와(Chukwa)는 분산 시스템을 모니터링하기 위한 데이터 수집기이고, 하둡

분산 파일 시스템과 맵리듀스(Map & Reduce, MR) 프레임워크 기반에서 동작한다. 수집과 프로세싱 단계의 파이프라인으로 구성되어 있는데, 스테이지 간에 인터페이스를 둠으로써 기존 코드를 손상시키지 않고 코드를 작성할 수 있다.

척와의 주요 다섯 가지 컴포넌트는 어댑터(adapter), 에이전트(agent), ETL (Extract Transform and Load) 프로세스, 데이터 분석 스크립트, HICC (Hadoop Infrastructure Care Center)로 구성된다. 좀 더 상세히 설명하면 다양한 데이터 원천으로부터 데이터를 수집하는 어댑터, 데이터를 내보내는 에이전트, 데이터를 파싱하고 아카이브하는 ETL 프로세스, 하둡 클러스터 상태를 수집하는 데이터 분석 스크립트, 데이터를 나타내기 위한 웹 포털 형태의 인터페이스인 HICC로 구성된다.

3) 스쿱

스쿱(Sqoop)은 SQL to Hadoop의 약자로 아파치 하둡과 관계형 데이터베이스 사이에서 대량의 데이터를 전송하기 위해 개발된 도구다. 임포트(import)할 데이터베이스의 종류에 따라서 데이터 추출 방식이 약간 달라질 수 있지만, HDFS와 RDBMS 간에 데이터 전달을 아주 쉽게 자동화할 수 있다. 스쿱은 맵리듀스를 사용하여 데이터를 가져오고 내보낸다. 하둡으로부터 데이터를 가져오는 경우를 익스포트(export)라고 하고, 하둡으로 데이터를 넣는 과정을 임포트라고 한다. 클라이언트는 메타데이터(metadata)를 읽고, 하둡의 매퍼(mapper)를 이용하여 데이터를 하둡에 임포트하거나 하둡으로부터 익스포트한다.

4) 스트림셋

스트림셋(StreamSet)은 실시간으로 데이터를 흘리는 경량의 수집엔진이다. 연속적인 데이터 흐름 속에서 데이터의 프로세싱이나 라우팅을 위해 데이터 콜렉터

(data collector)를 사용한다. 데이터 콜렉터에 데이터의 흐름(flow)을 정의하려면 파이프라인(pipeline)을 정의해야 한다. 파이프라인을 설정하고 스타트(start)를 클릭하면 데이터 콜렉터가 작동한다. 데이터 콜렉터는 파이프라인을 설정하기 위해 웹 기반의 UI(User Interface)를 제공하는데, 데이터를 미리 보고, 파이프라인을 모니터링하고, 데이터의 스냅샷(snapshot)을 리뷰(review)할 수 있다.

5) 나이파이

나이파이(Nifi)는 미국 국방부의 국가안보국(National Security Agency, NSA)이 만든, 분산 환경에 최적화된 데이터 수집/처리기다. 나이파이의 기본적인 디자인 콘셉트는 플로 기반의 프로그래밍(Flow based Programming, FBP) 기법과 같다. 플로파일(FlowFile)이라는 데이터 단위를 플로파일 프로세서가 수집·변형·저장하는 방식으로 작동하고, 커넥션(connection)은 프로세서와 프로세서를 연결해 플로파일을 전달하게 된다. 플로파일이 생성되는 플로파일 리포지토리(FlowFile Repository)에 속성값과 내용이 어디에 있는지 저장되고, 콘텐츠 리포지토리에 내용이 저장된다. 프로세서가 처리될 때마다 원천 리포지토리에 프로파일 이력이 남게 된다.

나이파이는 JVM(Java Virual Machine)에서 실행된다. 웹서버, 플로 컨트롤러, 다양한 리포지토리로 구성된다. 웹서버는 HTTP 기반 명령어를 실행하고 API를 제어하기 위한 것이다. 플로 컨트롤러는 스레드를 관리하고 프로세서, 컨트롤러 서비스 등이 자원을 언제 사용해야 하는지 스케줄링한다.

6) 플루언트디

플루언트디(Fluentd)는 데이터의 수집과 전달을 통합하여 데이터의 이용 및 사용을 쉽게 하는 데이터 수집기다. 플루언트디를 수집 대상 서버에 설치하면 해당 애플리케이션이 로그 저장소에 데이터를 전송하는 방식으로 동작한다.

플루언트디는 7개의 컴포넌트로 구성된다. 7개의 컴포넌트는 인풋(input), 아웃풋(output), 필터(filter), 파서(parser), 포매터(formatter), 버퍼(buffer), 스토리지(storage)이며 각각의 컴포넌트는 플러그인으로 설치할 수 있다. 엔진은 플루언트로, 설치 시 제공된다.

인풋은 다양한 포맷의 데이터를 수집할 수 있다. 물론 플러그인으로 가능하다. 파서는 플루언트디에서 지원하지 않는 데이터 형식을 지원하기 위해서 필요하다. 아파치(Apache), 엔진엑스(nginx), 시스로그(syslog) 등 다양한 포맷의 데이터를 파싱할 수 있다. 필터는 아웃으로 보내기 전에 데이터를 필터링, 필드 추가/삭제, 마스킹한다. 버퍼는 들어온 데이터를 바로 아웃풋에 보내지 않고 조절 기능을 한다. 파일 방식과 메모리 방식이 있다. 아웃풋은 필터링된 데이터를 로그(log) 저장소에 저장하는 기능을 한다. 포매터는 로그 저장소가 원하는 데이터의 형태로 변환하는 역할을 한다.

3절 빅데이터의 저장

1. 비정형 데이터 저장의 문제

일반적으로 기업에서 사용되는 데이터베이스는 여러 개의 행과 열로 구성된 관계형 데이터베이스(Relational Database, RDB)다. 관계형 데이터베이스로 저장하기 위해서는 사전에 정의해둔 데이터 스키마대로 데이터를 정제 및 처리하고 구조화해야 한다. 하지만 수집한 데이터를 저장할 때부터 목적에 따라 다르게 정리하면 사용 목적이 바뀌었을 때 유연성이 떨어질 수 있다는 한계가 있다.

최근에 수집되는 많은 데이터가 구조화될 수 없는 비정형 데이터의 형태를 갖게 되면서 데이터 레이크(Data Lake)가 차세대 데이터 웨어하우스로 부상하고 있다. 데이터 레이크란 조직의 모든 원시 데이터(raw data)를 거대한 단일 저장소에 모으는 것을 의미한다. 데이터 레이크는 비정형데이터를 처리하기 어려운 기존의 RDBMS를 보완하여 막대한 양의 원시데이터를 저장해 두었다가 언제든지 활용할 수 있도록 한 것으로 기업들의 다양한 리소스에서 방대한 데이터를 수집하면서 점차 일반화되고 있다. 데이터 레이크에서는 사용자가 정한 포맷에 맞춰서 저장하는 방식이 아니라 데이터 본래의 형식과 스키마에 따라 저장하는 방식을 채택하고 있다. 저장되는 객체에 공통적인 스키마를 강제하는 대신에 데이터가 읽힘과 동시에 처리되는 스키마읽기(Schema-on-read) 방식이 적용된다. 데이터 분석이 필요한 부서나 담당자들이 언제든지 데이터 레이크에서 데이터 원본을 끌어다 쓸 수 있어 유연성을 확보할 수 있다. 또한 데이터 레이크에는 변경 불가능한 다양한 형태의 데이터가 타임스탬프가 부여되어 저장되기 때문에 특정 시점의 기업의 객관적인 상황을 파악할 수 있다.

2. 저장소 구축과 저장 주기의 문제

빅데이터 플랫폼 구축 시, 데이터 레이크를 어디에 구축할 것인가도 중요한 의사결정 사항이다. 하둡과 같은 분산 처리 기술의 발전으로 폭증하는 데이터를 빠르게 저장하고 처리하는 것이 과거에 비해 쉬워진 것은 사실이다. 그러나 하둡 노드를 무한대로 늘릴 수는 없기 때문에 퍼블릭 클라우드나 프라이빗 클라우드에 데이터 레이크를 구축하는 사례가 늘고 있다.

〈그림 1-4〉 데이터 웨어하우스와 데이터 레이크 개념

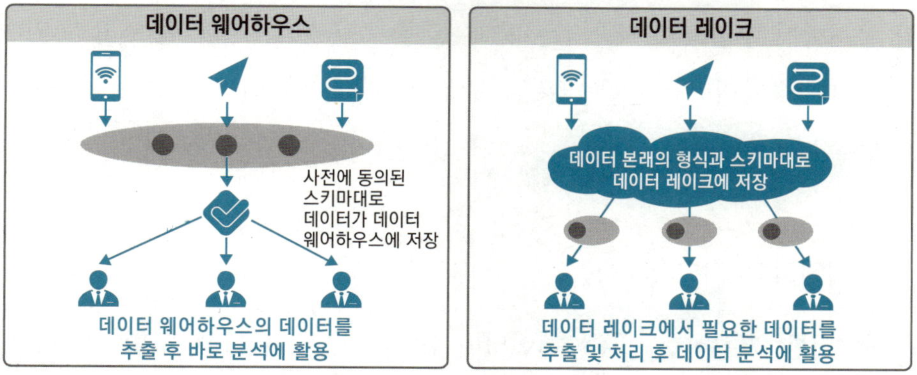

출처: Martin Fowler, 삼정KPMG 경제연구원 재구성

〈표 1-10〉 데이터 웨어하우스와 데이터 레이크 비교

구분	데이터 웨어하우스	데이터 레이크
볼륨	테라바이트 규모	페타바이트 규모
스키마	Schema on Write	Schema on Read
데이터 유형	내부·정형 데이터	외부·비정형 데이터
적재 처리	배치, 준실시간	배치, 준실시간, 스트리밍
거버넌스	성숙 단계	초기 단계
조인	복잡한 조인, 다중테이블 조인	단순 조인, 풀테이블 스캔

출처: 데이터스트림즈

기업들은 한정된 저장 공간에서 기하급수적으로 늘어나는 데이터를 저장하고 처리하는 데 어려움을 겪는다. 이런 상황에서 어떤 기업들은 데이터의 중요도가 아닌 기업의 유휴 저장 공간에 따라 데이터의 보관 주기를 결정한다. 그러다 보면 자연스럽게 데이터의 유실이 발생하고 정작 필요할 때 데이터가 없는 경우가 발생한다. 데이터의 저장 및 관리가 분산되어, 각 부서에서 어떤 데이터가 수집되고 있는지 파악하기 어려운 경우도 있다. 일부 데이터는 시스템에 저장되어 관리되지 않고, 개인컴퓨터(PC)에 저장되거나 메일로 공유되기도 한다. 모두 데이터 거버넌스 체계가 확립되지 않아 발생하는 현상이다.

데이터 저장 및 관리에 대한 명확한 오너십을 가진 거버넌스 체계를 수립하여 각 부서에서 수집되고 저장되는 빅데이터를 효율적으로 관리할 필요가 있다(빅데이터의 거버넌스 관련 내용은 '5장 빅데이터 거버넌스' 부분에서 자세히 설명하겠다).

3. 빅데이터 저장 솔루션

데이터를 저장하던 기존 데이터베이스시스템은 관계형 모델에 기반을 RDBMS(Relational DBMS)이다. 정형화된 속성과 해당 속성(attribute)을 만족하는 인스턴스(instance)들로 구성되어 있다. 그러나 빅데이터 다양성(Variety)은 기존 데이터베이스(RDBMS)에서 수행하던 데이터의 정형화를 무너뜨렸다. 즉 명확하게 정의된 구조가 아닌 비정형 구조의 데이터를 분석해야 된 것이다. 기존의 정형 데이터 저장 및 분석에는 SQL을 사용했지만, 비정형 데이터를 위한 기술도 필요했다. 그래서 하둡(Hadoop)으로 대표되는 빅데이터 분산처리 저장소(HDFS, Hadoop Distributed File System)와 이를 처리하는 맵리듀스(MapReduce) 기술이 탄생했다. 또한 정형화가 되지 않은 문서 형식의 비정형 데이터를 저장할 수 있는 NoSQL(Not Only SQL)이라는 데이터베이스도 있다. 전통적인 RDBMS는 인터넷시대에 DB의 표준으로 사용되고 있지만, 빅데이터와 같이 극히 많은 양의 데이터를 처리할 때는 데이터의 양이 커질수록 성능이 떨어지는 한계가 있다. NoSQL은 대규모의 정보를 빠르게 처리할 수 있는 확장성을 보유하고 있어 빅데이터 처리에 적합하다.

〈표 1-11〉은 주요 빅데이터 저장 솔루션을 보여준다.

〈표 1-11〉 빅데이터 저장 솔루션의 특징 및 사용 사례

솔루션	특징	사용 사례
하둡(Hadoop)	대용량의 데이터 저장 가능, 대용량 데이터 분석에 최적화	수학적 연산 처리, 대규모 저장·분석, BI 분석에 많이 사용
HBase/피닉스 (Phoenix)	하둡 기반의 분산 데이터베이스로 데이터 저장	아파치 피닉스(Aphache Phoenix)와 함께 사용하여 다양한 분석 작업을 SQL 기반으로 쉽게 처리
카산드라 (Cassandra)	칼럼(column) 기반과 분산 모델을 기반하여 데이터 저장	경량의 데이터 저장 구조와 확장성이 뛰어나 NoSQL의 대표주자다. 다중 노드의 비집중화 구조로 고가용성을 지닌 서비스에 적합

출처: 박인근·홍지후·강남규·김성호·정구범, "빅데이터 분석과 활용"

1) 하둡

하둡(High-Availability Distributed Object-Oriented Platform, Hadoop)은 분산 환경에서 대량의 자료를 저장·처리하는 자바 기반의 오픈소스 프레임워크다. 쉽게 생각하면 용량이 매우 큰 빅데이터를 추출하고 처리하기 위한 기술이라고 생각하면 된다. 하둡은 오픈소스여서 시스템비용이 매우 저렴하다. 운영을 위해 전문적인 지식을 가진 인력을 채용하거나 클라우데라(Cloudera)나 호튼웍스(Hortonworks)등 하둡배포판 업체의 엔터프라이즈급 서비스를 이용한다고 해도 데이터를 저장하는 비용이 크게 절감된다. 빅데이터 등장 초기부터 하둡은 탁월한 빅데이터 저장능력과 비용의 효율성으로 주목받았으며, 대용량 데이터 처리 부분에서 사실상 표준으로 자리잡고 있다. 본서에서는 빅데이터 솔루션의 기능 구별 목적으로 하둡을 빅데이터 저장 솔루션으로 분류한다. 그러나 하둡은 단순한 빅데이터 저장 솔루션이 아니라, 빅데이터의 처리 저장 분석을 모두 할 수 있는 라고 볼 수 있다.

하둡은 분산 데이터를 처리하기 위해 맵리듀스 알고리즘을 사용한다. 맵리듀스는 구글에서 고안한 처리 방식이다. 대량의 데이터를 배치(Batch) 처리하도록 개발되었다. 하나의 큰 데이터를 여러 개의 조각으로 나눠 처리하는 맵

(Map) 단계와 처리 결과를 모아 하나로 합쳐서 처리하는 리듀스(Reduce) 단계로 구성된다. 즉 데이터를 분리(divide)하고 처리한 결과를 다시 합치면서 정복(conquer)한다고 볼 수 있다.

〈그림 1-5〉 맵리듀스의 기본 동작 방식

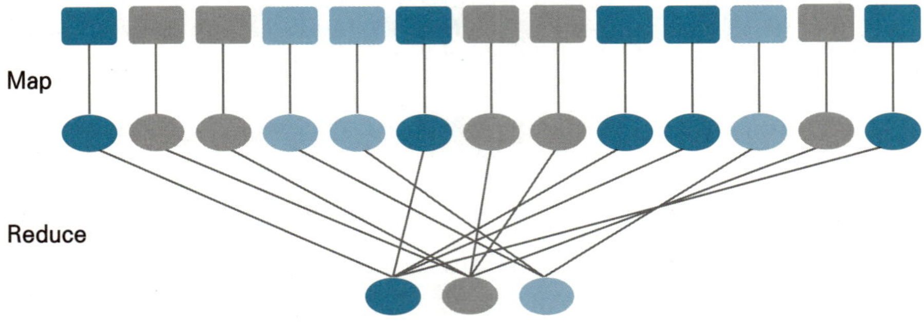

출처: https://developerzen.com/introduction-to-mapreduce-for-net-developers-1030e070698a

데이터를 저장하는 HDFS(Hadoop Distributed File System) 기반으로 구성되어 있다. 대용량의 데이터를 인풋 데이터라고 한다면 인풋 데이터를 분할해서 저장하고 분산 파일 시스템 내에서 동시에 처리한 후 처리한 결과를 다시 저장한다. 그 결과를 다시 합쳐서 처리하고 최종 결과를 다시 저장하여야 한다. 이 저장의 역할을 하는 것이 HDFS다.

HDFS는 두 가지의 구성 요소를 가진다. 네임노드(NameNode)와 데이터노드(Datanode)다. 네임노드는 메타 정보를 저장하는 마스터노드(MasterNode)다. 디렉토리 구조, 파일에 대한 각종 메타데이터, 물리적 파일 위치 등을 관리한다. 네임노드는 모든 블록의 메타 정보를 가지고 있으므로 이중화 구성이 원칙이다. 데이터노드는 실제 파일을 저장하는 영역이다. 하나의 파일은 블록이라는 단위로 저장된다. 블록 크기는 대체로 128MB 이상으로 나누는 것이 원칙인데, 이는 블록 정보를 관리하는 네임노드의 부하를 줄이고 파일의 탐색 시간(seek time)을 줄여 처리 성능을 높인다.

저장하는 파일은 데이터노드의 블록에 분산 저장된다. 기본적으로 3개의 데이터노드 블록에 저장하는데, 이 개수는 수정할 수 있다. HDFS 클라이언트는 두 API 형태로 사용자에게 제공되며, 사용자는 네임노드의 메타 정보에 의해 데이터노드의 특정 파일 위치를 확인하고, 데이터노드에서 직접 데이터를 읽고 쓸 수 있다.

2) HBase/피닉스

HBase(Hadoop database)는 하둡 파일 시스템 기반에서 작동하는 칼럼 단위의 데이터 저장, 압축, 메모리 작업이 가능한 NoSQL 데이터베이스다. 그리고 피닉스(Phoenix)는 HBase 위에 관계형 데이터베이스에서 사용하는 SQL 레이어를 사용할 수 있게 하는 오픈소스 개발 도구다. SQL 레이어를 올림으로써 기존에 알고 있던 SQL 구문을 사용하여 다양한 분석 작업을 쉽게 처리할 수 있다. 간단히 말하면, 피닉스는 HBase를 관계형 데이터베이스처럼 사용할 수 있게 해준다.

HBase의 저장 구조를 이해하기 위해서는 HMaster와 리전 서버(Region Server)의 역할을 이해해야 한다. HMaster는 리전 서버들의 시작·재할당·복구 등의 일을 하고, 클러스터에 있는 모든 리전 서버를 모니터한다. 또한 테이블을 생성, 삭제, 업데이트한다. 리전 서버는 HDFS 데이터노드 위에서 실행한다. 클라이언트와 통신하며 읽기/쓰기 작업을 할 수 있다.

클라이언트는 HMaster를 통해 테이블을 생성·삭제하고, 데이터의 읽기/쓰기는 리전 서버와 직접 통신하며 수행한다. HMaster는 각 리전 서버에 리전(Region)을 할당하는 역할을 한다. 테이블들은 리전 서버의 각 리전으로 나뉠 수 있는데, 키와 리전의 매핑 정보는 META라는 시스템 테이블에 저장된다.

아파치 피닉스는 SQL 문법을 사용하여 HBase에 접근할 수 있도록 해주고, HBase의 자바 클라이언트 API 대신 JDBC API를 사용하게 함으로써 사용자가 작성해야 하는 코드의 양을 줄이고, 사용자가 알기 쉽게 성능을 최적화할 수 있도록 돕는다.

피닉스는 Put, Get 명령어만을 사용하여 HBase에 접근하는 것보다 친숙한 SQL 문법을 사용하여 HBase 데이터에 접근할 수 있도록 한다. SQL 키워드 및 함수들을 통해 페이징 처리, 조인 등을 수행할 수 있으므로 HBase와 사용하면 아주 효과적이다. 하지만 여러 분석 함수는 피닉스를 통한 사용이 제한되므로 데이터 분석 기능을 구현하는 데 어려움이 있다.

3) 카산드라

카산드라(Cassandra)는 칼럼 기반의 데이터 모델과 분산 모델을 기반으로 한 분산 데이터베이스다. 해시를 이용한 링(Ring) 구조를 사용하여 각 노드의 추가, 삭제가 쉽다. 하지만 조인이나 트랜잭션을 지원하지 않고, 검색을 위한 인덱스(Index) 기능 등이 미비하다. 또한 과도한 키 스페이스(Key space) 테이블 생성은 메모리 오버플로(Memory Overflow)를 일으킨다.

카산드라의 데이터 구조는 간단하다. 키 스페이스라는 논리적 저장소가 최상위에 있고, 키 스페이스 아래에 테이블이 존재한다. 테이블은 여러 개의 로우(Row)로 구성되어 있고, 로우의 칼럼은 키/밸류(Key/value)로 이루어져 있다. 카산드라의 데이터 저장 방식은 링 구조를 통해 데이터를 분산하여 저장한다. 파티션 키(Partition Key)라고 불리는 데이터를 해시하여 데이터를 링 구조로 각 노드에 분산 저장하게 된다. 파티션 키는 테이블의 로우에서 로우 키(Row Key)라고 생각하면 되고, 링 구조의 각 노드는 장비 하나하나라고 보면 된다.

4절 빅데이터 처리

1. 데이터 전처리

가공되지 않은 원시 데이터 자체만으로는 큰 효용 가치를 갖기 어렵다. 원시 데이터를 유용한 정보로 바꾸기 위해서는 데이터 처리라는 과정을 거쳐야 한다. 추출, 변환, 적재(Extract·Transform·Load, ETL) 등 데이터의 품질을 올리는 일련의 과정을 거쳐야 비로소 현업에서 분석에 활용할 수 있는 데이터가 갖춰진다. 기업에서 불완전한 데이터를 처리하는 기법으로는 데이터 정제, 통합, 축소, 변환 등이 있다.

〈표 1-12〉 데이터 전처리 기법

기법	설명
데이터 정제	불완전한 데이터는 채우고, 모순된 데이터는 수정하여 다듬는 작업
데이터 통합	다양하게 나뉘어 있는 여러 데이터베이스, 파일을 합치는 작업
데이터 축소	일부 데이터만 샘플링하거나 분석 대상 데이터의 차원을 줄이는 작업
데이터 변환	평균값을 구하거나 로그를 씌우는 등 데이터를 정규화 또는 집단화하는 작업

출처: 고려대학교 디지털정보처, 삼정KPMG 경제연구원 재구성

빅데이터 처리 단계에서 기업이 당면한 이슈사항 중 하나는 데이터 전처리 단계에서 병목현상이 발생해 기업의 의사결정을 지연시킨다는 것이다. 빅데이터 분석가들은 실제 업무 시간의 70~80%를 데이터를 수집하고 전처리하는 데 사용한다. 데이터 전처리 과정은 시간 소모가 크며, 필요에 따라 단순 노동작업도 요구된다.

데이터의 전처리를 담당하는 IT 부서와 현업 부서 간의 마찰도 간과할 수 없다. 현업 부서에서는 IT 부서에 데이터를 요청한 후 데이터를 받기까지 며칠에서 몇 주가 걸리기도 한다. 현업 담당자는 일정한 기준에 맞춰 수집한 데이터를 추출하는 건데 왜 그렇게 오래 걸리느냐고 불만을 토로하곤 한다. 그러나

데이터를 자세히 들여다보면 완벽한 데이터란 존재할 수 없다는 걸 알게 된다. 게다가 요즘처럼 데이터 수집창구가 다양한 상황에서는 데이터의 처리 과정이 더욱 까다로울 수밖에 없다.

2. 데이터 정제의 중요성

기업은 데이터 분석 전, 기업이 보유한 데이터의 상태를 확인하고 설계한 분석 요건에 맞도록 데이터를 정제해야 한다. 첫 번째 단계로 기업이 보유한 데이터의 유형(범주형, 연속형)과 데이터의 타입(Character, Numeric, Date)을 확인해야 한다. 데이터에 이상치(outlier)가 있을 경우, 추세선에 영향을 줘 왜곡된 분석 결과를 가져올 수도 있으므로 데이터 분석가의 판단에 따라 적절히 처리해줘야 한다.

이상치를 처리하는 방법으로는 평균값, 중앙값, 또는 회귀분석을 통해 예측한 값을 넣는 경우도 있다. 인적 오류로 인해 생긴 이상치의 경우 분석 대상에서 제외하거나, 자연 발생적인 이상값의 경우 튀는 값을 갖게 된 원인을 파악해야 한다. 마지막으로 데이터의 표현 방식을 정의하는 것이 필요하다. 변수 간 관계가 잘 드러나지 않을 때 변수를 변환하는 방법으로는 로그함수를 취하거나, 범부형 변수로 만들거나, 더미변수화하는 방법 등이 있다.

신뢰도가 낮은 데이터를 바탕으로 의사결정을 할 경우 기업의 경쟁력 저하는 물론 사회적, 경제적 비용까지도 발생시킬 수 있다. 인공지능 분석을 할 경우에도 어떤 데이터 모델로 학습할지에 따라 결과물이 달라질 수 있다. 따라서 기업은 서로 다른 소스로부터 수집한 데이터를 식별하고, 데이터 간 관계를 파악하고, 데이터 정제 과정을 주의 깊게 검토하며 업무를 진행해야 한다.

3. 빅데이터 처리 기술

빅데이터는 방대한 양의 데이터와 데이터 생성 속도, 데이터 종류의 다양성을 통합적으로 고려할 수 있는 기술이 필요하다. 빅데이터에서의 유용한 정보 및 숨어 있는 지식을 찾아내기 위한 데이터 가공 및 분석을 지원하는 것이 빅데이터 처리 기술이다. 대표적인 빅데이터 처리 기술로 맵리듀스가 있다. 하둡(Hadoop)의 성공으로 분산병렬 데이터 처리기술의 표준이 되었다. 빅데이터 처리와 관련된 기술로는 정형, 비정형 빅데이터 분석에 가장 선호되는 하둡(Hadoop), 전통적인 관계형 데이터 베이스 RDBMS와는 달리 비정형 데이터도 빠르게 처리할 수 있도록 설계된 비관계형 데이터 베이스 NoSQL 등이 있다. 또한 R이나 Phython과 같은 프로그램 언어가 빅데이터를 활용한 통계 모델링, 데이터 마이닝에 주로 활용된다.

빅데이터 처리기술은 크게 3가지로 나누어진다. 첫째, 빅데이터를 여러서버에 분산하여 각 서버에서 나누어 처리하고, 이를 다시 모아서 결과를 정리하는 분산병렬 기술이다. 구글의 맵 리듀스, 하둡의 맵 리듀스, 마이크로소프트의 드라이애드 등이 있다. 둘째, 지속적인 이벤트 소스로부터 발생한 스트림 데이터를 실시간으로 분석 처리하기 위한 실시간 처리 기술(Stream Processing)이다. 지속해서 발생하는 스트림 데이터를 실시간 질의하여 데이터를 추출하는 기능이 제공된다. 셋째, 대량의 다양한 데이터를 실시간으로 처리하는 이벤트 기반 복합 처리 기술(Complex Event Processing)이다. 일정 간격으로 발생한 데이터의 중복 내용을 제외한 새로운 이벤트 데이터만 추출하는 기능과 데이터에 여러개가 섞여 입력될 경우 분리를 통한 추출 기능을 제공한다. 자주 생성되는 고빈도의 데이터를 미리 설정한 형태로 처리하는 분석 알고리즘을 가지고 있어 금융, 마케팅, 의료 영역에서 많이 쓰이고 있다.

4. 빅데이터 처리 솔루션

빅데이터 처리 솔루션에 대해서 살펴보자. 솔루션의 종류 및 특징은 〈표 1-13〉과 같다.

〈표 1-13〉 빅데이터 처리 솔루션의 특징

솔루션	특징	설명
하이브 (Hive)	대량의 데이터 세트 관리에 적합	• 기본적인 SQL문을 사용할 수 있으면 쉽게 접근
피그(Pig)	반복적인 코딩을 줄여주는 스크립트 언어	• 대용량의 데이터 구조를 다른 형태로 쉽게 변환할 수 있음 • 사용자 정의 함수를 제공하여 확장성 높음
탈렌드 (Talend)	ETL 자동화 도구	• 원하는 작업을 드래그 앤드 드롭으로 손쉽게 구현 • 자바만 안다면 쉽게 접근 가능한 도구

출처: 박인근·홍지후·강남규·김성호·정구범, "빅데이터 분석과 활용"

1) 하이브

하이브(Hive)는 분산 저장소에 존재하는 대량의 데이터 세트를 관리하고 처리하는 솔루션이다. 하둡에 저장된 데이터를 맵리듀스로 직접 구현하여 데이터를 처리하려면 개발 스킬이나 역량이 어느 정도 있어야 하기에 개발 시간과 노력을 줄이고자 하이브를 개발했다. 하이브는 SQL을 어느 정도 알기만 하면 데이터를 처리할 수 있도록 만들었고, 이런 지원을 하는 SQL을 HiveQL이라고 한다.

JDBC/ODBC 드라이버는 SQL 쿼리문을 MR로 변환해준다. 메타스토어(metastore)는 하둡 파일 시스템상의 데이터를 데이터베이스 테이블 형식으로 관리하기 위한 메타 정보, 테이블, 파티션, 칼럼 정보를 저장하는 데이터베이스다.

2) 피그

피그(Pig)는 리듀스의 비직관적이고 반복적인 코딩을 줄이기 위해 만든 것으로, 쿼리 언어가 아니라 데이터 플로(Data Flow)를 처리하는 스크립트 언어다.

피그는 데이터의 흐름을 표현하기 위해 사용하는 피그 라틴(Pig Latin)이라는 언어와 피그 라틴을 실행하는 실행 환경으로 구성된다.

피그는 여러 명령어를 통해 쿼리 요청을 작성하기 쉽고, 표본 실행 기능도 제공하고 있어서 수행 오류에 대한 사전점검이 가능하다. 또한 맵리듀스에서 처리할 수 없는 조인과 같은 연산 기능을 제공한다. 기존 SQL과 유사하지만 기존 SQL 지식을 활용하기는 어려운 편이다. 그렇지만 다양한 대용량의 데이터 구조를 쉽게 다른 형태로 변환할 수 있고, 사용자 정의 함수를 제공하며 확장성이 높은 편이다.

3) 탈렌드

탈렌드(Talend)는 자바 기반으로 ETL(Extract·Transformation·Load)을 자동화해주는 도구다. ETL은 말 그래로 정보를 추출(extract)하여 변환(trans formation)한 후 목적지에 적재(load)해주는 일련의 행위를 말한다. 즉, 빅데이터에서는 대량의 데이터로부터 조건에 맞는 데이터를 추출하고 변환하여 분석 플랫폼에 적재하는 역할을 한다. 원하는 작업은 드래그 앤드 드롭으로 쉽게 구현할 수 있다. 자바를 이용하여 코드로 정의할 수도 있다.

탈렌드는 탈렌드 스튜디오(Talend Studio)를 사용하여 그래픽 기반으로 데이터의 흐름을 디자인할 수 있고 HDFS, 하이브, HBase 등의 유형으로 읽기/쓰기가 가능하다.

5절 빅데이터 분석

1. 데이터 분석과 빅데이터 분석의 차이

기존 데이터 분석과 빅데이터 분석의 차이는 무엇일까? 기존에도 우리는 데이터 분석을 하고 있었는데, 데이터의 양이 커지고 처리속도가 빨라진 것이 빅데이터 분석일까? 그렇게만 본다면 단편적이다. 데이터 분석과 빅데이터 분석은 다음 네 가지 측면으로 설명 할 수 있다.

1) 사전처리와 사후처리

정보를 관리하는 시스템의 능력에는 한계가 있다. 한계가 분명한 시스템을 이용해 데이터 분석을 하기 위해서 데이터는 항상 사전처리(Pro-Processing)를 해야 했다. '사전처리(Pro-Processing)'란 필요한 정보만 추려내고 필요 없는 정보는 제거해서 시스템이 충분히 처리 할 수 있도록 데이터를 축소하는 것을 뜻한다. 그러나 빅데이터 기술이 등장함에 따라서 이런 사전처리가 필요 없게 되었다. 있는 그대로 데이터를 모아두고, 방대하고 정형화되어 있지 않은 데이터에서 직접 의미를 찾아내는 빅데이터의 분석 방식을 '사후처리(Post Processing)'라고 부른다, 빅데이터 분석이 기존 데이터 분석방법과 차별화 되는 점이 바로 데이터를 '사후처리(Post Processing)' 한다는 것이다.

2) 표본조사와 전수조사

기존에는 데이터 수집단계에서 표본조사를 통해 필요한 만큼만의 데이터를 만들었다. 통계분석과 같은 전통적인 데이터 분석법도 마찬가지로 표본 데이터에서 의미를 찾는 것에 초점을 두고 발전해왔다. 즉 데이터 수집 이전에 이미

분명한 목표를 설정하고 모델을 설계했다. 이는 수집과 처리비용, 분석 능력의 부담 때문이다. 그러나 빅데이터 기술을 통해 전수조사가 가능해졌다.

3) 질과 양

과거 데이터 분석에서는 사소한 오류도 데이터 분석의 질에 큰 영향을 미쳤다. 그래서 오류 발생을 최소화하기 위해 많은 노력을 해왔다. 빅데이터 시대에는 분석할 수 있는 데이터의 양이 증가하면서 사소한 데이터의 몇몇 오류는 분석 결과에 별다른 영향을 미치지 않게 되었다. 분석할 수 있는 데이터가 많으면 많을수록 결과의 정확성이 높아지기 때문이다. 이렇게 소규모의 정교한 데이터로만 데이터를 분석하려 했던 기존의 분석 방향에서 정교하진 않더라도 막대한 양의 데이터를 분석하여 더 정확한 분석 결과를 도출하려는 흐름이 바로 빅데이터 분석의 패러다임이다.

4) 인과관계와 상관관계

기존의 데이터 분석은 인과관계에 초점을 맞췄다. 한정된 데이터를 대상으로 정해진 목적, 방법에 따라 인과관계를 도출했다. 빅데이터 분석에서는 인과관계 뿐만 아니라, 상관관계도 중요하다. 실제 비즈니스 필드에서빅데이터 기술을 적용하여 보면 실시간으로 쏟아지는 데이터 간의 인과관계를 즉시 분석하는 것은 불가능에 가깝다. 우선 상관관계 분석을 통해 데이터간의 유의미한 관계를 파악하는 것이 중요하다. 데이터 간의 유의미한 상관관계를 파악한 후에 인과관계를 분석을 통해 흐름을 재구성할 수 있다. 이렇게 상관관계 분석과 인과관계 분석을 함께 사용하면 효과적으로 빅데이터를 분석할 수 있다.

2. 분석 역량 약화의 원인

빅데이터의 수집·저장·처리가 원활하게 진행됐다고 하더라도, 분석이 유연하게 이루어지지 않으면 자원의 낭비가 불가피하다. 전 세계 144개 기업의 정보책임자를 대상으로 조사한 2015년 KPMG의 데이터 애널리틱스 설문 보고서에 따르면, 기업들은 데이터 분석 경쟁력이 낮은 이유에 대해 '어떤 데이터를 분석해야 하는지 모른다', '데이터를 분석할 수 있는 역량이 부족하다', '수집된 데이터의 분석 방법을 모른다' 등으로 응답했다.

실제로 기업의 데이터 분석 경쟁력이 약화되는 요인은 크게 세 가지로 볼 수 있다. 첫째, 고객·상품·프로세스·원가 등 기업 경영 활동에서 무수히 발생하는 데이터 자원 중 어떤 데이터를 분석해야 하는지 모르는 것이다. 예를 들어 고객 관계 강화를 위해서 고객의 어떤 데이터를 분석해야 하는지 알고 있지만 분석 방법을 모르는 것이다. 생산 품질 관리를 위해 수집한 라인의 이미지 데이터를 일반적인 규칙 기반 알고리즘으로 분석하고자 하는 경우가 이에 해당한다.

둘째, 어떤 데이터를 분석해야 하는지를 알고 있지만 분석 방법을 모르는 것이다. 예를 들어, 생산 품질 관리를 위해 수집한 라인의 이미지 데이터를 일반적인 규칙 기반 알고리즘으로 분석하고자 하는 경우가 이에 해당한다.

셋째, 보유하고 있는 데이터 자원도 풍부하고 분석 방법도 알고 있으나, 사내에서 이를 수행할 수 있는 역량이 축적되어 있지 않은 경우다. 일반적으로 데이터 사이언티스트의 부재는 데이터 가치 창출의 저해 요인 중 하나다.

3. 데이터 분석의 목적

데이터를 분석하는 목적은 크게 두 가지로 요약할 수 있다. 하나는 과거에 일어난 현상에 대한 인과성을 밝혀내어 기업이 활용할 수 있는 형태의 지적 자산으로 축적하는 것이고, 다른 하나는 불확실한 미래를 예측하여 변화에 선제적으로 대응하는 것이다.

과거에 일어난 현상을 대상으로 하는 분석의 활용 분야로는 기술 분석(Descriptive Analysis)의 영역인 '정형 리포트', '임시 리포트'와 진단 분석(Diganostic Anaysis)의 영역인 '심층적 분석', '발견 및 경고' 등이 있다.

기술 분석의 도구인 '정형 리포트'는 기업의 외부와 내부에서 발생한 이벤트를 일목요연하게 정리하는 보고서로서 고급 분석의 기초 자료가 된다. '임시 리포트'는 작성된 '정형 리포트'를 기반으로 특정 이벤트의 빈도, 영향, 가설적 요인 등을 분석하는 보고서다.

진단 분석의 주요 활용 분야인 '심층적 분석'은 주로 사건의 전후 관계와 인과관계를 명확히 하기 위해서 수행된다. 예를 들어 기업의 매출이 일시적으로 증가했을 때, 그 원인이 무엇인지 시장 변수를 수집하고 분석하는 활동이다. '발견 및 경고'는 전반적으로 기업이 집중해야 할 분야는 어디인지, 새롭게 개척해야 할 영역은 어디인지, 문제가 발생하는 영역이 어디인지에 대한 분석을 포함하는 진단 분석 분야다.

그 밖에 예측 분석(Predictive Analysis)은 주로 수집한 데이터의 패턴을 파악하고 이를 토대로 향후 어떤 일이 일어날 것인지에 대한 시나리오 분석을 의미하며, '통계 모델링'과 '예측 모델링' 등의 분야에 활용될 수 있다. 처방 분석(Prescriptive Analysis)은 예측한 시나리오를 바탕으로 영향도를 산출하여 대응 방안을 제시하거나 최적의 의사결정을 지원하는 등 인공지능을 활용한 융합 분석을 의미하며, '랜덤 테스팅'과 '비즈니스 최적화'로 구분된다.

〈그림 1-6〉 데이터 분석의 정의 및 활용 분야

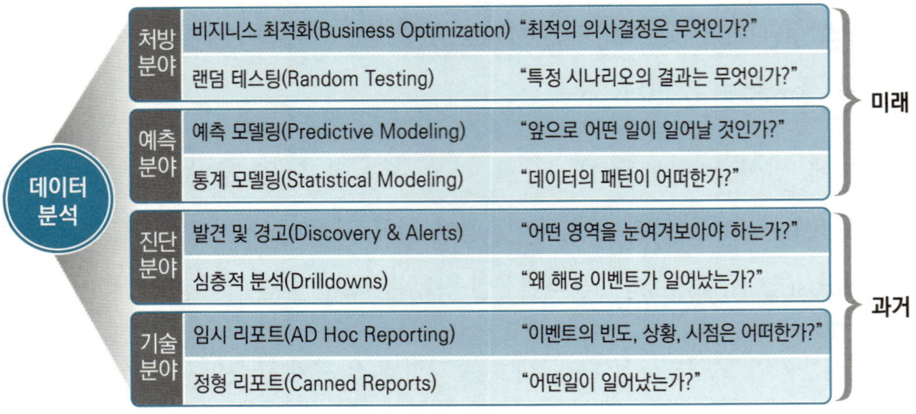

출처: 삼정KPMG 경제연구원

4. 빅데이터 분석 기술

빅데이터 분석은 대량의 데이터로부터 숨겨진 패턴과 알려지지 않은 정보 간의 관계를 찾아내기 위한 과정이다. 데이터 분석에 사용하는 과정이다. 데이터 분석에 사용하는 기술은 대부분 통계학과 및 전산학 특히 기계학습과 데이터 마이닝 분야에서 이미 사용한 것들이다. 이 분석 기술들의 알고리즘을 대규모 데이터 처리에 맞게 개선하여 빅데이터 처리에 적용시키고 있는 것이다. 주로 빅데이터 분석을 위하여 크게 데이터 마이닝과 텍스트마이닝 등이 고려되며 NoSQL 데이터베이스, 하둡(Hadoop)과 맵 리듀스 등의 관련 기술이 있다. 빅데이터 분석은 짧은 시간 안에 더 많은 정보를 빅데이터로부터 추출하는 것을 목표로 한다.

빅데이터 분석에 사용할 수 있는 대표적인 분석기술은 〈표 1-14〉와 같다.

〈표 1-14〉 빅데이터 분석 방법

구분	분석방법	설명
정형 데이터 분석	데이터 마이닝	대용량 데이터로부터 패턴인식, 인공지능 기법 등을 이용하여 숨겨진 데이터간 상호 관련성 등 의미를 추출하는 기법
비정형 데이터 분석	텍스트 마이닝	텍스트 기반의 데이터로부터 새로운 정보를 발견할 수 있도록 하는 정보 검색, 추출, 체계화, 해석 등의 텍스트 처리 기법
	소셜네트워크 분석	대용량 소셜 미디어를 언어분석 기반 정보추출을 통해 분석하여 이슈를 탐지하고, 시간의 경과에 따라 유통되는 이슈를 모니터링해서 향후 추이를 부석하는 기법

1) 데이터 마이닝

데이터 마이닝은 빅데이터에서 의미있는 패턴을 발견하거나 이를 기반으로 예측을 수행하는 빅데이터 분석 방법을 뜻한다. 대표적인 데이터 마이닝 방법은 다음과 같다.

■ 지도 학습

- 분류 분석(Classification Analysis): 데이터의 실체가 어떤 그룹에 속하는지 예측하는데 사용하는 데이터 마이닝 기법으로, 의사결정 나무(Decision Tree)가 대표적이다. 군집분석과 다른점은 각 계급이 어떻게 정의되는지 미리 알아야(지도학습) 한다는 점이다.

- 예측 분석(Prediction Analysis): 시간의 흐름에 따른 값을 이용해서 특정 변수(매출, 고객 수)를 예측하는 시계열 분석으로, 분류와는 다르게 연속적인 값을 목표로 한다. 방대한 양의 데이터 집합의 패턴을 기반으로 미래를 예측하는 것이 대표적이다.

■ 비지도 학습

- 군집 분석(Clustering Analysis): 특성에 따라 대상을 여러개의 배타적인 집단으로 분류하는 기법으로 군집의 개수나 구조에 대한 가정 없이 데이터로부터 거리를 기준으로 자발적인 군집화를 유도(비지도 학습)한다.

- 연관 분석(Association Analysis): 데이터 간의 종속 관계를 분석해서 일련의 사건 간의 규칙을 발견하는 분석기법으로 흔히 장바구니 분석(Market Analysis) 또는 서열 분석(Sequence Analysis)으로 불린다.

2) 텍스트 마이닝

텍스트 마이닝은문서, 이메일, HTML 파일 등의 텍스트 데이터에서 의미있는 정보를 추출하는 방법이다. 자연어 처리 기술에 기반하여 입력된 텍스트를 구조화해서 해석하는 일련의 과정을 의미한다. 다양한 문서자료에서 텍스트를 추출하고 정형화해서 데이터 마트를 구성하고 데이터마이닝을 수행하는 기법이다.

3) 소셜 네트워크 분석

소셜네트워크 분석, 즉 사회연결망 분석(Social Network Analysis)은 개인과 집단 간의 관계를 노드와 링크로 모델링해서 연결구조, 확산의 과정을 분석하는 방법이다. 네트워크 상에 얼마나 많은 관계가 존재하는지 분석하는 밀도(density)분석, 한 노드가 전체 연결망 내에서 중심에 위치하는 정도를 분석하는 중심성(centrality) 분석, 연결망 내에 영향력 있는 그룹의 식별하는 파벌(clique)분석 등이 있다.

5. 빅데이터 분석 솔루션

빅데이터 분석 솔루션에 대해서 살펴보자. 솔루션의 종류 및 특징은 〈표 1-15〉와 같다.

〈표 1-15〉 빅데이터 분석 솔루션의 특징

솔루션	특징	설명
머하웃 (Marhout)	협업 필터링, 클러스터링, 분류 기능	협업 필터링, 클러스터링, 분류에 초점을 맞춘 머신러닝용 라이브러리를 제공하는 프레임워크
스파크(Spark)	범용 분산 환경의 고성능 클러스터링 플랫폼	인메모리 기반의 데이터 처리 및 분석을 제공하는 플랫폼, 실시간 분석에 최적화
스톰(Storm)	대량의 데이터 분산 스트림 처리 및 실시간 데이터 처리 기능	하둡과 유사. 스트림 처리에 최적화되어 지속적으로 메시지를 처리하는 하둡의 맵리듀스와 같은 토폴로지가 있음
NLTK	글의 문장 분할, 문장의 단어분할 기능 제공	분석 가능한 사전형태로 데이터를 정형화 시키는 기능 제공
OpenNLP	비정형 텍스트에서 의미있는 용어 추출	비정형화된 데이터에서 특정 텍스트를 추출하는 작업을 간편하게 실행할 수 있음

출처: 박인근·홍지후·강남규·김성호·정구범, "빅데이터 분석과 활용" 재구성

1) 머하웃

머하웃(Marhout)의 사전적 의미는 '코끼리를 모는 사람'으로, 코끼리를 상징으로 하는 하둡과 연관되어 있음을 짐작할 수 있다. 머하웃은 협업 필터링, 분류에 초점을 맞춘 머신러닝용 라이브러리를 제공한다. 협업 필터링은 누적된 데이터를 활용하여 분류하고, 분류의 기준을 기반으로 새로운 데이터도 같은 기준을 사용하여 분류하는 방법을 말한다. 다른 사이트 사용자에게 여러 대중의 평가, 클릭, 구매 정보를 사용하여 아이템을 추천하는 기술이라고 말할 수 있다. 머하웃은 바로 협업 필터링에 집중하여 하둡을 기반으로 맵리듀스를 이용해 클러스터링, 분류, 분석 작업을 수행할 수 있다.

2) 스파크

스파크(Spark)는 범용 분산 환경의 고성능 클러스터링 플랫폼이다. 인메모리 기반으로 데이터를 처리하며, 기존의 하둡 맵리듀스 작업이 디스크 기반으로 수행되어 성능이 떨어지는 부분을 메모리 기반으로 성능을 발전시켰다.

스파크는 하나의 플랫폼 내에서 배치 처리, 스트리밍 처리, 머신러닝 등 다양한 처리 방식을 제공한다. 또한 파이썬, 자바, 스칼라 등 다양한 언어를 지원하는 SDK를 가지고 있고 아마존, S3, 카산드라 등 다양한 스토리지를 지원하여 데이터 저장 및 활용성을 극대화했다. 인메모리 방식으로 스트림 처리를 효과적으로 수행하고, 머신러닝까지 학습이 가능하여 실무적으로 가장 많이 쓰이는 빅데이터 플랫폼 중 하나가 됐다.

3) 스톰

스톰(Storm)은 트위터에서 사용하는 실시간 분석 분산 시스템으로 유명하다. 아파치 스톰은 라지 스케일 스트리밍(Large Scale Streaming) 프로세싱 플랫폼으로 정의할 수 있다. 즉 대량의 데이터를 분산 스트림 처리하고 실시간 데이터 처리가 가능한 솔루션이다.

스톰은 하둡과 매우 유사하다. 하둡에서는 데이터 처리를 위해 MR(Map-Reduce) 작업을 실행하는데, 스톰에서는 이런 작업을 '토폴로지 작업을 수행한다'라고 한다. MR 작업은 정해진 데이터 세트를 처리한 후 완료되지만, 토폴로지는 스트림 처리를 위해 계속해서 메시지를 처리한다.

4) NLTK

NLTK는 특정한 문제를 해결하기 위한 알고리즘 생성 과정에 필요한 빌딩 블록을 제공한다. PHP, Python 등으로 제공되는 도구들이 있으며 연구자들이 많이 사용하는 프레임워크로 사용자들이 다양하게 활용할 수 있다. 접미사를 제거하여 중심 단어들을 추출하거나 전체 텍스트에서 시스템이 분석 가능한 사전 형태로 데이터를 정형화 시키는 기능도 제공한다.

5) Open NLP

아파치의 Open NLP는 비정형화된 텍스트에서 사람이나 기관의 이름, 특정 장소, 시간 등을 추출하는 작업을 간편하게 실행할 수 있는 모델을 포함하는 라이브러리이다. OpenNLP는 Java 기반의 자연어 처리 솔루션이다. 프로그래밍 언어 기반의 응용 프로그램에 적합한 형태로, 자연어 처리코드를 스스로 생성한다. 비정형화되거나 가공되지 않은 텍스트를 문장과 단어로 분리한 후, 그 결과를 다양한 방법으로 보여준다.

4장

빅데이터 리포팅 및 모델링 프로세스

1절 기업들의 빅데이터 플랫폼 구축

최근 기업들은 빅데이터를 효과적으로 활용하기 위해서 자체 빅데이터의 플랫폼을 구축하고 있다. 자체 빅데이터 플랫폼을 구축하면 조직 구성원들이 익숙한 형태로 기업의 비즈니스 프로세스에 맞춰서 자체 개발을 할 수 있고, 상황에 따라 신속한 커스터마이즈(customize)가 용이하다는 장점이 있다.

빅데이터 플랫폼의 영역은 빅데이터 수집·적재, 빅데이터 저장소 관리, 데이터 분석 및 활용 기능으로 나눌 수 있다.

〈그림 1-7〉 빅데이터 플랫폼 예시

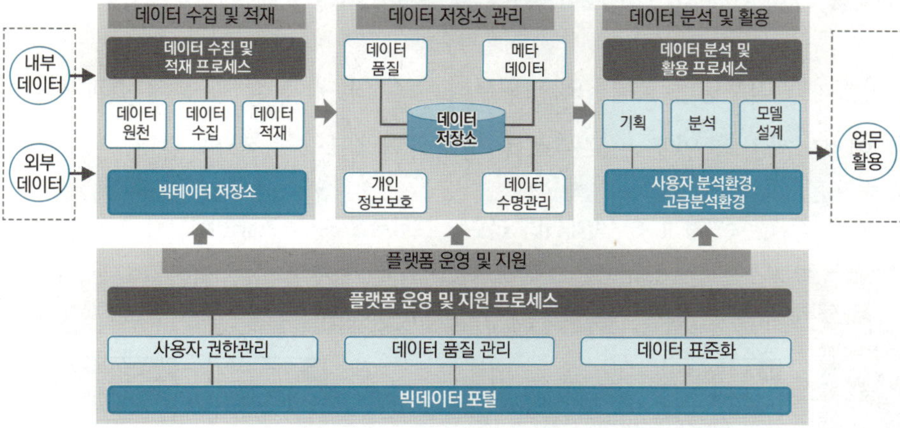

빅데이터 플랫폼의 업무 프로세스에서 산출물은 빅데이터 리포트(report)와 빅데이터 모델링(modeling)으로 나눌 수 있다. 빅데이터 리포트는 빅데이터팀 데이터 분석가가 빅데이터를 분석하여 얻은 인사이트를 정리하여 공유하는 목적으로 만든 보고서를 말한다. 모델링은 빅데이터를 통해 얻은 인사이트를 바탕으로 실무에 활용할 목적으로 개발한 컴퓨터 프로그램 또는 알고리즘을 가리킨다.

비즈니스에 대한 지식과 경험이 있는 계열사의 현업들이 빅데이터 분석 대상 과제를 도출하면 빅데이터 분석 역량을 갖춘 지주사 빅데이터팀의 데이터 사이언티스트가 빅데이터 분석을 수행한다고 가정하고, 프로세스를 살펴보고자 한다.

2절 빅데이터 리포팅 프로세스

빅데이터 리포팅 프로세스의 기획부터 수집, 적재, 분석 및 분석 결과 시각화에 이르기까지의 업무 프로세스를 정리하면 〈그림 1-8〉과 같다.

〈그림 1-8〉 빅데이터 리포팅 프로세스 Flowchart(예시)

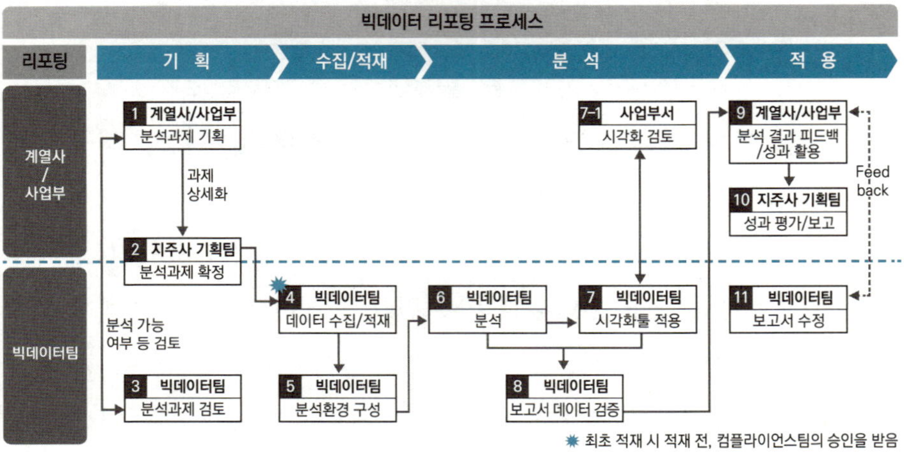

1. 기획 프로세스

1) 분석 과제 기획

비즈니스와 도메인에 대한 지식과 경험을 갖추고 있는 계열사/사업부 현업 부서별로 빅데이터 기획 담당자를 선정하여 분석 과제의 기획 역할을 부여한다. 기획 담당자는 회사의 니즈에 맞는 빅데이터 분석 주제를 선정한다.

빅데이터 분석의 핵심은 데이터 자체가 아닌 분석을 통한 의사결정의 최적화를 지원하는 것이다. 따라서 분석과제의 기획단계는 매우 중요하다.

2) 분석 과제 선별

각 계열사/사업부는 빅데이터팀의 데이터 사이언티스트에게 분석을 요청할 과제를 정한다. 기대 효과 및 실현 용이성을 평가하여 분석 요청 과제의 우선순위를 정한다.

3) 분석 과제 확정

지주사는 계열사 및 사업부서별로 도출된 과제를 취합하여 총괄 담당자 회의를 소집한 후 분석 우선순위를 정한다. 선정된 과제는 임원 승인을 통하여 빅데이터팀에 분석을 요청한다. 요청 시, 분석할 핵심이슈와 의사결정을 위해 필요한 요소를 명확히 한다.

2. 수집/적재 프로세스

1) 데이터 수집 및 적재

필요 데이터를 정의하고, 필요 데이터를 내부에 요청하고 외부에서 수집한다. 수집 후, 전처리를 수행한다.

2) 컴플라이언스팀의 리스크 검토 및 승인

법률 및 비즈니스 리스크 측면에서 분석 과제 수행에 따라 예상되는 리스크를 사전에 식별하고 예방하기 위해 컴플라이언스(Compliance)팀의 검토를 수행한다.

3. 분석 프로세스

1) 분석 방법 정의

현업의 요청사항에 기반하여 빅데이터 분석 방법을 정한다. 분석요건을 도출하고, 분석 수행방안을 설계한다. 수행방안 설계가 끝나면 요건에 어떻게 접근하고 어떤 정량적/정성적 효과가 나올지 예상이 가능하다. 이를 이해관계자와 협의하여 분석방안을 최종 확정한다.

2) 데이터 전처리

가공되지 않은 원시 데이터 자체만으로는 큰 효용이나 가치를 갖기 어렵다. 원시 데이터를 유용한 정보로 바꾸기 위해 데이터 형식을 표준화하고, 정형화, 통합 등 빅데이터를 분석하기 위한 전처리 작업을 수행한다.

3) 탐색적 통계 분석

데이터를 시각화하여 데이터에서 패턴 연관성을 찾고, 변수를 선택한다.

4) 모델 수립

정의된 요건에 기초하여 상세 분석기법을 적용해 모델을 설계하고, 개발하는 과정이다. 실제 분석 프로젝트를 수행하는 단계라고 할 수 있다. 선택된 변수에 따른 분석 모델을 결정하고 파라미터를 조정한다.

4. 리포팅 프로세스

1) 분석 결과 시각화

빅데이터 분석 결과의 주요 특징을 효과적으로 나타낼 수 있도록 BI 도구(솔루션)를 적용한 시각화를 수행한다.

2) 현업 피드백을 통한 보고서 수정 및 보완

분석 결과 테이블과 시각화 자료를 바탕으로 현업의 비즈니스 도메인 지식을 결합하여 빅데이터 분석 리포트에 인사이트를 담는 작업을 수행한다.

3) 빅데이터 보고서 배포

지주사의 최종 검토를 거쳐, 회사 포털을 통해 빅데이터 보고서를 배포하여 업무에 활용하도록 한다.

3절 빅데이터 모델링 프로세스

빅데이터 모델링 프로세스는 각 계열사에 흩어져 있는 데이터를 한군데 모아 빅데이터 분석을 수행함으로써 기존에 발견하지 못했던 인사이트를 얻고 이를 통해 실무에 적용 가능한 정교한 알고리즘을 개발하는 것을 목표로 하는 업무 상황을 가정한다.

각 계열사에 흩어진 데이터가 빅데이터 플랫폼에 모이도록 빅데이터 플랫폼 운영자와 기존 데이터를 관리하고 있는 IT 부서 담당자가 협의하여 데이터를 한군데 모으는 작업부터 진행한다. 데이터의 관리 주체가 각기 다르다면 데이터의 형태도 다를 수 있기에, 이를 분석이 용이한 형태로 표준화하는 전처리 작업도 필요할 것이다.

이런 상황들을 가정하고 기획부터 수집, 적재, 분석 그리고 모델 수립 및 적용까지의 과정을 살펴보자. 빅데이터 분석을 통한 모델링(알고리즘) 수립 프로세스는 〈그림 1-9〉와 같다.

〈그림 1-9〉 빅데이터 모델링 프로세스 Flowchart(예시)

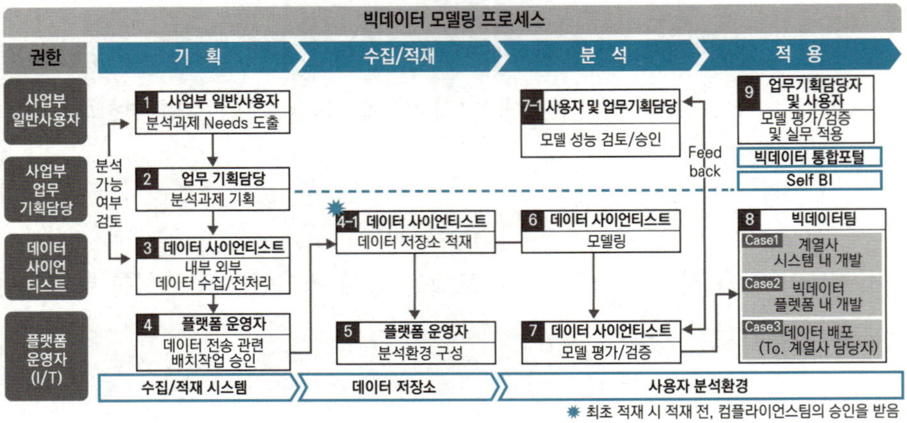

1. 기획 프로세스

1) 분석 과제 니즈 도출

현 업무 중 데이터 Driven 업무를 도출하고 개선 영역 및 빅데이터 활용 가능 영역을 도출한다. 빅데이터 활용 가능 영역에서 개선이 필요한 내용을 정리한다.

2) 분석 과제 기획

빅데이터 활용 및 적용 가능한 영역 중 시급성과 모델 구현 가능성을 판단하여 우선순위에 따라 모델링 요청 우선순위를 정한다.

3) 데이터 수집/전처리

필요 데이터를 정의하고, 필요 데이터를 내부에 요청하고 외부에서 수집한다. 수집한 데이터에 대한 전처리 작업을 수행한다.

4) 데이터 전송

전처리 작업이 끝난 데이터를 회사의 각 시스템으로부터 분석을 위한 빅데이터 플랫폼으로 전송한다. 시스템 담당자와 빅데이터 플랫폼 담당자 간 전송 방식에 대한 사전 협의가 필요하다. 시스템 성능에 따라 실시간 또는 배치 방식을 선택하면 된다. 시스템의 부담을 줄이기 위해 업무 외 시간에 배치 방식으로 전송하는 것을 추천한다.

2. 수집/적재 프로세스

1) 컴플라이언스팀의 리스크 검토 및 승인

법률 및 비즈니스 리스크 측면에서 분석 과제 수행에 따라 예상되는 리스크를 사전에 식별하고 예방하기 위해 컴플라이언스팀의 검토를 수행한다.

2) 데이터 저장소 적재

컴플라이언스팀의 검토 및 승인을 받은 후, 빅데이터 플랫폼에 데이터를 저장한다.

3. 모델링 수립 프로세스

정의된 요건에 기초하여 상세 분석비법을 적용해 모델을 개발하는 과정이다. 실제 분석 프로젝트를 수행하는 단계이다. 빅데이터 분석에서 모델링을 거치면 필요한 입력데이터에 대한 처리가 쉬워진다.

1) 모델 설계

빅데이터 분석을 통해 현업의 요청사항을 충족시킬 수 있는 모델을 설계한다.

2) 알고리즘 정의 및 파라미터 최적화

모델의 성능을 최적화할 수 있는 알고리즘을 정의한다. 빅데이터를 학습 데이터로 활용하여 머신러닝을 통해 파라미터를 최적화한다.

3) 모델 성능 검토 및 수정

실제 업무 상황을 가정하여 모델의 성능 검토를 수행하고, 모델을 수정 및 보완한다. 모델링 성능을 평가하는 기준은 분석 기법별로 다양하다. 데이터 마이닝에서는 정확도(accuracy), 정밀도(precision), 검출도(detect rate), 리프트(lift) 등의 값으로 판단한다.

4. 적용 프로세스

1) 현업 피드백을 통한 보고서 수정 및 보완

빅데이터팀의 모델 성능 테스팅 자료를 바탕으로 업무 지식을 갖춘 현업 담당자는 실제 비즈니스 환경과 같은 테스트 환경에서 모델의 최종 검토를 진행하고, 현업 부서장의 승인을 득한다.

2) 모델 배포

현업 담당 업무 부서장의 승인 후, 실무 담당자들에게 배포한다. 실무 적용을 위한 개발이 필요한 경우, 개발을 완료하여 배포한다.

5장 빅데이터 거버넌스

1절 빅데이터 거버넌스 체계

빅데이터 거버넌스(Governance)란 데이터 표준 정책에 따라 비즈니스 데이터를 생성, 변경하고 생성된 데이터의 가용성, 유용성, 무결성과 보안을 관리하는 프로세스라고 정의할 수 있다. 빅데이터 컴플라이언스(Compliance)는 중요 법규를 위반하지 않도록 회사에서 빅데이터를 '누가 어떻게 올바르게 효과적으로 사용할 것이며, 어느 조직이 이를 관리할 것인가?'라는 질문에 답을 찾고, 실제 관련 업무를 수행하는 빅데이터 운영 조직 및 관리 체계를 뜻한다.

빅데이터 거버넌스 구조 및 기능에 대해 알아보자.

1) 빅데이터 거버넌스 구조

빅데이터 거버넌스 체계의 주요 구성원은 다음과 같이 구분할 수 있다.

〈표 1-16〉 빅데이터 거버넌스 역할과 책임

구분	역할	정의
빅데이터 거버넌스 조직	빅데이터 거버넌스 총괄 책임자	• 빅데이터 정책 준수 및 감독
	빅데이터 거버넌스 위원회	• 계층 전반을 아우르는 상호 협력적 거버넌스 기구 • 빅데이터 거버넌스 전략 방향 및 목표 설정 • 지속적인 모니터링 및 개선 활동
	빅데이터 거버넌스 실무 부서	• 빅데이터 관리 부서와 빅데이터 거버넌스 위원회의 의사결정 활동을 지원하는 조직 • 커뮤니케이션 채널 구축, 교육
현업 부서	데이터 스튜어드 (Steward)	• 업무 및 데이터 요구사항에 대한 자세한 지식을 보유 • 전반적인 데이터 요구사항을 기술사양으로 변환할 수 있는 비즈니스 리더 또는 지정된 주제 전문가
	데이터 소유자	• 현업부서의 데이터 자산에 대한 책임이 있는 부서장
	데이터 생산자	• 데이터를 생산하거나 다른사람이 생산한 데이터를 집계하고 유지
	데이터 소비자	• 데이터 사용자 • 요구사항 지정, 데이터 관련 문제 보고

빅데이터 거버넌스 의사결정은 중앙 집중형과 분산형을 혼합한 형태로 적용할 수 있다. 예를 들어 데이터 정책 관련 결정사항은 중앙집중형, 데이터 품질 관련 결정사항은 각 부서가 자체적으로 수행하는 방식이다.

2) 빅데이터 거버넌스 주요 기능

빅데이터 거버넌스는 데이터가 정확하게 기록되고, 안전하게 보관되고, 효과적으로 사용되며, 적절하게 공유되는 것을 목표로 한다. 빅데이터 거버넌스의 주요 기능은 다음과 같다.

〈표 1-17〉 빅데이터 거버넌스의 주요 기능

기능	설명
전략	• 중장기, 단기 목표 및 로드맵 수립
정책	• 데이터 생성, 획득, 저장, 보안, 품질에 관한 보다 상위 권한의 지침과 규칙 수립
표준	• 데이터 생산 및 소비 활동이 조직 전체에서 일관되고 일정하게 유지되도록 관리
프로세스	• 빅데이터 생애주기 전체를 관리할 수 있는 프로세스 수립
절차	• 특정 활동 또는 작업을 수행하기 위해 따르는 문서화된 상세한 방법 수립
공유	• 외부기관과는 계약상의 합의가 필요하고, 내부적으로는 거버넌스 위원회를 통한 합의
성과 측정	• 목표 달성 수준을 측정하여 빅데이터 거버넌스 효과 평가
모니터링	• 이해관계자에게 객관적이고 편향되지 않은 평가 및 개선 사항을 제공하는 것을 목표로 모니터링 수행
이슈 관리	• 빅데이터 관련 이슈를 식별, 관리 및 해결

빅데이터를 안전하고 효과적으로 활용하기 위해서는 빅데이터 거버넌스 조직은 현업 부서가 빅데이터 정책, 프로세스, 절차를 숙지할 수 있도록 교육 프로그램을 제공해야 한다. 또한 이해관계자 간의 협력을 촉진할 수 있도록 커뮤니케이션 및 의사결정 조정을 지원해야 한다.

2절 빅데이터 컴플라이언스

1. 컴플라이언스 개요

빅데이터 컴플라이언스(Compliance)는 중요 법규를 위반하지 않도록 회사에서 빅데이터를 '누가 어떻게 올바르게 효과적으로 사용할 것이며, 어느 조직이 이를 관리할 것인가?'라는 질문에 답을 찾고, 실제 관련 업무를 수행하는 빅데이터 운영 조직 및 관리 체계를 뜻한다.

컴플라이언스(Compliance)의 사전적 의미와 정의를 살펴보자. 'Comply'는 누군가의 희망이나 요구에 따르고 순종하는 행동을 의미한다. 'Compliance'는 감사(Audit, Inspection) 행위와 비슷한 성격이지만, 감사와는 달리 사전점검 차원에서 능동적으로 업무 전반에 걸쳐 광범위하게 이뤄진다. 즉 컴플라이언스는 규정을 비롯해 일반 관행의 테두리에서 업무가 벗어나지 않도록 자발적으로 진행하는 일련의 사전점검 프로세스라고 할 수 있다. 감사와 컴플라이언스의 근본적인 차이는 접근방식이 다르고 목표가 다르다는 것이다. 컴플라이언스는 적발하여 징계하는 것이 아니라, 현업 부서의 취약점을 보완하여 리스크를 완화하는 것이 목적이다.

2. 빅데이터 컴플라이언스의 필요성

정보 유출 피해에 대한 소송이 증가하는 추세다. 빅데이터를 분석하고 활용하려는 기업은 수집한 빅데이터에 고객의 개인정보, 비윤리적인 정보 또는 다른 기업의 기밀 정보 등이 포함되어 있는지 면밀히 검토해야 한다. 최근에는 유출 정보의 중요성에 비례하여 징벌적 금액이 산정되는 추세다. 피해자가 다수일 경우에는 집단적 손해배상 소송 위험도 존재한다.

3. 빅데이터 거버넌스와 컴플라이언스

빅데이터를 수집·가공·분석·활용하는 과정에서 중요 법규를 위반하면 과징금, 영업정지, 민사·형사상의 책임을 질 수 있다. 거버넌스에서 올바르게 사용한다는 부분에 초점을 맞추면 컴플라이언스가 중요한 과제이고, 효과적으로 사용한다는 부분에 비중을 두면 메타데이터와 표준화가 중요해진다.

빅데이터를 올바르게 사용한다는 측면에서, 빅데이터 거버넌스의 핵심 목표는 빅데이터 분석 및 활용에서 빅데이터 관련 법규의 컴플라이언스를 준수하는 것이다. 컴플라이언스는 회사 또는 개인이 관련된 법률(Law), 규제(Regulation) 및 내부규정(Policy)을 준수하는 것을 의미한다.

4. 빅데이터 컴플라이언스 리스크

빅데이터 컴플라이언스 리스크란 빅데이터 분석 및 활용 시 관련 법규나 윤리규범, 회사내규 등의 위반에서 기인하는 불확실성을 뜻한다. 빅데이터 컴플라이언스 리스크는 일반적으로 회사의 고객 개인정보 유출을 의미하나, 고객 개인정보와 직접적인 관련이 없더라도 회사의 신용 및 평판에 상당한 영향을 미칠 수 있는 법규, 업계 규정, 감독규제사항 위반을 포함한다.

5. 중요 이슈 또는 중점 법규 영역 판단 기준

상당한 영향을 미칠 수 있는 중요한 법규 영역인지 아닌지 판단하는 기준은 간단하다. 법규 위반 시 다음과 페널티 조항이 존재한다면 중점 법규라고 보면 된다.

- 영업정지 등의 행정제재
- 형벌
- 높은 과징금
- 양벌 규정 적용으로 경영진에게도 직접적인 영향이 있는 법규

3절 빅데이터 컴플라이언스 조직

1. 빅데이터 컴플라이언스 조직

빅데이터의 주요 컴플라이언스 이슈를 효과적으로 관리하기 위해서는 지주사에 개인정보 담당자와 정보보호 최고책임자의 책임과 역할을 강화하여 빅데이터 컴플라이언스 조직을 총괄하도록 하는 것도 좋은 방법이다. 계열사 내 보고체계와 지주사에 대한 보고체계를 함께하는 듀얼 매트릭스(Dual Matrix) 체계로 데이터 컴플라이언스 조직을 설계하여 기업 전체에 대한 컴플라이언스 리스크를 관리하고 이슈를 모니터링해야 한다.

〈그림 1-10〉 빅데이터 컴플라이언스 조직(예시)

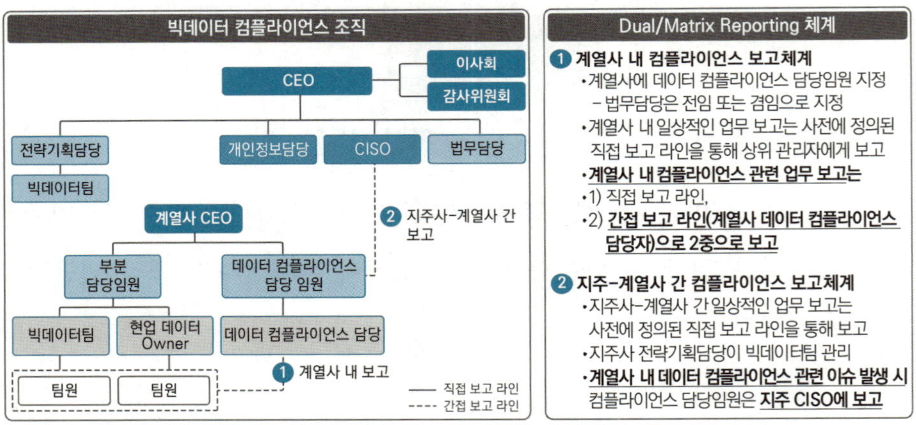

빅데이터 컴플라이언스 조직이 관련 위험을 사전에 파악하고 모니터링하며 대응하는 것을 '컴플라이언스 리스크를 매니지먼트한다'라고 표현할 수 있다. 빅데이터 컴플라이언스 리스크 매니지먼트는 빅데이터를 분석하고 활용할 때 발생할 수 있는 컴플라이언스 리스크를 사전에 식별하고, 이에 대응하는 것을 의미한다. 업무 프로세스상에서 발생할 수 있는 법적 위반 사항을 사전에 인지하고 대응 활동을 통해 회사의 재무적·비재무적 손실을 최소화해야 한다.

<그림 1-11> 컴플라이언스 조직의 리스크 매니지먼트

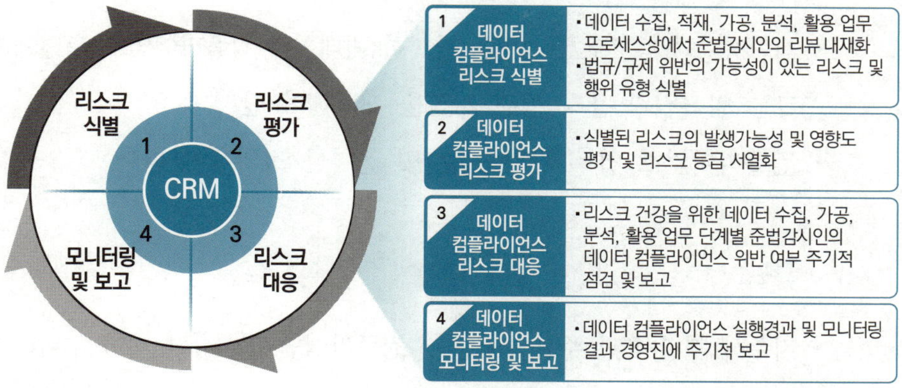

출처: Deloitte Analytics

2. 빅데이터 컴플라이언스 리스크 거버넌스의 구성 요소

빅데이터 컴플라이언스 준수를 위한 거버넌스 체계를 구성하기 위해서는 컴플라이언스 조직, 컴플라이언스 정책, 컴플라이언스 보고체계, 컴플라이언스 시스템에 대한 방향성을 수립해야 한다.

기업 그룹군의 지주사에서 빅데이터 컴플라이언스를 준수하기 위한 거버넌스를 총괄하는 것이 효율적이다. 지주사에서 거버넌스를 총괄한다는 가정 아래 컴플라이언스 리스크의 구성 요소를 살펴보면 다음과 같다.

1) 빅데이터 컴플라이언스 조직

- 기존 조직 체계하에 계열사 내 보고체계와 지주사에 대한 보고체계를 함께하는 듀얼 매트릭스 기반의 지주사/계열사 간 컴플라이언스 조직을 설계해야 한다.
- 지주사 및 계열사 컴플라이언스 조직의 주요 업무를 정의해야 한다.
- 컴플라이언스 체계의 원활한 운영을 위해서는 빅데이터 측면의 준법감시인 역할도 겸할 수 있는 컴플라이언스 전문 인력의 채용이 필요하다.

2) 컴플라이언스 정책

- 개인정보와 정보보호 측면을 강화한 빅데이터 컴플라이언스 측면에서 그룹 임직원의 윤리 행위 지침을 개정해야 한다.
- 컴플라이언스 업무 처리 기준 및 절차를 정의해야 한다.

3) 컴플라이언스 모니터링 및 보고체계

- 지주사 계열사 간 주요 빅데이터 컴플라이언스 이슈에 대한 모니터링 및 보고체계를 수립해야 한다.
- 사건·사고 발생 시 지주사, 계열사 간 긴급보고 및 대응체계를 갖춰야 한다.

3. 권한 관리

사용자별로 맡은 업무에 따라 빅데이터 컴플라이언스 시스템의 권한을 부여하는 R&R(Role & Responsibility) 관리가 필요하다. 회사에서 관리하는 기존의 권한 체계가 존재한다면 이와 매핑하는 것도 좋은 방법이다.

4. 리스크 매트릭스 정보 관리

회사의 주요 업무에 따라 생성되고 관리되는 빅데이터, 그리고 이에 따른 주요 법률과 리스크까지 체계적인 리스크 매트릭스(risk matrix) 정보 관리가 필요하다.

관련 법규의 개정에 따라 작성된 리스크 매트릭스의 정보에 대한 업데이트 관리가 필요하다.

〈표 1-18〉 리스크 매트릭스(예시)

<table>
<tr><th rowspan="2">순번</th><th rowspan="2">영역</th><th rowspan="2">리스크명</th><th rowspan="2">리스크
발생유형</th><th colspan="2">주요 이슈</th></tr>
<tr><th>이슈</th><th>평가 근거</th></tr>
<tr><td rowspan="3">1</td><td rowspan="3">정보
보호</td><td rowspan="3">개인정보
파기
미이행</td><td rowspan="3">• 개인정보의 파기 의무 불이행</td><td rowspan="3">[개인정보의 파기 절차 및 수행 미흡]
• 회사는 영업 활동 중 취득한 고객 개인정보에 대하여 파기하지 않고 보관하고 있음.
• 주기적으로 파기를 진행하거나, 파기 후 결과를 문서로 보고받는 등의 조치를 취하여야 함.</td><td>• 관련 법령에 근거하면, 고객 개인정보의 수입, 이용 목적의 달성, 보유 및 이용 기간의 만료, 사업의 철폐 등에 해당할 경우 적시에 개인정보를 복구, 재생할 수 없도록 파기하여야 함.</td></tr>
<tr><th>법적 제재</th></tr>
<tr><td>[정보통신망 이용촉진 및 정보보호 등에 관한 법률]
• 3천만 원 이하의 과태료</td></tr>
</table>

출처: 국가법령정보센터, 개인정보보호법 재구성

회사에 포털 시스템 또는 ERP 시스템이 존재한다면, 회사의 시스템과 연동되는 빅데이터 컴플라이언스 시스템을 구축함으로써 회사의 빅데이터 분석 및 활용에 따른 컴플라이언스 리스크를 효율적으로 완화할 수 있다.

4절 빅데이터 시스템 권한 관리

빅데이터 시스템의 효과적인 운영을 위해서는 빅데이터 사용자의 접근 인증, 사용자별 권한, 데이터 접근 및 보안 방안을 함께 고려하여 권한을 체계적으로 관리해야 한다. 권한 관리 시 고려해야 하는 사항은 〈그림 1-12〉와 같다.

〈그림 1-12〉 권한 관리 시 고려사항

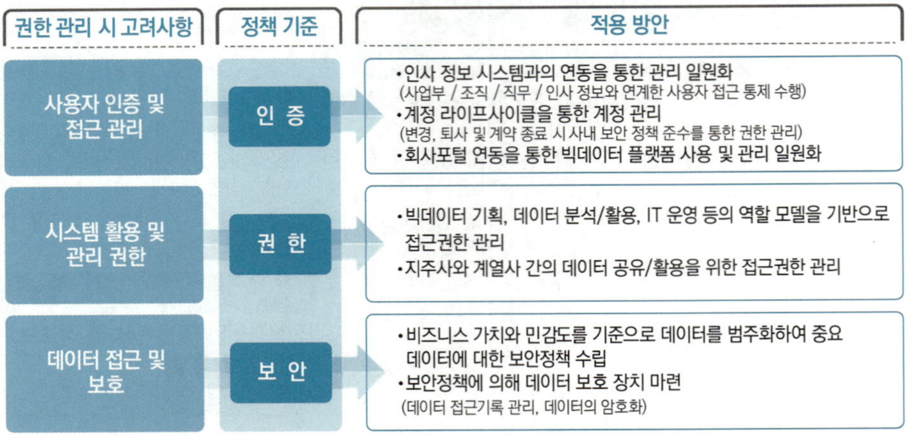

빅데이터 시스템을 사용하는 사용자의 권한은 사용자의 업무별로 유형을 나눌 수 있다. 예를 들어 사용자 권한을 사업부의 일반 사용자, 빅데이터 과제를 기획하는 사업부 빅데이터 기획 담당, 그리고 빅데이터의 분석을 담당하는 빅데이터 사이언티스트와 빅데이터의 플랫폼 운영자로 나눌 수 있다.

〈표 1-19〉 사용자 유형에 따른 빅데이터 시스템 권한

사용자 유형	사용자 정의	업무	시스템	권한
사업부 일반 사용자	• 빅데이터 포털 데이터를 업무에 활용하는 일반 사용자	• 빅데이터 인사이트 실무 적용 • 평가 및 피드백	• 빅데이터 통합포털	• 조회 권한
사업부 빅데이터 기획담당	• 빅데이터 분석과제를 기획하는 사업부 담당자	• 빅데이터 업무 기획 • 빅데이터팀과 분석 과제 협의 • 빅데이터 Self BI를 이용한 시각화 도구 업무 적용 • 분석 모델 실무 적용 검토	• 빅데이터 통합포털 • Self BI	• 조회 권한 • 생성 권한 • 변경 권한
빅데이터 사이언티스트	• 사업부 기획에 따라 빅데이터 분석과제를 수행하는 분석 전문가	• 빅데이터 수집, 적재 및 분석 • 모델링 학습 및 정교화	• 빅데이터 통합포털 • 수집/적재 시스템 • 빅데이터 저장소	• 조회/생성/변경 권한 • 모델 분석 환경 구성 권한
플랫폼 운영자	• 빅데이터 플랫폼 운영을 지원하는 IT지원 조직	• 내/외부 데이터 수집 및 저장 • 빅데이터 분석 시, IT 자원 할당 • 빅데이터 분석 결과의 배포	• 빅데이터 통합포털 • 수집/적재 시스템 • 빅데이터 저장소	• 관리자 권한 (조회/생성/변경/삭제 권한) • 사용자분석환경 구성 권한

6장 메타데이터 및 품질 관리

1절 메타데이터

1. 메타데이터의 개요

메타데이터는 잠재적 정보물에 대한 간략한 설명문이다. 메타데이터는 데이터를 위한 지도이며, 사물의 복잡성을 간단한 형식으로 표현할 수 있는 수단이다.

메타데이터라는 단어는 1968년에야 영어 단어가 되었지만 메타데이터의 개념은 최초의 도서관부터 시작되었다. 이 단어는 아리스토텔레스의 '형이상학(Metaphysics)'이란 책의 제목에서 나왔다. 도서관의 사서들은 수천 년에 걸쳐 메타데이터로 일해왔다. 우리가 오늘날 '메타데이터'라고 부르는 것은 역사적으로 도서관 이용자들이 도서관 장서 중 필요한 정보를 찾는 것을 돕기 위한 '장서 목록(Library catalog) 정보'로 불려왔다. 도서관의 메타데이터인 장서 목록에는 작품들이 장르, 제목, 저자명에 따라 열거되어 있고, 저자에 대한 간략한 소개, 내용 요약, 작품 전체의 줄 수가 덧붙여 있었다. 이는 메타데이터의 현대적 접근 방식인 스프레드시트 형식과 유사하다.

스프레드시트를 상상해보자. 각각의 행은 하나의 대상물에 대한 기록이고 각각의 열은 대상물의 각 특성이다. 메타데이터는 자료지만 형식밖에서는 존재할 수 없다. 메타데이터 기록은 물리적이든 디지털이든 일정한 형식을 갖춰야 한다.

기업 빅데이터 담당자의 주요 현안은 빠르게 증가하는 다양한 속성의 대량 데이터를 어떻게 효율적으로 관리하느냐는 것이다. 빅데이터를 효과적으로 관리하기 위해 데이터의 구조와 데이터 간의 관계, 그리고 데이터의 특성에 관한 정보 관리의 중요성이 대두되기 시작했다.

가트너(Gartner)는 메타데이터를 '특정 정보자산의 여러 측면을 기술하여 정보의 수명 주기 전반에 걸쳐 그 유용성을 개선하기 위한 정보'로 정의했다. 즉 정보를 자산으로 만들어주는 것이 바로 메타데이터라는 의미다. 메타데이터는 구조화된 정보를 분석·분류하고 부가적 정보를 추가하기 위해 데이터에 따라가는 정보, 즉 데이터를 위한 데이터라고 할 수 있다. 좀 더 구체적으로 본다면 '데이터의 통합적인 관리를 위해서 파악하거나 통제해야 하는 대상이나 항목'이다. 메타데이터를 좁게 해석한다면 '데이터 구조에 대한 데이터'로 국한된다. 그런데 데이터 통합 관리에 필요한 내용으로 확대한다면 데이터 구조뿐 아니라 데이터 표준, 데이터 흐름, 데이터 권한까지 메타데이터의 범주에 포함된다고 볼 수 있다.

2. 메타데이터의 필요성

빅데이터의 처리 및 활용을 위해서는 다양한 유형의 데이터의 효율적 관리, 빠른 처리 속도, 정확한 처리 능력이 요구되는바 이를 위해서 메타데이터가 필요하다.

<그림 1-13> 메타데이터의 필요성

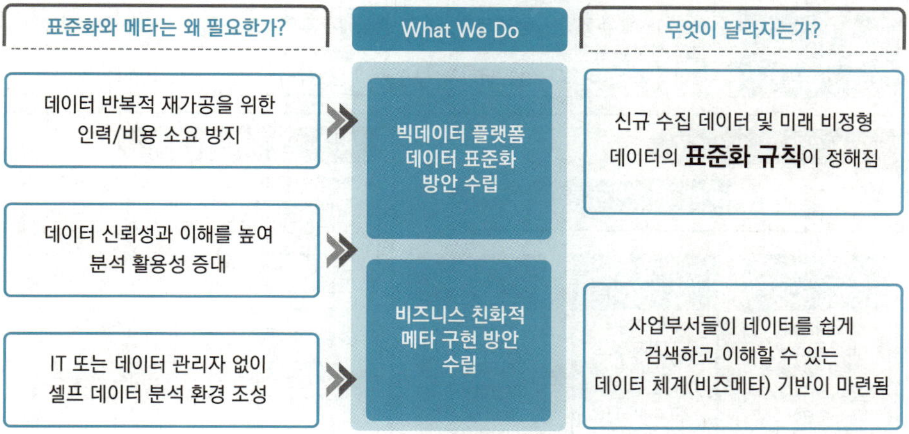

메타데이터는 비즈니스 목적의 메타데이터와 기술적 의미의 메타데이터로 구분할 수 있다. 비즈니스 메타는 비즈니스 관점에서 서로 관련있는 정보들을 사용자가 알기쉬운 형태의 용어로 표현하여 제공하는 데이터이다. 비즈니스 목적의 메타데이터는 사용자들이 빅데이터 저장소에서 비즈니스 사용자들의 언어로 필요한 정보를 찾을 수 있도록 데이터에 해시태그를 달아주고 중복이나 오류 없이 관리하는 것을 뜻한다.

비즈니스 메타는 현업 및 빅데이터 분석가가 데이터를 쉽게 탐색하고 활용할 수 있도록 현업이 이해할 수 있는 설명으로, 현업이 필요로 하는 정보 항목으로 구성되어야 한다.

〈그림 1-14〉 비즈니스 메타 관리

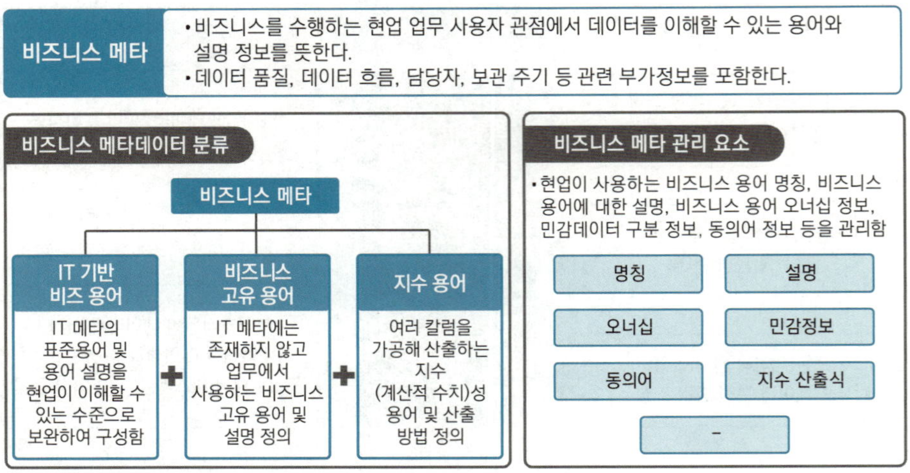

3. 메타데이터의 효용

기술적 의미의 메타데이터는 빅데이터 저장소에서 필요한 데이터를 추출(extract)하고, 변환(transform)하고, 이동(move)시키고, 탑재(load)하는 기능을 빠르고 정확하게 수행하기 위한 알고리즘 데이터다.

메타데이터는 책의 목차와 같이 시스템의 구조를 설명하고 있으므로, 메타데이터를 정의하는 것 자체로 시스템 구조를 문서화하는 효과가 있다. 또한 빅데이터 시스템의 데이터에 대한 체계적인 관리가 가능하며 중복 업무 발생을 사전에 예방하게 해준다. 따라서 메타데이터를 관리함으로써 빅데이터 관리 기능의 유연성과 확장성이 제공되고, 데이터의 공유 및 교환이 편리하여 활용성이 높아진다. 즉 메타데이터는 궁극적으로 일관성 있는 의미 정보 관리를 통해 빅데이터 활용도를 높이고, 빅데이터의 가치 향상에 기여한다.

2절 데이터의 품질 관리

1. 데이터 품질 관리의 중요성

빅데이터의 가치 향상을 위해서는 데이터의 품질 관리가 특히 중요하다. 품질 관리가 미흡할 경우 빅데이터 관리에만 영향을 미치는 것이 아니라, 업무의 왜곡 및 혼선을 가져오는 등 비즈니스 전반에 악영향을 끼친다.

〈그림 1-15〉 데이터 품질 관리 미흡이 비즈니스에 끼치는 영향

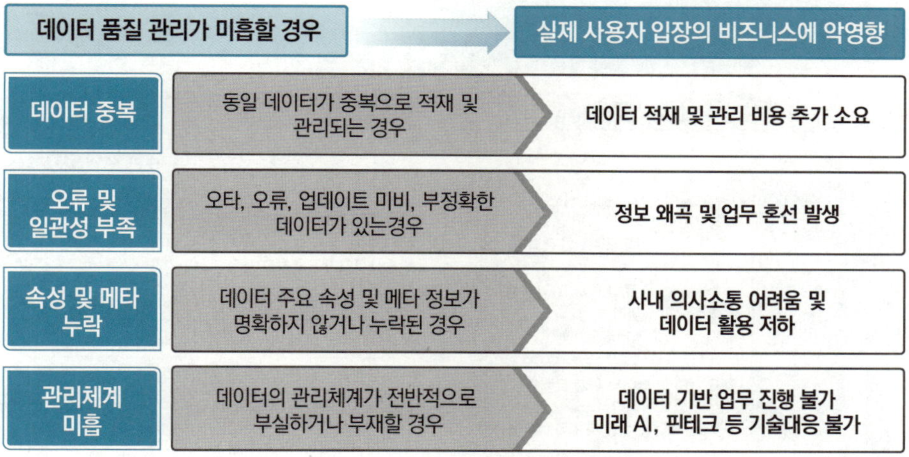

2. 빅데이터 프로세스상의 품질 관리 업무

빅데이터의 품질을 효과적으로 관리하기 위해서는 빅데이터 수집, 처리, 분석, 활용 및 폐기에 이르는 과정에서 다음과 같은 업무 절차가 필요하다.

1) 수집

(1) 수집 대상 선정

사업부서 요청을 기반으로, 업계 특성과 트렌드를 반영한 빅데이터 전략을 고려하여 수집 대상을 선정한다.

데이터 수집 시 데이터가 유용하고 사용이 가능한지, 수집이 가능한지, 개인 정보 및 보안 이슈를 포함하고 있는지, 수집 단계에서 유출될 가능성은 없는지, 활용 목적과 부합하는지, 수집 비용은 어느 정도인지를 확인하여야 한다.

〈그림 1-16〉 수집 대상 선정 및 검증

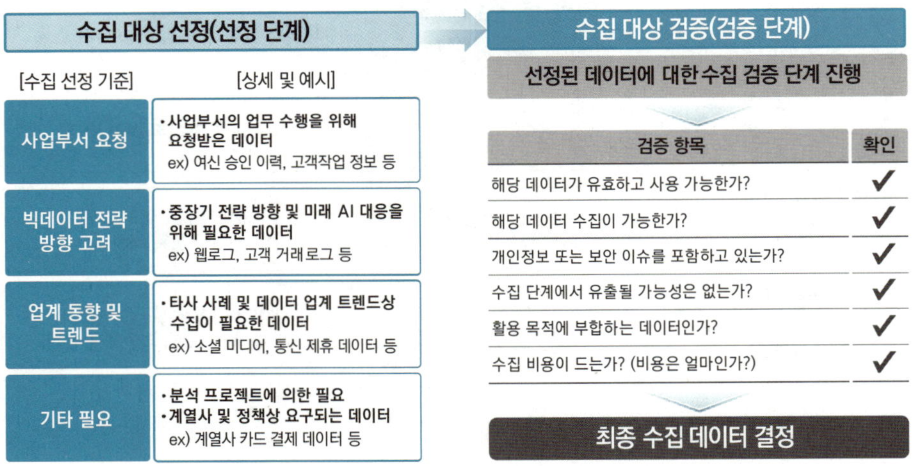

(2) 수집 계획 수립

데이터 관리 및 활용성을 높이기 위해 수집 데이터명, 주제 영역 분류, 용량 등 데이터에 대한 정보를 확인하고 정리한다. 수집 데이터에 대한 세부 계획을 통해 메타데이터 값의 근간을 마련하고 향후 관리 용이성을 제공한다.

2) 처리 및 저장

〈그림 1-17〉 수집 데이터에 대한 세부 계획 수립

세부 계획이란?	수집 데이터의 다양한 정보를 작성한 내용
왜 필요한가?	수집 정보의 관리 용이성 및 활용을 위한 기초 정보

예시 항목	확인
1. 데이터명	…
2. 데이터 수집 목적	…
3. 데이터 원천 위치(출처)	…

항목	내용
1. 주제영역/데이터명	적재 시 해당 데이터의 주제영역 및 엔티티명
2. 데이터 수집 목적	데이터 선정 목적에 따른 해당 데이터의 수집 목적
3. 데이터 원천 위치(출처)	내부 DW명, 외부 제공사명, 데이터 발생 원천명
4. 발생 주기/수집 주기	원천 데이터의 발생 또는 수정되는 주기 및 수집 주기
5. 데이터 담당자(오너)	해당 데이터의 관리 담당자명
6. 데이터 유형/주제영역	정형, 비정형, 내부, 외부 등 데이터 유형
7. 데이터 예상 용량	데이터 적재 시 (예상) 용량
8. 개인정보 포함 여부	개인정보 포함 여부
9. 보존기간	발생시점 기준으로 보존기간 기록

(1) 데이터 적재 원칙

데이터 수집 및 최초 적재 시 데이터의 품질, 표준화, 개인정보 관련 내용 점검 등의 원칙을 준수하여 적재해야 한다. 각 데이터의 적재 단계마다 다섯 가지 측면에서 정확한 원칙을 설정하고, 이를 준수한 데이터 적재로 데이터의 품질 관리를 효과적으로 진행해야 한다.

〈그림 1-18〉 데이터 적재 시, 품질 관리

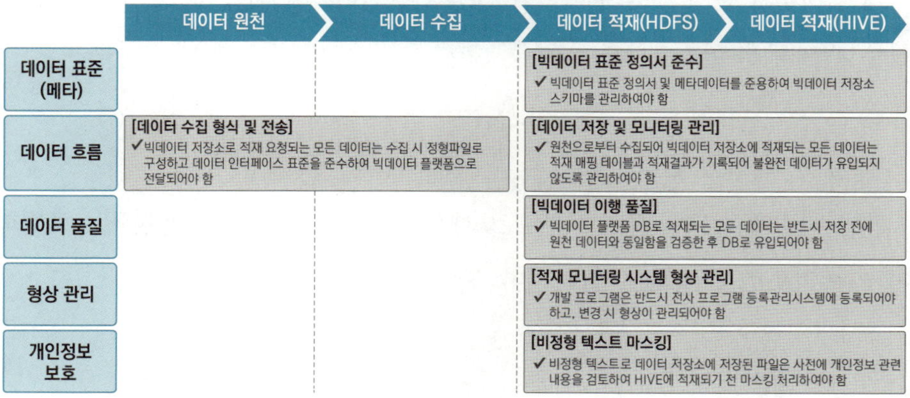

(2) 데이터 적재 시 개인정보 관리

데이터 저장소에 최초 적재 시 고객 개인정보 관리 활동을 수행한 후, 컴플라이언스팀의 승인을 득한 후 적재해야 한다.

〈그림 1-19〉 데이터 적재 시 컴플라이언스팀의 승인 프로세스

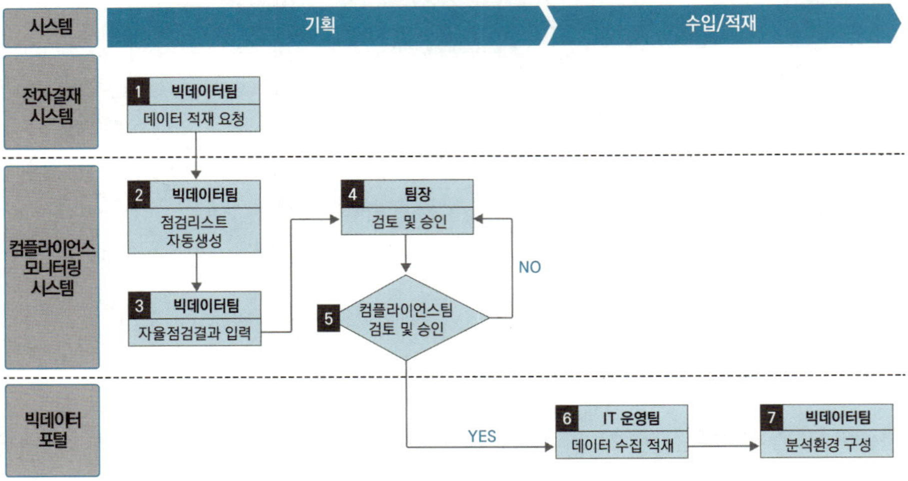

3) 분석 및 활용

(1) 데이터 안정성 관리

개발 시점과 운영 시점의 데이터 안정성을 관리하여 지속적으로 데이터 활용성을 관리해야 한다.

(2) 분석 모델 관리

개발 시점에 적용된 분석 모델이 효과적인지, 정확도가 있는지 지표로 측정하여 지속적으로 운영하고 관리해야 한다.

4) 폐기 및 재이용

(1) 데이터 수명 및 폐기 관리

일반 데이터 및 고객 정보 보안 데이터에 대해 정해진 시점과 프로세스에 따라 보관 수명을 검토하고 파기하는 절차를 진행한다.

〈그림 1-20〉 데이터 수명 및 파기 관리

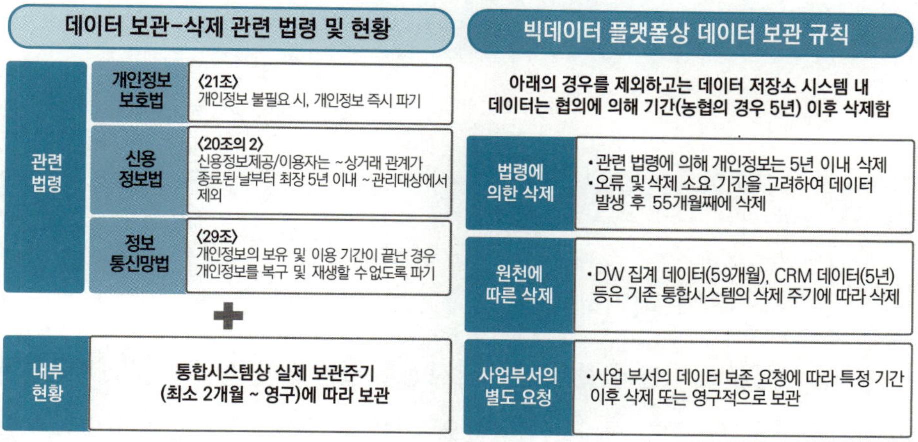

(2) 데이터 정책 대응

급변하는 데이터 관련 정책을 모니터링하고, 데이터 3법을 기반으로 빅데이터를 관리한다.

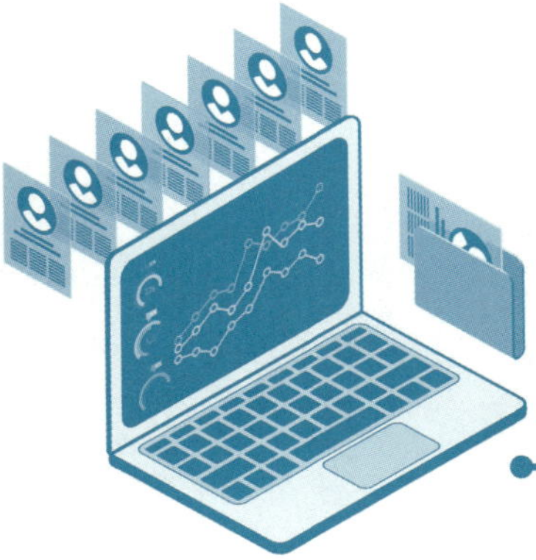

7장 빅데이터와 프라이버시

1절 프라이버시의 역사

1. 주거 공간의 프라이버시

역사상 대부분의 기간에 걸쳐 인류는 사생활 없는 삶을 살았다. 직계가족뿐만 아니라 친척들과도 주거 공간을 공유했으며, 불이 피워진 장소를 중심으로 생활하면서 서로의 드나듦을 알고 지냈다. 서로가 일거수일투족을 관찰하여 공동체의 질서를 유지했다. 사회적 규범을 어긴 자는 무자비한 험담의 대상이 됐다. 규범을 심각하게 위반한 자는 집단에서 배척되거나 더 무서운 결과를 감수해야 했다.

최초로 프라이버시를 가능케 한 기술은 굴뚝일 것이다. 17세기 유럽에서 굴뚝이 보편화되면서 더 많은 가정이 벽과 문을 가진 방으로 분리된 집에서 살게 됐고, 호기심 많은 가족과 친지들의 눈을 피할 수 있는 개인 공간이 탄생했다. 비슷한 시기에 일어난 농업혁명은 생계를 유지하는 수단의 변화를 가져왔다.

18세기 중반에 이르자 빠르게 증가하던 인구 성장률을 식량 생산이 앞질렀다. 도시에 산업혁명 시대를 견인할 공장이 세워지면서 많은 사람들이 농촌에서

도시로 이주했다. 도시 생활은 익명의 삶이었고, 도시 거주자들은 낯선 사람이 거처로 들어오는 것을 막기 위해 문을 잠갔다.

1792년 미국 수정헌법 제4조가 도입되면서 부당한 수색 및 체포에 맞서 주거와 신체의 안전을 확보할 권리가 수립됐다.

2. 비밀투표

미국 역사상 첫 100년간은 손을 들거나 방의 한쪽 편으로 가서 서는 등 공개적인 투표를 했다. 재산을 가진 백인 남성만 선거권을 가졌던 시절에는 투표용지를 사용하는 것이 엘리트주의의 산물이라 여겨졌다. 종이를 사용한다는 것은 유권자가 글을 읽을 수 있음을 전제로 하는데, 재산이 있다고 해서 모두 글을 배운 건 아니었기 때문이다.

투표에서 손을 흔들거나 몸을 움직이는 것으로 의사를 파악하는 것은 정확성이 떨어졌다. 결국 더 확실하게 투표 내용을 기록할 수 있는 투표용지가 대세로 자리 잡았다. 투표용지는 프라이버시 보호를 위해서가 아니라 기록의 보존 용이성 때문에 채택됐다. 종이에 적힌 기록은 다시 세는 것이 가능하다. 정부가 발행한 투표용지가 처음 사용된 것은 1856년 호주 빅토리아에서 시행된 선거였다. 이 시스템이 영국에 도입되기까지는 한 세대가 걸렸다.

미국 도시와 주들은 1880년대 후반에 비밀투표 시스템으로 전환하기 시작했다. 새로운 접근방식은 제한적인 성공을 거두었다. 이후 다시는 미국인의 투표율이 80퍼센트에 미치지 못했다. 아마도 투표 불참 시에 치러야 하는 사회적 비용이 없기 때문일 것이다.

3. 프라이버시의 법제화

미국에서 비밀투표가 보편적인 방식이 되어가던 무렵인 1890년, 보스턴의 두 변호사가 프라이버시권의 법제화를 주장했다. 새뮤얼 워런(Samuel Warren)과 루이스 브랜다이스(Louis Brandeis)가 그 주인공이다. 이들은 "기술의 발전과 이익을 추구하는 미디어에 의해서 개인의 사생활이 침해받고 있다"라며 〈하버드 로 리뷰〉에 기고한 글에서 프라이버시의 법제화를 주장했다.

이후 미연방 대법관으로 임명된 브랜다이스는 프라이버시를 개인의 자유에 대한 신념과 동일시하며 적극적으로 옹호했다. 미연방 대법원의 다수의견은 개인이 어디에 살든 "계약을 맺고, 일반적인 직업을 갖고, 유용한 지식을 얻고, 결혼하고, 가정을 꾸리고, 자녀를 양육하고, 각자의 신앙에 따라 예배를 드리고, 오랫동안 보통법에 의해 자유인이 법 안에서 행복을 추구하기 위해 필수불가결한 것으로 인정된 특권을 누릴 권리"인 자유권을 지지했으며, 프라이버시 또한 자유권에 포함되는 것으로 인정했다. 프라이버시가 마침내 법으로 보호받게 된 것이다.

2절 디지털 시대의 프라이버시

1. 프라이버시 보호의 필요성

인류의 역사는 불을 중심으로 한 프라이버시 경험이나 기대가 거의 없는 삶을 살던 때로부터, 침실 벽과 투표소 커튼이 가져오는 개인적·정치적 프라이버시 권리를 신성시하는 시대로 발전했다. 인터넷이 삶과 밀접한 관련을 맺고 있는 오늘날에는 가족, 친구, 낯선 이들과 자유롭고 즉각적으로 접촉하는 대가로 우리의 일상을 공개하게 됐다. 프라이버시 개념이 생기고 이를 보호해야 한다는 인식이 불과 두 세기 만에 이루어졌다. 디지털 기술의 발달은 프라이버시의 규제를 가져왔다.

소수의 미디어가 정보의 유통을 독점하던 과거에는 누군가가 우리의 사적인 사진을 게재하는 것을 쉽게 막을 수 있었지만, 인터넷 시대에는 거의 불가능하다. 아날로그 시대에 법제화된 프라이버시의 개념과 규칙을 디지털 시대에 그대로 적용하기는 어렵다. 개인의 프라이버시를 보호해주기에는 너무 낡았다. 오늘날의 현실과 미래의 가능성을 반영하는 새로운 규칙을 만들어야 한다. 빅데이터가 우리에게 혜택을 가져오게 하기 위해서는 빅데이터 관리 주체가 예상할 수 있는 프라이버시 보호 규칙이 필요하다.

프라이버시의 보호 규칙은 보수적이고, 엄격해야 한다. 빅데이터와 분석 기술이 만나면 작은 조각을 가지고도 큰 그림을 그리는 것이 가능하기 때문이다. 예를 들어 빅데이터의 데이터에 포함되어 있는 당사자의 이름, 주민번호, 연락처와 같은 개인정보를 지워버리면 충분히 비식별화를 한 것처럼 보인다. 그러나 그것으로 충분하지 않다. 빅데이터는 인과관계를 분석하지 않는다. 빅데이터는 상관관계를 분석한다. 빅데이터에 포함되어 있는 개인정보 조각들의 상관관계를 파악할 수 있고, 이를 통해 개인을 유추하는 것이 충분히 가능하다.

2006년에 발생한 아메리카 온라인(America Online, AOL)의 개인정보 유출 사건이 좋은 사례다. AOL은 과학 연구에 기여한다며 통 크게 65만 명이 넘는 이용자 기록을 대중에게 공개했다. 당연히 공개에 앞서 기록을 수정했다. 이름, 주민번호, 연락처와 같은 개인정보를 지우고 사용자의 닉네임도 아무런 특징이 없는 숫자값으로 대체했다. AOL은 이렇게 하면 사용자의 프라이버시가 보호될 거라고 예상했다. 그러나 AOL은 심각한 실수를 저질렀다.

〈뉴욕타임스〉의 기자 마이클 바바로(Michael Barbaro)와 톰 젤러 주니어

(Tom Zeller Jr.)는 대중에게 공개된 검색 기록을 검토한 뒤, 이것을 사용 가능한 다른 데이터와 교차 검토하여 사용자의 신원을 추론하는 데 성공했다. 데이터가 공개되고서 며칠 후에 바바로와 젤러는 3개월 내의 검색어(query) 수백 개 가운데 사용자 4417749가 '조지아주 릴번에 있는 큰 빌딩 landscapers in Liburn, GA'를 검색한 적이 있고, 성(姓)이 '아널드(Arnold)'인 사람을 많이 검색했다는 사실을 알아냈다. 전화번호부를 살펴봤더니 이 사용자는 릴번에 사는 '텔마 아널드'라는 62세 여성이라고 분명하게 나왔다. 바바로와 젤러가 아널드 부인에게 연락해서 그녀의 검색 기록에 나온 검색어 몇 개를 읽어주자 그녀는 AOL이 한 행동에 깜짝 놀라며 말했다. "나는 사생활에 비밀을 가질 권리가 있습니다. 그 누구라도 나의 사생활을 모두 알 권리는 없습니다."

AOL은 실수를 깨닫고 이 문제를 바로잡으려 했다. 공개한 지 사흘 만에 이 데이터를 비공개로 전환했으며, 공개 사과를 하고, 검색 기록을 공개한 연구원과 연구원의 감독관도 해고했다. 몇 주 뒤에는 AOL의 최고기술책임자(CTO)까지 책임을 지고 사임했다. 그러나 너무 늦었다. 이 데이터는 이미 웹을 타고 퍼진 상태였다. 연구를 촉진하려는 노력은 가상했으나 부주의함 때문에 AOL은 언론의 비난을 받고, 집단소송으로 심각한 타격을 입었다.

이 일은 빅데이터를 익명화하기가 얼마나 어려운지를 보여주는 고전적 사례가 됐다. 또한 빅데이터를 공유했을 때의 위험성을 경고하는 좋은 교훈이 됐다. AOL은 이 기록을 공개해서 얻은 이익은 조금도 없는 반면에 엄청난 대가를 치러야 했다.

빅데이터에는 개인정보의 작은 조각들이 흩어져 있다. 이 작은 조각 데이터는 개인들이 이메일을 보내고 소셜 미디어를 사용하고 신용카드나 현금지급기를 사용하는 등 일상생활을 영위하면서 남기는 작은 흔적들이다. 원본 데이터에 비해서는 불완전하고 모으기 어렵긴 하지만, 개인을 유추하기에는 충분할 수 있다. 비식별화되어서 개인정보라고 볼 수 없는 작은 정보 조각들은 그 자체로는 개인정보가 아니지만, 다른 조각들과 취합되고 분석되면 개인을 유추하게 할 수도 있다. 이런 정보의 조각들은 당사자의 동의 없이도 활용될 수 있어 프라이버시를 침해할 위험이 존재한다.

AOL의 문제는 사용자의 검색 기록과 관련 데이터를 공개했다는 것 자체가 아니라, 지워버리기로 한 데이터의 폭이 너무 좁아 작은 데이터 조각들이 재활용될 수 있는 위험을 간과했다는 점이다. 기업의 빅데이터 담당자들은 작은 데이터 흔적이라도 유출되면 개인의 프라이버시가 침해될 수 있다는 점을 잊지 말아야 한다.

2. 프라이버시를 이용하는 디지털 기업들

1) 구글

1996년 웹페이지 링크 구조를 분석하여 웹 검색 문제를 해결하고자 했던 래리 페이지(Larry Page)와 세르게이 브린(Sergey Brin)은 공개된 데이터에 의존했다. 구글이 크롤링한 웹페이지는 모두 공개 문서였다. 누군가가 웹페이지를 작성하여 다른 이들이 읽을 수 있도록 인터넷에 올리면, 다른 사람들이 그것을 링크했다. 알고리즘을 개발하고 서버 네트워크를 구축하기 위해서는 많은 돈이 필요했다. 래리와 세르게이는 비용을 충당할 최선의 방법은 사용자 검색에 기반한 광고 공간을 판매하는 것이라는 결론에 도달했다. 광고주는 잠재 고객의 관심사와 매칭될 것으로 기대되는 키워드, 문구, 카테고리를 구매했다. 검색기반의 광고는 즉각적인 성공을 거뒀다. 구글의 개인화 광고를 구매한 광고주는 평균 대비 4배의 클릭률을 얻었다. 사용자 검색 데이터는 사람들의 관심을

끄는 것이 무엇인지 눈으로 확인할 수 있는 흔적을 제공하기 때문에 돈이 되는 데이터였다.

2004년 4월에 지메일(Gmail) 서비스를 개시한 구글은 사용자의 관심사를 수집할 또 다른 데이터 원천을 확보했다. 지메일은 개인의 이메일 내용을 분석하여 어떤 광고를 보여줄지 결정한다. 이때까지 사람들은 이메일이 마치 편지처럼 수신자만 볼 수 있게 봉인되어 있다고 여겼다. 프라이버시 옹호론자들은 지메일에 가입하면 사적인 대화 내용을 구글에 '넘겨주게 될 것'이라고 경고했다.

오늘날 지메일은 전 세계에서 가장 널리 사용되는 이메일이 됐다. 매달 10억 명가량이 지메일을 통해 사적인 커뮤니케이션을 한다. 대부분의 사용자는 자신이 무료로 이메일 서비스를 받는 대신 구글의 컴퓨터가 이메일 내용을 필터링한다는 사실을 알고 있다. 필터링한다는 사실과 '읽는다'라는 사실은 어쩌면 동의어일 수도 있다. 구글의 필터링을 통해 사용자의 빅데이터가 구글의 빅데이터 플랫폼에 취합되기 때문이다.

만약 구글의 컴퓨터가 사용자의 이메일을 필터링하는 것을 프라이버시 침해라고 느끼는 디지털 감수성을 가진 세대가 출현한다면, 빅데이터의 프라이버시는 새로운 국면을 맞게 될지도 모른다. 빅데이터의 프라이버시 경계는 시대의 변화에 따라 함께 변하고 있다.

2) 페이스북

구글의 지메일 서비스가 시작되기 몇 달 전, 하버드대학교에서 페이스매시(Facemash)라는 웹사이트가 오픈했다. 재학생 마크 저커버그(Mark Zuckerberg)가 9개 기숙사의 전산 시스템에서 학생 사진을 긁어 와 무작위로 선택한 2장의 사진 중 어느 쪽이 더 핫한지 투표하는 소프트웨어를 개발했다는 이야기는 이제 전설이 됐다. 페이스매시는 동급생 사이에서 큰 인기를 끌었고, 동시에 커다란 논란을 불러일으켰다. 하버드대학교 측은 저커버그가 허락없이 사진을 게재하여 저작권과 프라이버시를 침해했음을 지적했다.

그로부터 10년이 지나지 않아 페이스북은 전 세계적으로 널리 사용되는 커뮤니케이션 도구가 됐다. 전 세계 인구 4명 중 1명이 페이스북을 이용하며, 매달 10억 명 이상이 핸드폰으로 페이스북에 접속한다. 2008년부터 페이스북은 사용자를 대상으로 한 광고를 시작했다. 광고에는 피드백 버튼이 달려 있었다. 사용자가 광고가 마음에 들지 않는다고 클릭하면 이유를 알려달라는 메시지가 떴다. 사용자의 반응을 실시간으로 읽는 것은 마케터 입장에서는 획기적인 경험이었다. 사용자의 반응에 따라 잠재적인 고객에게 맞춤형 광고가 제공된다. 페이스북은 마케팅의 중요한 채널로 자리 잡았다. 빅데이터의 힘이다. 그러나 여기에는 분명한 프라이버시 리스크가 존재한다. 사용자에 따라 자기도 모르는 사이에 자신의 개인정보가 제공되는 광고에 너무 많이 노출됐다고 느낄 수 있고, 이것이 프라이버시 침해라고 느낄 소지가 있다.

2020년은 페이스북이 오픈한 지 17년이 되는 해다. 부모나 조부모에 의해 페이스북에 어린 시절 전체가 공유된 세대가 머지않아 등장한다. 곧 모든 어린이가 부모, 조부모, 친척, 형제자매, 친구 가족이 생성한 소셜 데이터에 프라이버시가 노출된다. 출생 전 초음파 사진, 부모님이 육아 관련 고민을 적어놓은 글, 아이가 아플 때의 심경을 적은 글 등 태어나기도 전 자신과 관련된 매우 사적인 정보가 내가 모르는 사람들에게 공개된 것이다. 어린이가 자라서 스스로 결정을 내릴 수 있는 나이에 도달했을 때 과거 본인의 동의 없이 온라인에 공개된 데이터에 대해 프라이버시를 침해당했다고 느끼게 된다면 어떻게 처리해야 하는지도 향후 불거질 수 있는 이슈다. 이에 대한 진지한 법적 검토가 필요한 시점이다.

3절 데이터 3법 개정안의 의미

1. 데이터 3법의 개정

2020년 1월 9일 대한민국 국회는 본회의를 개최하고, 데이터 3법(개인정보보호법, 정보통신망법, 신용정보법 개정안)을 통과시켰다. 이는 우리나라가 데이터 경제를 추진하는 데 데이터 산업 육성 지원을 강화할 수 있는 근간이 된다. 인공지능(AI) 시대와 데이터 경제를 선도할 수 있는 제도적 기반이 마련됐다는 평가다.

데이터 3법은 현재 정부가 추진하는 데이터 경제 정책을 뒷받침하기 위해 마련됐다. 법 통과 이전에는 할 수 없던 것들이 현실화될 수 있다. 세계적으로 4차 산업혁명의 중요한 꼭지로 데이터를 근간으로 하는 산업이 주목받으며 빠르게 성장했으나, 국내에서는 관련 규제 탓에 데이터를 활용한 서비스에 한계가 있었다. 이번 데이터 3법 통과를 기업들이 환영하는 이유다.

데이터 3법의 통과로 은행, 핀테크 업계는 금융 데이터와 비금융 데이터를 결합해 신용정보를 보다 세분화하고 이를 활용할 수 있게 된다. '마이 데이터'가 대표적이다. 마이 데이터는 개인 스스로에게 데이터 주권을 돌려주는 것을 의미한다. 정보 주체인 개인이 데이터를 활용하여 신용 관리, 재무 분석 등에 활용할 수 있게 된다, 보험 업계는 건강 관리와 데이터를 연계한 새로운 상품 개발이 가능해진다. 의료계 역시 각종 의료 데이터를 활용할 수 있다. 내가 진료받은 병원 진료 정보, 건강검진 결과 등을 스마트폰으로 내려받아 건강 관리 업체에 맡길 수 있다. 또 금융거래 내용을 PB센터 등에 제공해 맞춤형 재테크 정보를 받을 수도 있다. 통신사, 음성, 데이터 사용량을 다운로드해 맞춤형 요금제를 추천받을 수도 있다. 여기에 AI와 빅데이터 산업이 연계되면 기존에 생각지도 못했던 새로운 산업과 서비스가 등장할 것이다.

2. 데이터 3법 통과로 인한 주요 변화

데이터 3법의 통과로 인한 주요 변화 내용을 살펴보자.

첫째, 개인정보보호를 강화하면서 데이터 활용 활성화를 통해 관련 산업의 조화로운 발전을 모색할 수 있도록 현행 제도를 보완하고 있다. 다소 모호했던 개인정보 판단 기준이 명확해졌다는 것이다. 개인정보 여부는 결합할 수 있는 다른 정보의 입수 가능성, 식별에 소요되는 시간, 비용, 기술 등을 합리적으로 고려하도록 했다. 요건에 해당하지 않는 익명화된 정보는 개인정보보호법을 적용하지 않음을 명확히 했다. 이를 통해 개인정보 처리를 동반하는 사업 추진 시 혼란이 줄고 익명 정보 이용이 활성화될 전망이다.

둘째, 데이터 이용 활성화를 위해 가명 정보(추가 정보 없이는 특정 개인을 알아볼 수 없는 정보) 개념을 도입하고 데이터 간 결합 근거를 마련했다는 점도 중요한 변화다. 가명 정보는 통계 작성, 과학적 연구, 공익적 기록 보존 등을 위해 정보 주체의 동의 없이 적절한 안전조치하에 이용할 수 있도록 했다. 이에 따라 데이터의 가명 처리를 통해 활용 가능한 데이터의 종류가 다양해지고 새로운 기술·제품·서비스 개발, 시장조사 등 활용 분야도 확대될 것으로 보인다.

셋째, 보안시설을 갖춘 전문기관을 통해 기업 또는 기관 간 데이터 결합이 허용된다는 것 또한 중요한 변화다. 통신, 금융 등 서로 다른 분야의 데이터가 안전하게 결합하여 이용돼 데이터를 통한 부가가치 창출이 가능해진다. 이를 바탕으로 개인별 맞춤형 서비스 시장이 커질 것으로 보인다.

반면 데이터 활용에 따른 개인정보 처리자의 책임은 강화된다. 가명 정보 처리나 데이터 결합 시 안전조치 의무가 강화된다. 안전조치를 취하지 않아 개인정보가 유출됐을 경우 개인정보 처리 담당자는 과태료뿐만 아니라 형사상의 책임을 지게 된다. 그리고 회사는 전체 매출액의 3%에 해당되는 과징금을 부과받을 수 있다.

〈그림 1-21〉 데이터 3법 시행 이후 데이터 공유 방안

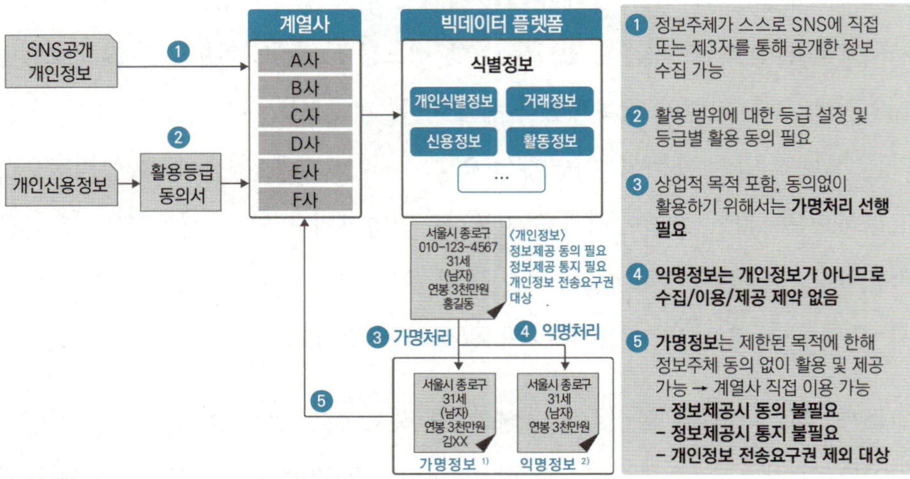

주 1) 가명정보: 추가정보 결합 없이 특정 개인 구분 불가
주 2) 익명정보: 개인정보가 아님
출처: 삼정KPMG 경제연구원 자료 재구성

3. 정보 주체성의 보장

데이터 3법의 개정은 기업에 데이터를 더 자유롭게 활용할 수 있는 자유를 부여했다. 자유에는 책임이 따른다. 기업은 데이터를 이용하되, 데이터에 포함되어 있는 개인의 프라이버시를 엄격하게 보호하고, 윤리 기준을 준수하기 위해 각별히 노력해야 한다.

역사적으로 보면, 권력의 중심에는 항상 정보가 있었다. 많은 정보를 가진 이가 늘 유리한 고지를 점해왔다. 통신기술이 발달하고 정보 처리 비용이 저렴해지면서 데이터의 양이 폭증했다. 누구도 모든 데이터를 소화해낼 수 없기 때문에 정보 불균형의 위험도 훨씬 커졌다. 생성되고 공유되는 데이터의 많은

부분이 사생활에 관한 것이다. 어디에 살고 어디에서 일하고 어디로 가는지, 점심으로 무엇을 먹었고 어떤 브랜드의 커피를 마셨는지, 운동을 얼마나 하며 무슨 약을 먹는지, 집에서 어떤 기기를 사용하고, 어떤 이슈가 감정적 반응을 유발하는지가 훤히 드러난다.

개인은 자신도 모르게 개인의 삶을 통제하는 권력을 빅데이터를 가지고 있는 기업들에 넘겨주고 있는지도 모른다. 기업의 목표를 달성하기 위해 데이터를 수집하고 분석하는, 때로는 우리의 데이터를 거래하기도 하는 기업들에게 우리의 삶은 투명하게 들여다보인다. 개인의 사적인 정보가 포함되어 있는 빅데이터가 가공되고, 교환되며, 판매되는 과정에서는 개인이 발언권을 갖고 조건을 정할 수 있는 정보 주체성이 보장되어야 한다. 기업을 위한 프라이버시 경계에 대한 투명성과 개인을 위한 개인정보 관리의 주체성 원칙은 데이터 생성자와 데이터 기업 양측에 모두 적용되어야 한다.

4절 정보보호 기법

빅데이터를 효과적으로 활용하는 것만큼이나 중요한 것은 빅데이터를 안전하게 보호하는 것이다. 대표적인 정보보호 기법 DMZ와 Proxy를 살펴보자.

1. DMZ(DeMilitarized Zone)

DMZ(DeMilitarized Zone)이란 내부 네트워크와 외부 네크워크 사이에 존재하는 중립적 네트워크를 의미한다. 내부 네크워크에 있는 자원 중 불특정 다수의 외부인에게 접속을 허용하거나 특별히 보안상 주의가 필요한 서비스를 운영해야 할 때 DMZ구성을 고려한다. 주로 사내 인터넷 웹서버, 메일서버,

DNS 등이 DMS에 위치한다. DMZ의 사용목적은 외부로부터의 침입에 대한 이중 차단 효과를 얻기 위해 사용한다. DMZ가 없는 상태에서 외부로부터 침입 당하면 피해 서버를 거쳐서 내부의 모든 시스템에 공격할 수 있게 된다. 반면에 DMZ를 구성하면 피해의 범위를 DMZ안에 위치한 시스템으로 최소화 할 수 있다. 주요 정보가 담긴 데이터베이스는 내부 네트워크에 위치시키고 DMZ에는 외부로 서비스를 제공하는 프로그램만 위치시켜서 내부 데이터베이스에 대한 접근을 반드시 DMZ의 서버를 거쳐야만 가능하도록 구성하는 방법이다.

2. 프락시(Proxy)

프락시(Proxy)란 사용자와 서버 간의 통신을 중계하며 침입차단 역할을 수행하는 방화벽 내의 응용프로그램을 말한다. 즉 사용자와 서버간의 직접 연결을 허용하지 않고 사용자의 접근요청을 먼저 받아서 접근제어 규칙과 보안상의 검토를 마친 다음, 접근이 허용된 요청에 대해서만 서버로 전달하여 접속이 이루어지도록 하는 중계용 프로그램이다. 프락시 프로그램은 중계하는 통신의 특성을 이해할 수 있어야 하므로 HTTP, SMTP, TELNET, FTP 프락시 등 서비스 별로 존재한다. 프락시 프로그램은 응용계층에서 작동하므로 프락시를 채용한 방화벽은 다른 종류의 방화벽에 비해 처리속도가 늦고 성능도 뒤떨어지는 단점이 있다. 그러나 패킷 내에 있은 IP주소나 서비스 포트 뿐만 아니라 프로토콜의 특성을 이해하고 데이터까지 검사할 수 있기 때문에 가장 안전한 보안 기능을 제공할 수 있다. 또한 응용계층에서의 사용자 인증이나 명령어 필터링, 바이러스 검사, 암호화 등의 부가기능을 제공할 수 있다.

5절 프라이버시를 보호하는 기법, 차등 정보보호

차등 정보보호(Differential Privacy)는 인공지능(AI)과 빅데이터의 실제 활용 수준을 한 단계 높여줄 기술로 주목받고 있다. 차등 정보보호는 무엇이고, 왜 인공지능(AI)과 빅데이터 분야 논문에서 중요하게 다뤄지고 있을까? 차등 정보보호는 개인정보를 비식별화하여 공공에 공유된 데이터를 의미하며, 암호학자들에 의해 개발됐다.

개인정보를 익명화하는 차등 정보보호 기술을 통해 기업 또는 연구기관은 목표집단의 행동 패턴을 분석할 수 있다. 애플이 고객의 데이터를 활용하여 인공지능(시리)의 알고리즘을 개선할 수 있었던 것도 차등 정보보호 기법을 통하여 개인정보를 비식별화했기 때문이다. 인공지능(AI)은 빅데이터를 활용하여 머신러닝 기법으로 학습하는데, 이때 데이터에 포함되어 있는 개인정보들의 유출을 방지하기 위한 방법으로 차등 정보보호 기법이 각광을 받고 있다.

1. 차등 정보보호란 무엇인가?

차등 정보보호 기법이 무엇인지 자세히 살펴보자. 차등 정보보호는 암호학 기술에 의존하지 않고도 강력하고 정교하게 프라이버시를 보호할 수 있는 기법이다. 차등 정보보호는 데이터에서 다른 이들이 사용할 수 없도록 개인을 특정하는 정보들을 떼어낸다. 차등 정보보호는 정부, 회사 또는 어느 기관이 사용자들의 개인정보를 모으기 위한 방편으로 사용된다.

차등 정보보호는 그 자체로 어떤 기술을 뜻하는 것은 아니다. '당신의 데이터가 분석에 사용되어도 당신의 프라이버시는 침해받지 않는다는 수학적 약속'을 뜻한다. 차등 정보보호는 불확실한 장막 뒤에 민감한 정보들을 보호함과 동시에 분석을 가능케 한다. 혹자는 차등 정보보호를 '프라이버시를 보호하기 위해 데이터에 노이즈를 넣어 변경시키는 메커니즘'을 뜻한다고 주장한다(2014, Differential Privacy and Machine Learning: a Survey and Review, Zhanglong Ji, Zachary C. Lipton, Charles Elkan).

차등 정보보호는 빅데이터에서 개인정보를 노출하지 않고, 중요한 데이터를 공개할 수 있는 좋은 해결 방안이 될 수 있다. 예를 들어보겠다. 밥(Bob)이 앨리스(Alice)의 고객성향에 대한 분석을 맡은 컨설턴트라고 가정하자. 앨리스가 고객 정보를 노출하지 않으면서 밥에게 답을 주기 위해 두 사람은 한 가지 약속을 한다. 밥이 질문을 하면 앨리스가 고객 정보 데이터로부터 진짜 정보와 최대한 가까운 근사치의 비식별화된 정보로 답변하는 것이다. 밥은 원하는 답변과 비슷한 근사치를 얻었지만, 개인의 프라이버시에 대해서는 알지 못한다. 차등 정보보호는 빅데이터의 개인정보 노출 위험으로부터 자유로워지면서 빅데이터를 효과적으로 활용할 수 있는, 모두가 윈윈할 수 있는 좋은 해결책이다.

기술적으로 차등 정보보호는 데이터에 근거한 방법이기 때문에, 질문이 무엇이든 간에 앨리스는 자신이 가지고 있는 데이터에 근거해서 답을 제시한다. 특정 개인이 데이터에서 배제된다고 해도, 앨리스는 데이터에 근거해서 정확히 같은 답변을 할 것이다. 즉 앨리스의 답변은 특정 개인의 데이터에 존재하느냐 아니냐와 상관없이 항상 같다. 이것은 밥이 특정 개인에 대해서 이미 무엇을 알고 있느냐와 상관없이 질문을 통해 특정 개인의 정보를 알아낼 수 없다는 것을 의미한다.

2. 차등 정보보호 시스템

그럼 기업은 차등 정보보호 기법을 어떻게 적용하고 있는지 살펴보자. 차등 정보보호를 기업에 적용할 경우, 기업 내부 조직에 개인정보 관리를 담당하는 신뢰할 수 있는 중간관리자(Curator)가 존재하느냐 아니냐에 따라 두 가지 방법으로 나누어진다. 기업 내부에 신뢰할 수 있는 중간관리자가 있는 경우의 차등 정보보호 적용 정책을 '글로벌 프라이버시(Global Privacy)'라 부르고, 신뢰할 수 있는 중간관리자가 없는 경우를 '로컬 프라이버시(Local Privacy)'라 한다. 전 세계 여러 대륙에서 사업을 전개하는 다국적 기업은 개인정보 관리만을 전담하는 직원을 두고 차등 정보보호의 글로벌 정책(Global Policy)을 적용한다. 특정 지역에서 사업을 전개하며 개인정보를 전담하는 큐레이터 역할을 하는 직원이 없는 기업은 차등 정보보호의 로컬 정책(Local Policy)을 적용하면 된다.

1) 글로벌 정책

글로벌 프라이버시에서는 앨리스가 원시 데이터(raw data)를 취합한 후, 노이즈(noise)를 넣는다. 앨리스는 real count를 기록한 후, 글로벌 프라이버시 정책에 따라 상호 간에 약속한 임의의 값(random number)을 고른다. 이때 이 임의의 값은 양측이 모두 알고 있는 'Laplacian'과 같은 probability distribution을 사용한다. 앨리스는 real count에 임의의 노이즈(random noise)를 더하여 밥에게 노이즈의 합계(sum)를 알려준다. 밥이 받은 숫자는 진짜 숫자에 매우 근접하지만, 밥은 통계치를 알 뿐 특정 개인에 대한 정보를 알게 된 것은 아니다.

2) 로컬 정책

로컬 정책에서는 믿을 만한 취합자인 앨리스가 존재하지 않는다. 참여자는 공유하는 자신의 데이터에 직접 노이즈를 더한다. 예를 들어 밥이 질문을 하면, 프라이버시 보호를 위하여 답변자는 동전을 던진다. 동전을 던져서 앞면이 나오면 진실로 대답을 한다. 만약 뒷면이 나오면 다시 동전을 던져서 앞면이 나오면 'yes'라는 답변을, 뒷면이 나오면 'no'라는 답변을 한다. 평균적으로 절반의 참여자는 진실로 답변을 했고, 절반은 random response를 했다. 각각의 참여자는 자신이 진실로 답변했다는 사실을 그럴듯하게 부인할 수 있다. 따라서 그들의 프라이버시는 보호된다. 충분한 답변들을 통해 밥은 원하는 정확한 근사값을 얻을 수 있다. 이 기법은 'random response'라고 불리는 로컬 프라이버시의 예다.

3) 글로벌 정책 vs. 로컬 정책

글로벌 프라이빗 시스템(Global Private System)이 clean data를 직접 분석에 활용하다가 마지막에 노이즈를 더하기 때문에 보다 정확하다. 그러나 이 방법을 사용하기 위해서는 참여자 모두가 신뢰할 수 있는 중간관리자가 반드시 필요하다. 신뢰할 수 있는 중간자가 없는 경우 사용하는 로컬 프라이버시는 보다 더 보수적이다. 각 개인의 데이터에 노이즈를 모두 넣기 때문에 그 자체로는 활용도가 떨어질 수 있다. 대신 충분한 양의 데이터가 쌓이면, 노이즈를 필터링하여 전체 데이터 안에서 유용한 트렌드 분석 등을 진행할 수 있다.

〈그림 1-22〉 로컬 프라이버시와 글로벌 프라이버시 비교

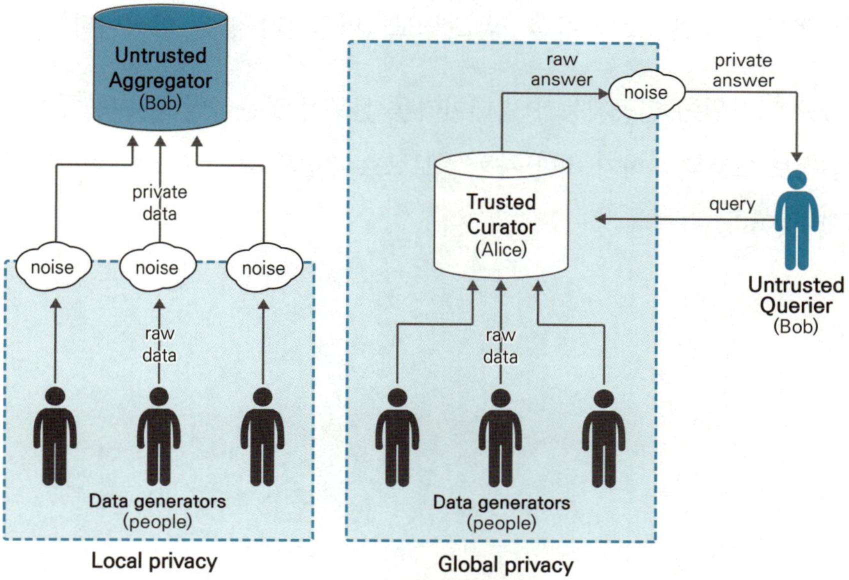

출처: https://www.accessnow.org/understanding-differential-privacy-matters-digital-rights/

3. Privacy Budget의 개념

딥러닝 모델이 성공하기 위해서는 대량의 데이터에 대한 AI를 이용한 학습이 필수적이다. 기업에서 빅데이터 기반의 AI 머신러닝의 학습을 위한 데이터를 구성하기 위해서는 인터넷에서 정보를 모아야 하는데, 그중에는 민감한 개인정보도 존재할 것이다. 모델의 데이터에 존재하는 개인정보를 노출하지 않고, 기업의 목표를 달성하기 위해 차등 정보보호의 프레임워크를 이용한 머신러닝 알고리즘은 매우 훌륭한 방안이 될 수 있다. 트레이닝 데이터(Training data)에 개인의 정보들의 합쳐지다 보면 민감한 정보가 포함될 수 있고, Model parameter에 개인정보가 들어갈(encode) 수 있어 프라이버시 유출의 위험이 있다. Privacy Budget은 개인정보가 유출될 수 있는 최대량을 수치화해놓고,

이 수치를 넘어서지 않는 범위에서만 정보를 노출하는 개념이다. 기업 입장에서 객관적으로 개인정보의 유출 정도를 모니터링하기 좋은 방식이다.

앞으로 기업이 인공지능과 빅데이터를 실무에 활용하면 할수록 데이터상의 개인정보 노출을 피하기 위한 차등 정보보호 기법은 더욱 중요한 분야로 자리매김할 것이다.

8장 빅데이터 적용 사례

1절 금융권의 빅데이터 활용

1. 금융기관의 빅데이터 활용

금융산업은 업무에 IT 기술을 도입하는 디지털 트랜스포메이션의 속도가 가장 빠른 분야다. 업무의 상당 부분이 온라인에서 이루어지기 때문에 데이터의 축적량과 증가 속도가 타 분야에 비해 매우 높다는 특징을 가지고 있다. 빅데이터를 활용한 핀테크, AI 기반 챗봇을 활용한 비대면 채널의 강화 등이 금융 혁신 기술로 주목받고 있다. 금융권의 빅데이터 활용 사례를 중심으로 살펴보겠다.

2. 활용 분야

금융기관은 고객에게 금융상품 및 서비스를 제공함과 동시에 부가가치 창출을 목적으로 빅데이터를 활용하고 있다. 고객 및 시장 환경을 분석하여 상품 및 서비스 개발, 마케팅 등에 활용하여 부가가치를 제고하고 있으며 회사 내의 회계, 재무, 인적 관리, 운영 효율화 등 운영 관리 활동에도 빅데이터를 활용하고 있다.

이 중 부가가치 창출에 직결되는 마케팅, 상품개발, 신용위험 관리 부문에서 빅데이터 활용 사례가 증가하고 있다.

1) 신상품 개발 분야

자사가 수집한 내부 데이터(고객 정보)와 SNS, 뉴스 등 외부 데이터를 결합하고 분석하여 상품 개발 및 기존 서비스 개선 등에 활용한다.

2) 리스크 관리 분야

빅데이터가 활용되기 전부터 데이터를 통해 신용평가 모형 등 모델 구축을 위해 데이터를 가장 활발하게 사용했던 분야로 대부분의 금융기관이 위험 관리 시스템을 구축하고 있다. 신용, 시장, 운영 위험으로 분류할 수 있으며 모든 금융기관에 적용할 수 있다.

3) 마케팅 분야

신상품 개발 분야와 마찬가지로 내부 축적 데이터와 외부 비정형 데이터를 이용하여 고객 성향을 분석하고 분석 내용을 바탕으로 신규 고객 유치, 타깃 마케팅, 고객 맞춤형 서비스, 고객 관리 등을 수행한다.

2절 은행 사례

은행권은 주로 고객 데이터, 거래 내역 등을 통한 고객 맞춤형 마케팅과 전화 상담 내용, 모바일채팅 상담 내용의 키워드를 분석하여 고객 상담의 품질을 향상시키고 요구사항을 파악할 수 있게 하는 시스템 개발 등에 빅데이터를 활용하고 있다.

1. 스코틀랜드왕립은행

2008년 금융위기 이후 스코틀랜드왕립은행(Royal Bank of Scotland)은 은행의 경쟁력을 높이기 위해 고객 서비스 개선을 최우선 목표로 삼았다. 이를 위해 계좌 거래 내역의 개인정보에 대한 빅데이터를 적극적으로 활용했다. 빅데이터 분석을 통해 고객 개인을 분석함으로써 고객 맞춤형 서비스 제공의 기반을 마련했다.

스코틀랜드왕립은행은 고객의 지출 데이터를 중점적으로 분석함으로써 고객의 성향을 파악했다. 금융 데이터뿐만 아니라 고객이 결혼은 했는지, 언제 어디로 휴가를 떠나는지, 어느 병원에 다니는지 등 비금융 데이터도 적극적으로 수집하여 금융 데이터와 결합으로써 입체적인 분석을 시도했다. 고객 생일 축하 메시지 발송 등 사소한 서비스를 시작으로 고객의 연령대와 소득 수준을 고려해 맞춤형 금융 추천 서비스를 제공했다. 또한 빅데이터 분석을 통해 고객의 30%가 모바일을 통해 대출을 신청한다는 사실에 주목하고, 비대면 채널에 대한 집중적인 투자를 통해 비대면 채널의 고객 경험을 대폭 개선했다. 이를 통해 고객 전환율을 20% 높이는 성공을 거두었다.

또한 스코틀랜드왕립은행은 AI 챗봇 '루보'를 개발했다. 루보는 온라인 고객의 질문에 답을 해주고, 이체 등의 간단한 업무를 수행하며, 적절한 대응 답변을 찾지 못하면 해당 업무를 수행하는 직원에게 연결해준다. 고객과의 온라인 대화를 통해 쌓인 방대한 빅데이터는 또다시 고객 기반의 서비스 수준을 향상시키기 위한 고객 분석에 사용되는 선순환 구조를 수립했다.

2. 신한은행

신한은행은 빅데이터와 머신러닝(기계학습)을 활용하여 중금리 대출을 희망

하는 잠재고객을 발굴할 수 있도록 신용평가 모형을 개발하여 모바일 대출에 적용했다. 또한 고객의 대출, 카드, 연체 등 신용정보뿐만 아니라 텍스트 데이터, 신용 패턴 등의 다양한 텍스트 정보(비금융 정보)를 활용하여 신용평가에 반영하고 있다.

또한 고객 상담 내용을 문자로 변환하여 분석하는 빅데이터 시스템을 구축했다. 고객전화상담, 채팅, 이메일 등 고객상담의 품질 향상과 마케팅 지원을 위하여 음성-문자 자동변환 시스템(STT)과 텍스트 분석 시스템(TA)을 구축했다. 이를 통해 하루 5만여 건의 콜센터 상담 내용뿐만 아니라 이메일 상담 내용까지 빅데이터 분석이 가능해졌으며, 잠재적인 민원 유발 키워드를 감지해 선제적으로 예방할 수 있게 됐다.

3. NH농협은행

NH농협은행은 빅데이터 플랫폼인 'NH빅스퀘어'를 구축했다. 'NH빅스퀘어'는 데이터가 모여 있는 장소라는 의미다. 기존에 활용이 어려웠던 비정형, 대용량 데이터를 저장 분석하고 머신러닝과 시각화 분석까지 가능한 빅데이터 플랫폼을 구축했다. NH농협은행은 이를 통해 고객에게 취업, 결혼, 은퇴와 같이 특별한 상황에 맞는 포트폴리오를 제시함으로써 고객별 특성과 상황에 맞는 고품질 서비스와 금융 혜택을 제공할 수 있는 기반을 마련했다.

또한 AI 빅데이터를 기반으로 금융상담 시스템 '상담품질 전수 평가 장치'를 개발하여 금융상담 서비스의 품질 향상을 이루고자 했다. 이 시스템은 고객과 상담한 통화 자료를 실시간으로 분석해 성향을 분류하여 상담 업무의 지식수준을 진단할 수 있는 특화 시스템으로, 상담 서비스 품질 향상을 목표로 한 것이다.

4. 우리은행

우리은행은 빅데이터와 머신러닝을 활용해 은행 내부와 외부의 다양한 정보를 분석하여 기업 부실 징후를 파악하는 기업진단 시스템 '빅아이'를 개발했다. 빅데이터 기반의 머신러닝 학습을 통해 기업의 부실 가능성을 파악하고 이를 4단계로 나눠 위험 수준을 객관적인 지표로 관리함으로써 위험 관리 능력을 향상시켰다.

3절 카드사 사례

카드사들은 고객의 결제 시점, 구입 품목 등을 실시간으로 파악하여 고객에게 적절한 혜택을 미리 연결해놓는 서비스를 진행했다. 해당 가맹점에서 결제를 할 경우 자동으로 할인이 되는 CLO(Card Linked Offer) 등의 서비스를 통해 적극적인 마케팅 활동을 펼치고 있다.

1. 신한카드

신한카드는 축적되어 있는 카드 사용 데이터를 통해 새로운 카드 및 시스템 개발에 몰두했다. 카드 사용 데이터와 소셜 데이터, 위치 데이터, 검색 키워드 등을 함께 이용하여 각 고객 특성에 맞는 새로운 맞춤 상품을 개발하고자 했다. 또 구매 행동을 분석하고 고객 니즈를 파악해 할인 등의 고객 맞춤형 서비스를 제공하고자 했다.

고객 소비 패턴 분석을 기반으로 'Code 9' 체계를 구축하고 이를 솔루션화하여 고객 소비 데이터를 기반으로 서비스 개발 시스템을 구축했다. 또 소비 업종 간의 연관성을 보기 위해 Topic 알고리즘 기반으로 소비 업종 간 연관성 분석 알고리즘을 개발하여 타깃 마케팅의 대상을 확대했다.

그리고 구매 행동에 대한 심층 분석을 통해 목표 고객을 전략적으로 관리하고 있다. 해외 직구와 관련된 자사 매출 자료와 SNS상의 분석 자료를 상호 비교 분석하여 고객의 니즈를 파악하여 새로운 관점의 구매주체·채널·경로에 대한 입체적 분석이 가능하게 됐다.

1) 소비성향 분석

고객의 소비 패턴을 분석하여 'code 9'라는 남녀 각각 9개씩 도출해낸 고객 중심의 맞춤형 상품개발 체계를 구축했다. 또한 검색어 간의 연관성을 분석하는 Topic 알고리즘을 기반으로 소비 업종들 간 연관성 분석 알고리즘을 개발했다. 이를 통해 신한카드 미이용 고객 중 예상 소비군으로 추정되는 고객 대상을 타깃 마케팅 대상으로 확대시켰다.

2) 목표고객 관리와 타깃 마케팅

소비자의 구매 행동을 바탕으로 경쟁사 비교 분석, 유통 채널 분석 등 고객 행동에 대한 심층 분석을 통해 목표 고객을 전략적으로 관리하고자 했다. 또 고객들의 상품, 제품 구매 이력에 대한 다른 업종 간의 데이터를 연계해 타깃 마케팅을 진행해 반응률을 높이고, 나아가 다음 구매를 예측할 수 있는 모형의 개발을 추진했다.

3) 고객 니즈 분석

소비자들의 해외 직구와 관련된 니즈가 증가하여 직구와 관련된 매출 자료 데이터와 SNS 데이터를 상호 분석했다. 이를 통해 새로운 관점의 구매주체·채널·경로에 대한 분석을 실시하여 정교한 추측이 가능해졌다. 예를 들어 구매 사이트에 대해 SNS 언급량과 실제 이용 건수 순위를 비교했을 때, SNS 언급량은 아마존이 가장 높았지만 이용 쇼핑몰은 아이허브가 1위였다. 즉 한국인의 취향에 맞춘 아이허브를 이용하는 고객이 상대적으로 많다는 점을 파악할 수 있었다.

4) FAN 페이봇

신한카드는 카드 사용 데이터를 분석해주는 소비비서 시스템인 FAN 페이봇을 개발했다. FAN 페이봇은 고객이 원하는 비용 관리 항목을 자동으로 합산해주고, 비용 관리 항목별로 예산을 설정하면 예산 내에서 소비할 수 있도록 도와주는 AI 소비비서 서비스다. 예를 들어 '노후 준비' 항목에서의 관리를 원하는 경우 결혼이나 보험료, 여행 및 항공 등 노후 준비와 관련이 있다고 여겨지는 항목들을 '노후 준비' 카테고리로 자동 분류한 뒤 예산 소비를 진단하는 것이다.

5) 신규 금융상품 개발

금융-통신 부문 간의 데이터를 결합하여 신용도가 낮은 금융 소외계층에게 중금리 대출 인프라를 구축하고 대출금리 인하 기회를 제공하여 카드사와 통신사, 고객이 모두 윈윈하는 금융상품을 개발했다. 이를 통해 카드사는 중금리 대출 시장 진출의 교두보 역할을 맡고, 통신사는 우수고객을 대상으로 서비스를 확대할 수 있었으며, 고객은 금리 인하 효과를 볼 수 있었다.

2. 비씨카드

비씨카드는 급변하는 트렌드에 맞는 마케팅 전략을 수립할 수 있도록 외부 소셜 데이터와 내부 카드 데이터를 연계하여 고객 유형별로 적절한 마케팅 방안을 찾고자 했다. 또한 국내 사회의 소비 트렌드를 분석 및 예측하여 비씨카드만의 사업 경쟁력을 강화하고 새로운 서비스를 발굴하고자 했다. 더 나아가 금융산업뿐만 아니라 타 산업에도 빅데이터 활용 마케팅을 전파하고자 했다.

이를 위해 비씨카드는 LG CNS, 소상공인시장진흥공단과 함께 컨소시엄을 구성하고 프로젝트를 진행했다.

비씨카드는 연간 축적한 30억 건의 카드 데이터와 하루에 수집되는 약 900만 건의 데이터를 분석에 활용했다. 또한 LG CNS가 포털, 커뮤니티, SNS 등의 다양한 채널에서 수집한 일평균 80만 건 이상의 소셜 데이터도 함께 활용했다.

비씨카드 컨소시엄은 수집된 소셜 데이터를 분석하여 여러 소비 트렌드를 대표하는 집단의 속성을 육하원칙에 맞게 정의하고 그 속성을 유형화하는 트렌드 프로파일링을 수행했다. 이 과정에서 '인공지능 마케팅 프로파일링 시스템(Artificial Intelligence Profiling System, AIPS)'을 개발할 수 있었다.

또한 비정형 데이터인 소셜 데이터와 정형 데이터인 카드 거래 데이터를 연계하기 위한 분석을 진행했다. 두 데이터의 연계 이후 비씨카드는 소셜 데이터를 통해 도출된 고객의 구매 성향을 카드 데이터에 적용해 구매 성향별 타깃 마케팅을 수행할 수 있었다.

1) 데이터 연계

카드 데이터(정형)와 소셜 데이터(비정형)의 연계가 어려운 것은 데이터의 형태가 다르기 때문이다. 이를 보완하기 위해 소셜 데이터를 육하원칙에 맞게 분류한 정보에서 '언제', '어디서' 등과 같은 정보 중 어떤 값을 기준으로 두 데이터를 연결할 수 있을지 테스트를 진행했다. 그 결과 '무엇을(what)'에 해당하는 업종 정보를 'key값'으로 설정하여 두 데이터를 연계할 수 있는 방법론을 개발했다. 하지만 소셜 데이터와 비씨카드 데이터의 업종코드는 분류 체계가 달랐다. 따라서 BC카드가 기존에 활용하던 업종코드를 조합하여 신업종코드를 생성하고, 이를 두 데이터 간의 업종코드 매핑에 활용했다. 이런 연계 과정을 통해 소셜 데이터에서 파악한 소비 트렌드를 비씨카드 고객의 거래 데이터에 활용하여 더욱 고도화된 타깃 마케팅을 수행할 수 있었다.

2) 테스트마케팅 시행

비씨카드는 기존의 고객 세분화(segmentation) 26개 중 4개에 해당하는 1만 명의 고객을 대상으로 테스트 마케팅을 수행했다. 총 세 차례에 걸쳐서 진행한 테스트 마케팅의 성과 파악을 위해 기존에 시행하던 정기 마케팅의 효과와 비교했다. 일반적으로 마케팅 결과를 파악할 때 가장 많이 사용하는 '마케팅 승수'를 계산하여 효과 비교를 수행했다. 그 결과 기존 6개 마케팅의 전월 대비 평균 마케팅 승수는 15.86이었고 테스트 마케팅 세 차례의 전월 대비 평균 마케팅 승수는 27.13으로 나타났다.

소셜 빅데이터 분석을 활용하여 타기팅한 20~30대의 마케팅 효율이 2.8% 이상 상승한 것을 테스트 마케팅에서 확인할 수 있었다. 특히 체크카드 고객이 소셜 데이터와 연계된 마케팅에 더 높은 반응을 보이는 것으로 분석됐다. 비씨카드는 이와 연계된 상품을 추가로 생성할 필요가 있다는 시사점을 얻을 수 있었다.

3) 카드 및 소셜 데이터 연계 방법 개발

유사 속성 및 비슷한 성향을 가지는 데이터를 연계하기 위해 주성분 분석을 통해 설명력이 높은 일부의 속성을 파악하여 그룹화하는 작업을 진행했다. 또 유클리디안 거리 분석을 통해 카드와 소셜 데이터를 분석하여 매출 비중이 유사한 데이터를 추출하여 연계했다.

4절 보험사 사례

축적된 고객 정보를 이용한 고객의 보험 추가 가입 권유, 신규 가입, 고객 이탈 방지에 빅데이터 분석을 활용했다. 또한 고객 세분화를 통해 고객에게 맞는 적절한 보험상품이나 펀드 등 고객 맞춤형 포트폴리오 제공을 통해 마케팅을 시행하고 있다.

1. 오렌지라이프

오렌지라이프는 고객 정보, 콜센터 상담 내역, 홈페이지 로그, 상품 정보 등의 내부 데이터와 보험개발원에서 제공하는 보험 가입 통계, 보험금 지급 통계 등의 외부 데이터를 활용하는 '협업 빅데이터 전략 모델'을 개발했다.

1) 유지계약 실효 위험도 예측 모델

오렌지라이프는 계약별로 실효(보험의 효력이 상실한 상태) 확률과 실효 원인을 파악하고자 특정 시점에 연체된 계약들에 대해서, 최초 연체한 날로부터 2년 후의 기간까지 해당 계약들이 실효할 확률에 대한 예측 분석을 실시했다.

분석을 통해 실효한 확률에 영향력이 높은 변수들을 추출한 뒤 SOM 알고리즘을 활용하여 이 변수들을 10개의 실효 유형별로 매칭하여 계약별 실효 원인을 파악해 실효방어를 위한 전략 수립에 활용했다.

2) 상품 추천 모델

고객이 선호할 만한 보험상품을 추천하기 위해 먼저 105만 명의 고객에 대한 군집 분석을 수행하여 8개의 고객군을 도출했다. 군집 간 특징을 도출하고 보유한 상품의 유사도 및 가입액수에 대한 분석을 진행하여 군집별로 선호하는 상품을 파악했다. 추천상품을 선정할 때는 고객이 해약한 상품이나 실효 상태 상품 등은 추천 목록에서 제외하고, 유병자 고객의 경우에는 보장성 상품 대신 간편심사 상품으로 대체하여 추천할 상품을 필터링하는 작업을 거침으로써 추천에 대한 고객 만족도를 높이려 했다.

3) 불완전판매 위험도 예측 모델

불완전판매는 신규 계약 관련 금융상품을 판매하는 과정에서 주요 사항의 누락, 허위, 과장 등이 발생하는 경우를 통칭한다. 오렌지라이프는 불완전판매를 조기에 탐지하는 불완전판매 위험도 예측 모델을 개발했다. 단기간 상품에 대한 조기 불완전판매 계약 건을 분석 타깃으로 정의하고 GBM(Gradient Boosting Machines) 알고리즘을 이용하여 조기 불완전판매 스코어를 산출했다. GBM 알고리즘만을 적용하면 예측에 대한 해석이 어렵기 때문에 해석력을 높이기 위해 의사결정나무 분석법을 적용한 후 다시 GBM 스코어를 적용하는 방식으로 분석을 진행했다.

그 결과 계약 건에 대해 위험 등급을 '저, 중, 고'의 세 가지로 도출할 수 있었다. 이를 기반으로 위험 등급에 따라 상담원의 아웃바운드 콜 스크립트를 간소화하거나 강화하는 방식으로 조정하여 불완전판매를 방지하고 '신계약' 프로세스 운영의 효율성을 높이고자 했다. 또한 해당 분석을 통해 한 달에 발생하는 약 1만 5,000건의 신계약 중 약 1,050건이 조기불판되지만, 불완전판매 위험도가 높은 상위 3%를 관리하면 전체 중 30%의 조기불판을 방어할 수 있다는 인사이트를 얻었다.

5절 핀테크 기업 사례

1. 렌도

글로벌 핀테크 업체이자 대안 신용평가 모델 개발사인 렌도(Lenddo)는 페이스북, 트위터 등의 SNS 게시물과 친구 관계 등의 데이터를 머신러닝을 통해 분석하는 빅데이터와 AI 기술을 합친 분석 방법을 도입했다.

렌도는 260억 개의 데이터를 수집하고 머신러닝을 학습시켜 약속을 잘 지키는 사람, 신뢰도가 높은 사람의 특징을 추출했다. 하루 평균 통화량, 연락처에 등록된 사람의 수, 평균 통화 시간, 통화 시간대, 통화 장소 등 모바일 데이터도 활용했다.

이를 통해 일정한 수입이 없는 학생이나 주부 등 기존 신용평가 방식으로는 대출을 받을 수 없는 고객들의 신용을 평가하여 대출을 받을 수 있도록 했고 결과는 성공적이었다.

2. 페이팔

페이팔(PayPal)은 새로운 전략(챌린저)이 기존 전략(챔피언)보다 더 우수할 경우 새로운 전략을 선택하는 전통적인 '챔피언-챌린저' 접근법을 빅데이터 분석에 활용했다. 전 세계 온라인 결제 사기의 수만 가지 특징을 특정 사기 유형과 비교하는 과정을 거쳐 사기 방식을 탐지하고 다양한 유사 기법을 파악했다. 또한 딥러닝을 통해 사기 유형들을 패턴화하고 이를 사전에 예방할 수 있는 대응책을 구축했다.

페이팔은 온라인 결제 사기의 특징에 관한 정보를 수집하여 여러 시스템에서 활용성을 높이기 위해 그라지아가 제시한 가이드라인을 따랐다. 또 힌튼의 방법으로 딥러닝 알고리즘 분배를 진행했으며 다중 시스템 클러스터에서 이를 시행했다. 마스터노드를 통해 RBM 가중치를 초기화한 뒤 재부여하고 작업자 노드를 쪼갠 후, 각각의 작업자 노드는 1개의 데이터 세트 사건을 위해 1개의 RBM 가중치를 다룬다. 그리고 쪼개져 있는 전체적인 작업자 노드의 가중치는 다시 위로 전달된다. 그 후 마스터노드가 전달된 모든 가중치를 받아 평균을 내는 작업을 정의된 사건의 집합에 대해 반복하여 1개의 RBM 계층을 완성하는 작업을 전체 계층에 걸쳐 반복하여 진행한다.

사기 패턴의 유형과 정확성을 제고하기 위한 모의실험을 진행하고자 전체 데이터를 60,000개의 트레이닝 데이터와 10,000의 테스트 데이터로 구분했다. 그 후 히든 유닛 수를 증가시키면서 분석을 시행한 결과 RBM 계층당 히든 유닛이 많을수록 에러가 점점 낮아지는 것을 볼 수 있었다.

딥러닝을 이용한 알고리즘 분석을 통해 사기 사이트 여부를 판단할 수 있게 됐다. 온라인 사기 사이트로 판단되는 경우 해당 사이트의 목록 정보를 사용자들에게 알려줌으로써 온라인 사기 범죄를 예방할 수 있게 됐다. 또한 사기 수법에 대한 모델링을 완성한 뒤, 전문가의 조언을 얻어 현실에서 벌어질 수 있는 사기 유형 여부와 어떻게 변화할 것인지를 미리 파악하고 예측에 활용할 수 있었다.

9장

생성형 AI와 빅데이터

1절 생성형 AI의 이해와 역사적 배경

생성형 AI(Generative AI)는 기존 데이터를 바탕으로 텍스트, 이미지, 음성 등 새로운 콘텐츠를 생성할 수 있는 인공지능 기술이다. 최근 등장한 ChatGPT, Claude, Gemini(구 Bard), Perplexity 등의 모델이 큰 주목을 받으며, 인공지능 기술의 새로운 중심축으로 자리 잡고 있다. 생성형 AI는 기존의 빅데이터 분석을 위한 전통적 인공지능과는 근본적으로 다른 접근 방식을 제공하며, 인간의 창의적 영역까지 확장되어 산업 전반에 혁신을 가져오고 있다.

1. 생성형 AI의 역사적 발전 과정

생성형 AI의 역사는 일반적인 인식보다 깊다. 1960년대 MIT가 개발한 챗봇 엘리자(ELIZA)가 초기 모델로, 간단한 심리 상담 역할을 하며 화제가 되었다. 그러나 엘리자는 단순한 패턴 매칭에 의존했으며, 진정한 '이해'나 '생성' 능력은 없었다. 이후 1970-80년대의 마르코프 체인(Markov Chain) 기반 텍스트 생성기와 1990년대의 초기 신경망 모델 등이 등장했으나, 실용적 수준에는 도달하지 못했다.

획기적 전환점은 2014년 등장한 생성적 적대 신경망(GAN)과 2017년 구글이 발표한 트랜스포머(Transformer) 아키텍처였다. 특히 트랜스포머의 '어텐션 메커니즘(Attention Mechanism)'은 문장 전체의 맥락을 효과적으로 이해하고 처리할 수 있게 하여, 기존 순환 신경망(RNN)의 한계를 극복했다. 이 기술적 혁신은 2018년 BERT, 2020년 GPT-3 등 더 강력한 언어 모델의 탄생으로 이어졌으며, 2022년 ChatGPT의 출시로 생성형 AI는 대중화 단계에 접어들었다.

1) 주요 생성형 AI모델의 특징과 차별점

ChatGPT: OpenAI가 개발한 ChatGPT는 출시 직후 전 세계적으로 열풍을 불러일으키며 2개월 만에 1억 사용자를 돌파했다. 자연스러운 대화 능력과 다양한 지식을 바탕으로 한 응답 생성이 강점이다. 특히 GPT-4 모델은 복잡한 추론과 다중 모달리티(텍스트, 이미지) 처리 능력을 갖추었다.

클로드(Claude): Anthropic이 개발한 Claude는 긴 텍스트와 복잡한 문서를 처리하는 능력이 뛰어나다. 특히 윤리적 측면을 강조하여 '헌법적 AI(Constitutional AI)' 접근법을 통해 개발되었으며, 안전하고 도움이 되는 응답을 제공하는 데 초점을 맞추고 있다.

Gemini(구 Bard): 구글의 Gemini는 방대한 검색 데이터를 기반으로 최신 정보에 접근할 수 있는 장점이 있다. 실시간 웹 검색 통합으로 시의성 있는 정보를 제공하며, 멀티모달 능력을 강화하여 텍스트, 이미지, 오디오 등 다양한 입력을 처리할 수 있다.

퍼플렉시티(Perplexity): AI 검색 엔진으로도 불리는 Perplexity는 정확한 출처 제시와 최신 정보 제공에 중점을 두고 있다. 학술 연구나 사실 확인이 필요한 분야에서 신뢰성 있는 정보를 얻기 위한 도구로 주목받고 있다.

2) 일상과 산업에서의 생성형 AI 확산

생성형 AI는 이미 우리 일상 속 깊이 침투하여 다양한 영역에서 활용되고 있다. 학생들의 학습 보조, 전문가의 업무 지원, 창작자의 아이디어 발굴 등 여러 분야에서 사용되고 있다. 최근에는 이미지 생성 AI의 발달로 사진을 다양한 스타일로 변환하는 트렌드가 유행하기도 했다.

생성형 AI가 기존 빅데이터 분석용 AI와 가장 차별화되는 점은 창의적 콘텐츠 생성 능력이다. 과거 AI는 데이터 분석과 패턴 인식에 집중했지만, 생성형 AI는 새로운 텍스트, 이미지, 음악, 코드 등을 만들어내는 창의적 영역까지 확장되었다. 이는 단순한 기술적 발전을 넘어 인간 작업의 본질을 변화시키고 있으며, 앞으로 다양한 산업 분야에서 혁신을 이끌 것으로 예상된다.

2절 생성형 AI의 핵심 기술과 원리

생성형 AI의 핵심 원리는 방대한 데이터를 학습하고 이를 기반으로 새로운 콘텐츠를 만들어내는 것이다. 이 과정에는 여러 기술적 요소가 복합적으로 작용하는데, 특히 다음 세 가지 핵심 기술이 주목받고 있다.

1. 대규모 언어 모델과 트랜스포머 아키텍처

생성형 AI의 핵심에는 대규모 언어 모델(Large Language Model, LLM)이 있다. LLM은 수십억~수조 개의 매개변수를 가진 신경망으로, 인터넷에서 수집된 방대한 텍스트 데이터로 학습된다. 이 모델들은 트랜스포머 아키텍처를 기반으로 하는데, 트랜스포머의 '어텐션 메커니즘'은 텍스트의 맥락과 관계를 효과적으로 포착한다.

어텐션 메커니즘은 입력 데이터 내 어떤 부분이 출력에 중요한지 자동으로 판단하여 가중치를 부여하는 방식이다. 이를 통해 AI는 긴 문장이나 복잡한 구조도 전체 맥락을 유지하며 처리할 수 있다. 예를 들어, "그는 사과를 먹었다. 그것은 맛있었다."라는 문장에서 '그것'이 '사과'를 지칭한다는 관계를 파악할 수 있다. 트랜스포머 모델은 또한 병렬 처리가 가능해 기존 RNN보다 훨씬 효율적으로 학습할 수 있다는 장점이 있다. 이러한 특성 덕분에 GPT(Generative Pre-trained Transformer), BERT(Bidirectional Encoder Representations from Transformers) 등의 혁신적인 모델이 탄생할 수 있었다.

2. 자기지도학습과 전이학습의 혁신

생성형 AI의 또 다른 핵심 기술은 자기지도학습(Self-supervised Learning)이다. 기존 지도학습은 라벨링된 데이터가 필요했지만, 자기지도학습은 데이터 자체에서 패턴을 찾아 학습한다. 대표적인 방법으로는 '마스킹(Masking)' 기법이 있는데, 문장의 일부를 가리고 AI가 이를 예측하도록 훈련시키는 방식이다.

이러한 학습 방식은 인간의 개입 없이 방대한 양의 데이터에서 자동으로 지식을 획득할 수 있게 해준다. 또한 전이학습(Transfer Learning)을 통해 하나의 영역에서 배운 지식을 다른 영역에 적용할 수 있어, 모델의 범용성과 효율성이 크게 향상된다.

이 과정에서 빅데이터는 생성형 AI의 핵심 연료 역할을 한다. 모델이 학습하는 데이터의 양과 질이 직접적으로 AI의 성능에 영향을 미치며, 이는 빅데이터와 생성형 AI가 불가분의 관계임을 보여준다.

3. 데이터 처리와 모델 최적화 기술

대규모 모델을 효율적으로 학습시키기 위해서는 고도화된 데이터 처리 기술이 필수적이다. 생성형 AI는 빅데이터 전처리 과정에서 결측값 처리, 노이즈 제거, 데이터 정규화 등의 기술을 활용한다. 특히 문제가 있는 데이터를 자동으로 식별하고 보완하는 능력은 기존의 데이터 분석 방법론을 크게 개선했다.

또한 모델 경량화와 추론 최적화 기술도 중요하다. 양자화(Quantization), 지식 증류(Knowledge Distillation), 프루닝(Pruning) 등의 기법을 통해 대규모 모델을 실용적인 크기로 압축하여 더 적은 컴퓨팅 자원으로도 유사한 성능을 낼 수 있게 한다.

이러한 핵심 기술들이 결합되어 생성형 AI는 텍스트 생성, 자연어 처리, 이미지 및 비디오 데이터 분석 등 다양한 빅데이터 응용 분야에서 기존 기술과는 차별화된 성과를 내고 있다. 앞으로도 새로운 알고리즘과 최적화 기법의 발전으로 생성형 AI의 성능과 효율성은 계속해서 향상될 것으로 전망된다.

3절 생성형 AI 기반 빅데이터 분석 및 활용

생성형 AI는 기존의 데이터 분석 방법론을 혁신적으로 변화시키고 있다. 특히 비정형 데이터 처리 능력이 뛰어나서, 복잡하고 다양한 형태의 데이터가 많은 산업 분야에서 큰 가치를 창출하고 있다.

1. 텍스트 데이터의 심층 분석과 인사이트 발굴

생성형 AI는 텍스트 데이터 분석에서 탁월한 성과를 보인다. 기존의 키워드 기반 분석은 단어의 빈도수나 간단한 패턴만 파악할 수 있었지만, 생성형 AI는 문맥과 의미를 종합적으로 이해하여 더 깊은 인사이트를 제공한다.

예를 들어 금융 기관에서는 생성형 AI를 활용해 고객 상담 내역, 소셜 미디어 데이터, 시장 분석 보고서 등을 분석한다. 이를 통해 단순한 감성 분석(긍정/부정)을 넘어 고객의 구체적인 니즈, 불만 사항, 잠재적 이탈 가능성까지 정확하게 파악할 수 있다. HSBC와 같은 글로벌 은행은 고객 피드백 분석에 생성형 AI를 도입하여 고객 만족도를 15% 이상 향상시켰다는 보고가 있다.

또한 생성형 AI는 구조화되지 않은 방대한 양의 문서에서 핵심 정보를 추출하고 요약하는 능력이 뛰어나다. 학술 연구, 법률 문서, 기술 보고서 등에서 핵심 트렌드와 패턴을 식별하여 의사결정을 지원한다.

2. 멀티모달 데이터 분석의 새로운 지평

생성형 AI의 진화로 텍스트뿐만 아니라 이미지, 음성, 비디오 등 다양한 형태의 데이터를 통합적으로 분석할 수 있게 되었다. 이러한 멀티모달 분석은 각 데이터 타입 간의 상관관계를 파악하여 더 풍부한 인사이트를 제공한다.

보험 산업에서는 사고 현장 사진, 영상, 음성 신고 내용 등을 종합적으로 분석하여 보험 청구의 진위 여부와 손해 규모를 평가한다. 생성형 AI는 이미지에서 손상 정도를 자동으로 감지하고, 관련 문서와 대조하여 일관성을 확인하며, 사기 가능성까지 탐지할 수 있다.

의료 분야에서도 환자의 의료 영상(X-레이, MRI 등), 진료 기록, 생체 신호 등 다양한 데이터를 통합 분석하여 더 정확한 진단과 치료 계획을 수립하는 데 활용되고 있다. 이는 기존의 단일 모달리티 분석으로는 불가능했던 수준의 진단 정확도를 제공한다.

3. 예측 모델링과 시계열 데이터 분석의 고도화

생성형 AI는 예측 모델링 분야에서도 큰 강점을 갖는다. 기존의 통계 기반 예측 모델은 데이터의 복잡성이 증가될수록 정확도가 저하되는 한계가 있었으나, 생성형 AI는 비선형적이고 복잡한 패턴도 효과적으로 학습할 수 있다.

특히 시계열 데이터 분석에서 생성형 AI는 장기적인 종속성과 계절성, 추세 등을 포착하는 능력이 뛰어나다. 금융 시장 예측, 수요 예측, 이상치 탐지 등 다양한 분야에서 기존 모델보다 우수한 성능을 보인다.

JP모건과 같은 금융 기관은 생성형 AI 기반 시스템을 통해 시장 변동성과 투자 리스크를 예측하며, 골드만삭스는 고객의 투자 성향과 시장 상황을 종합적으로 분석하여 맞춤형 투자 전략을 제공하고 있다. 이러한 AI 기반 예측 모델은 기존 방식 대비 20~30% 이상 높은 정확도를 보이는 것으로 알려져 있다.

생성형 AI를 활용한 빅데이터 분석은 아직 초기 단계지만, 이미 많은 산업 분야에서 가시적인 성과를 내고 있다. 앞으로 기술이 더욱 발전함에 따라 데이터에서 가치를 추출하는 방식이 근본적으로 변화할 것이며, 이는 기업의 의사결정과 경쟁력에 직접적인 영향을 미칠 것이다.

4절 생성형 AI 업무 생산성 향상 사례와 전략적 활용법

생성형 AI가 가장 빠르게 도입되고 있는 영역 중 하나는 기업의 업무 생산성 향상이다. 반복적이고 시간 소모적인 업무를 자동화하고, 창의적 작업을 보조함으로써 직원들의 효율성과 만족도를 높이는 데 기여하고 있다.

1. 콘텐츠 생성 및 문서 작업의 혁신

생성형 AI는 보고서, 이메일, 마케팅 자료, 기술 문서 등 다양한 업무 문서 작성을 지원한다. AI가 초안을 작성하고 인간이 검토 및 편집하는 협업 방식으로, 문서 작성 시간을 대폭 단축할 수 있다.

모건스탠리는 생성형 AI를 활용하여 금융 리포트 초안을 작성하는 시스템을 도입했다. 이를 통해 애널리스트들의 보고서 작성 시간이 50% 이상 줄어들었으며, 더 많은 시간을 심층 분석과 고객 상담에 투자할 수 있게 되었다. 딜로이트는 컨설팅 제안서 작성에 AI를 활용하여 제안서 품질을 유지하면서도 작성 시간을 30% 이상 단축했다.

또한 생성형 AI는 다국어 번역과 현지화, 기술 매뉴얼 작성, 법률 문서 검토 등 전문성이 요구되는 문서 작업에서도 큰 효율성 향상을 가져온다. 기존에 며칠이 걸리던 계약서 검토나 규정 준수 확인 작업이 몇 시간 내로 가능해지고 있다.

2. 고객 서비스와 커뮤니케이션 향상

생성형 AI 기반 챗봇과 가상 비서는 고객 응대 방식을 혁신적으로 변화시키고 있다. 기존 규칙 기반 챗봇이 단순 질의응답만 가능했던 것과 달리, 생성형 AI 챗봇은 복잡한 질문도 이해하고 맥락에 맞는 자연스러운 대화를 이어갈 수 있다.

국내 주요 은행과 보험사들은 생성형 AI 챗봇을 도입하여 24시간 고객 상담 서비스를 제공하고 있다. 이를 통해 상담원의 업무 부담을 줄이고, 고객 대기 시간을 최소화하며, 일관된 품질의 오류가 적은 응대 서비스를 제공할 수 있게 되었다. KB국민은행의 경우, AI 챗봇 도입 후 상담 처리 시간이 평균 8분에서 2분으로 단축되었으며, 고객 만족도도 20% 이상 상승했다.

내부 커뮤니케이션에서도 생성형 AI는 회의 요약, 이메일 초안 작성, 내부 지식 검색 등의 기능을 제공하여 정보 공유와 협업을 촉진한다. 마이크로소프트와 같은 기업은 내부 AI 어시스턴트를 통해 직원들의 일상 업무 효율성을 크게 향상시키고 있다.

3. 업무 프로세스 자동화 및 의사결정 지원

생성형 AI는 기존의 RPA(Robotic Process Automation)를 넘어 더욱 지능적인 업무 자동화를 가능하게 한다. 특히 비정형 데이터를 처리하는 복잡한 업무에서 큰 성과를 보인다.

보험사들은 보험금 청구 처리에 생성형 AI를 활용하여 청구서 검토, 손해 평가, 사기 탐지 등의 과정을 자동화하고 있다. 독일의 알리안츠 보험은 AI 시스템을 통해 간단한 보험금 청구의 경우 처리 시간을 3일에서 몇 분으로 단축했다. 의료 분야에서는 환자 기록 정리, 진단 지원, 의약품 처방 검토 등에 생성형 AI를 활용하여 의료진의 업무 효율성을 높이고 있다.

또한 생성형 AI는 복잡한 데이터 분석을 통해 중요한 의사결정을 지원한다. 제조업체는 생산 계획 최적화, 공급망 관리, 품질 관리 등에 AI를 활용하여 비용 절감과 생산성 향상을 이루고 있다. 소매업체는 재고 관리, 가격 최적화, 고객 세분화 등에 AI를 활용하여 매출과 수익성을 높이고 있다.

4. 생성형 AI의 전략적 활용을 위한 가이드라인

생성형 AI를 업무에 효과적으로 도입하기 위해서는 다음의 가이드라인을 고려해야 한다:

1. 명확한 목표 설정: AI 도입의 목적과 기대 효과를 명확히 정의해야 한다. 모든 업무에 AI를 적용하려 하기보다 높은 ROI가 예상되는 특정 영역부터 시작하는 것이 바람직하다.

2. 인간-AI 협업 모델 구축: AI를 인간을 대체하는 도구가 아닌 보완하는 도구로 접근해야 한다. 각 당사자의 강점을 살린 효과적인 협업 모델을 설계하는 것이 가장 효율적이다.

3. 데이터 품질 관리: AI의 성능은 학습 데이터의 품질에 의존한다. 편향(bias)이 적고 대표성이 있는 데이터셋을 구축하는 것이 중요하다.

4. 직원 교육 및 변화 관리: AI 도구를 효과적으로 활용할 수 있도록 직원 교육을 실시하고, 새로운 업무 방식에 대한 저항을 줄이기 위한 변화 관리 전략을 수립해야 한다.

5. 지속적인 성능 모니터링: AI 시스템의 성능을 정기적으로 평가하고 개선하는 프로세스를 구축하는 것이 중요하다. 또한 사용자 피드백을 통해 발견된 문제점을 신속히 해결해야 한다.

생성형 AI의 전략적 활용은 단순한 비용 절감을 넘어 혁신적인 비즈니스 모델과 서비스 창출로 이어질 수 있다. 기업은 이러한 기회를 포착하고 적극적으로 활용하는 전략을 수립해야 할 것이다.

5절 금융권에서 생성형 AI 활용 최신 사례 및 심층분석

금융권은 데이터 기반 의사결정의 중요성과 규제 준수의 필요성 때문에 생성형 AI를 적극적으로 도입하고 있는 대표적인 산업이다. 글로벌 금융기관들은 이미 다양한 영역에서 생성형 AI를 활용하여 혁신적인 성과를 거두고 있다.

1. 투자 분석 및 자산관리 혁신

글로벌 투자은행 JP모건은 생성형 AI 기반 시스템인 '인덱스GPT(IndexGPT)'를 개발하여 투자 분석과 포트폴리오 관리를 혁신하고 있다. 이 시스템은 방대한 금융 데이터를 실시간으로 분석하여 시장 트렌드를 파악하고 투자 기회를 식별한다. 특히 특허 문서, 학술 논문, 소셜 미디어 등 비정형 데이터까지 분석하여 전통적인 분석 방법으로는 발견하기 어려운 인사이트를 제공한다. 이를 통해 시장 예측 정확도가 기존 방식 대비 30% 이상 개선된 것으로 나타났다.

골드만삭스는 생성형 AI를 활용한 맞춤형 자산관리 서비스를 제공하고 있다. 고객의 투자 이력, 위험 선호도, 인생 목표뿐만 아니라 시장 상황까지 종합적으로 분석하여 개인화된 투자 전략을 제안한다. 이러한 접근법은 '대중적 사치품(mass luxury)'으로 여겨지던 프라이빗 뱅킹 서비스를 더 넓은 고객층에게 제공할 수 있게 만들었다.

최근에는 주식시장 심리 분석에도 생성형 AI가 활용되고 있다. 모건스탠리는 생성형 AI를 통해 기업 실적 발표 후 컨퍼런스 콜 내용, 애널리스트 보고서, 소셜 미디어 반응 등을 종합 분석하여 투자자 심리와 주가 방향성을 예측하는 시스템을 개발했다.

2. 고객 경험 혁신과 초개인화 금융 서비스

금융기관들은 생성형 AI를 활용하여 고객 경험을 근본적으로 변화시키고 있다. 대표적인 사례로 뱅크 오브 아메리카의 '에리카(Erica)'가 있다. 에리카는 단순한 챗봇을 넘어 고객의 재정 상태를 분석하고 맞춤형 금융 조언을 제공하는 AI 비서 역할을 한다. 고객의 소비 패턴을 학습하여 절약 기회를 알려주거나, 예상치 못한 비용 증가를 경고하며, 투자 기회를 추천하는 등 종합적인 재정 관리를 지원한다. 이러한 서비스는 고객 참여도와 만족도를 크게 높이는 것으로 나타났다.

국내 금융 기관들도 생성형 AI 도입을 적극적으로 추진하고 있다. KB국민은행은 고급 생성형 AI 기반 챗봇을 도입하여 일상 금융 업무부터 복잡한 금융 상품 안내까지 다양한 고객 문의에 대응하고 있다. 이 시스템은 과거 채팅 기록과 거래 내역을 분석하여 고객의 상황과 니즈를 정확히 파악하고, 그에 맞는 상담을 제공한다. 또한 상담원에게 고객 응대 문구를 실시간으로 추천하여 응대 품질을 향상시키는 기능도 갖추고 있다.

신한카드는 생성형 AI를 활용한 초개인화 마케팅 시스템을 구축했다. 이 시스템은 고객의 카드 사용 패턴, 라이프스타일, 생애주기 등을 분석하여 개인별로 최적화된 혜택과 마케팅 메시지를 제공한다. 예를 들어, 최근 해외여행을 준비 중인 고객에게는 여행 관련 카드 혜택과 환전 서비스를, 육아 관련 소비가 증가한 고객에게는 아동 교육 관련 금융 상품을 추천하는 식이다. 이를 통해 마케팅 효율성이 40% 이상 증가했다고 한다.

3. 리스크 관리와 규제 준수 고도화

금융권의 핵심 역량인 리스크 관리 분야에서도 생성형 AI의 활용이 확대되고 있다. HSBC는 생성형 AI를 활용한 자금세탁 방지(AML) 시스템을 도입하여 의심스러운 거래 탐지 정확도를 높이고 있다. 기존 규칙 기반 시스템이 주로 정형화된 패턴만 식별할 수 있었던 반면, 생성형 AI는 복잡한 거래 네트워크와 행동 패턴을 분석하여 숨겨진 연관성을 발견해낸다. 이를 통해 오탐률(false positive)을 60% 이상 감소시키고, 실제 위험 거래 탐지율은 25% 향상시킨 것으로 보고되었다.

크레딧 스위스는 생성형 AI를 기반으로 한 융합 리스크 관리 플랫폼을 개발했다. 이 플랫폼은 시장 리스크, 신용 리스크, 운영 리스크 등 다양한 리스크 요소를 통합적으로 분석하여 잠재적 위험을 조기에 발견하고 대응책을 제시한다. 특히 뉴스, 소셜 미디어, 시장 데이터 등을 실시간으로 모니터링하여 신흥 리스크(emerging risk)를 식별하는 기능이 주목받고 있다.

규제 준수(Compliance) 분야에서도 생성형 AI가 중요한 역할을 하고 있다. 글로벌 금융 규제가 점차 복잡해지고 빈번하게 변화함에 따라, 규제 변화를 신속하게 파악하고 내부 정책에 반영하는 것이 중요해졌다. 시티그룹은 생성형 AI를 활용하여 전 세계 금융 규제 문서를 자동으로 분석하고, 은행 업무에 미치는 영향을 평가하며, 필요한 대응 조치를 추천하는 시스템을 구축했다. 이를 통해 규제 대응 시간을 75% 단축하고, 위반 리스크를 크게 감소시켰다.

4. 보험 및 대출 심사 프로세스 혁신

보험 업계에서는 생성형 AI를 활용한 인수심사(Underwriting) 및 청구 처리 자동화가 확산되고 있다. 알리안츠와 AXA와 같은 글로벌 보험사들은 생성형 AI를 도입하여 보험금 청구 처리 시간을 대폭 단축했다. AI는 청구서, 의료

3기록, 사고 보고서 등의 문서를 분석하여 청구의 타당성을 평가하고, 사기 가능성을 탐지하며, 보상금 산정을 지원한다.

국내 보험사인 삼성생명과 교보생명도 생성형 AI를 기반으로 한 인수심사 시스템을 구축하고 있다. 이 시스템은 지원자의 건강 정보, 의료 기록, 생활 습관 데이터 등을 종합 분석하여 위험을 평가하고 맞춤형 보험료를 산정한다. 또한 고객 응대 과정에서 얻은 정보를 실시간으로 분석하여 고객에게 적합한 보험 상품을 추천하는 기능도 갖추고 있다.

대출 심사 분야에서도 생성형 AI의 활용이 확대되고 있다. 미국의 업스타트(Upstart)는 생성형 AI를 활용한 대출 심사 시스템을 통해 FICO 점수 같은 전통적인 신용 평가 지표로는 파악하기 어려운 대출자의 신용도를 평가한다. AI는 교육, 학력, 직업 경력, 과거 금융 행동 등 다양한 요소를 분석하여 더 정확한 채무 불이행 위험을 예측한다. 이를 통해 기존 방식보다 승인율을 27% 높이고, 금리를 평균 16% 낮추는 성과를 거두었다고 한다.

금융권에서 생성형 AI의 활용은 앞으로 더욱 확대될 전망이다. 특히 데이터 분석 능력과 자연어 이해 능력이 결합된 생성형 AI는 금융 서비스의 개인화, 효율화, 위험 관리 고도화에 큰 기여를 할 것으로 예상된다.

6절 생성형 AI 활용 시 고려사항

기업은 생성형 AI를 효과적으로 도입하고 활용하기 위해서는 다양한 측면을 고려해야 한다. AI 도입 과정에서 직면할 수 있는 도전 과제와 그 해결 방안을 살펴보자.

1. 명확한 비즈니스 목표와 우선순위 설정

생성형 AI 도입의 첫 단계는 명확한 비즈니스 목표를 설정하는 것이다. 'AI를 도입해야 한다'는 막연한 생각이 아니라, 구체적으로 어떤 문제를 해결하고 어떤 가치를 창출하고자 하는지 명확히 해야 한다. AI 도입을 통해 기대할 수 있는 효과로는 비용 절감, 생산성 향상, 고객 경험 개선, 리스크 관리 강화, 새로운 수익원 창출 등이 있다.

모든 영역에 동시에 AI를 적용하려 하기보다는 투자 대비 효과(ROI)가 높은 영역부터 단계적으로 도입하는 전략이 효과적이다. 초기에는 데이터 분석 및 인사이트 도출, 내부 문서 작성 자동화, 고객 응대 보조 등 상대적으로 위험이 낮고 성과가 명확한 영역부터 시작하는 것이 좋다. 성공 사례가 축적되면 점차 핵심 업무 영역으로 확장해 나갈 수 있다.

2. 데이터 품질 관리와 시스템 통합

생성형 AI의 성능은 학습 및 활용되는 데이터의 품질에 직접적인 영향을 받는다. 금융기관은 AI 도입에 앞서 내부 데이터의 품질을 점검하고 개선하는 작업을 선행해야 한다. 주요 고려사항으로는 데이터의 정확성, 완전성, 일관성, 최신성이 있다.

또한 조직 내 데이터 사일로(Silo) 문제를 해결하는 것도 중요하다. 부서별로 분산된 데이터를 통합하고 표준화하여 AI가 종합적인 분석을 수행할 수 있는 기반을 마련해야 한다. 이를 위해 데이터 거버넌스 체계를 구축하고, 데이터 관리 책임자(CDO)를 임명하여 조직 전반의 데이터 품질을 관리하는 것이 바람직하다.

기존 시스템과의 통합 역시 중요한 과제다. 생성형 AI가 기존의 핵심 뱅킹 시스템, CRM 시스템, 리스크 관리 시스템 등과 원활하게 연동되어야 실질적인 가치를 창출할 수 있다. API 기반의 유연한 아키텍처를 구축하여 새로운 AI 기능을 기존 시스템에 쉽게 통합할 수 있는 환경을 조성해야 한다.

3. 신뢰성과 설명 가능성 확보

기업은 의사결정의 투명성과 설명 가능성이 특히 중요하다. 생성형 AI의 '블랙박스' 특성은 때때로 결과의 신뢰성과 설명 가능성에 의문을 제기하게 만든다. 이는 규제 준수와 고객 신뢰 측면에서 주요 과제가 된다.

이 문제를 해결하기 위해 기업은 AI 모델의 투명성을 높이는 방안을 모색해야 한다. 설명 가능한 AI(XAI) 기법을 도입하여 AI의 의사결정 과정을 추적하고 해석할 수 있는 체계를 구축해야 한다. 또한 AI의 출력 결과를 최종 결정으로 바로 적용하기보다는 인간 전문가의 검토와 승인을 거치는 'Human-in-the-loop' 접근법을 채택하는 것이 바람직하다.

생성형 AI의 정보 생성 오류 문제도 금융권에서는 특히 중요하게 다뤄야 한다. AI가 사실이 아닌 정보를 만들어내거나 근거 없는 주장을 제시할 경우, 이것이 의사결정에 잘못 활용될 수 있기 때문이다. 이를 방지하기 위해 AI 출력물의 사실 확인(fact-checking) 프로세스를 마련하고, 중요한 정보는 반드시 신뢰할 수 있는 출처와 대조하는 습관을 갖추어야 한다.

4. 내부 역량 강화 및 조직 문화 조성

생성형 AI의 성공적인 도입을 위해서는 기술적 측면뿐 아니라 조직적 측면도 중요하다. 직원들이 AI 기술을 이해하고 효과적으로 활용할 수 있도록 교육 프로그램을 마련해야 한다. 이는 단순한 도구 사용법 교육을 넘어, AI와 효과적으로 협업하는 방법, AI 결과물을 비판적으로 평가하는 방법 등을 포함해야 한다.

조직 내 AI 전문인력 확보도 중요한 과제다. 데이터 과학자, AI 엔지니어뿐 아니라 비즈니스와 AI를 연결할 수 있는 '번역가' 역할의 인재가 필요하다. 이들은 비즈니스 문제를 AI 솔루션으로 변환하고, AI 결과물을 비즈니스 관점에서 해석하는 역할을 담당한다.

조직 문화 측면에서는 AI를 위협이 아닌 협력 도구로 인식하는 분위기를 조성하는 것이 중요하다. 경영진의 명확한 비전과 지원, 초기 성공 사례의 공유, 혁신을 장려하는 보상 체계 등을 통해 AI 수용성을 높일 수 있다. 또한 AI 도입으로 인한 업무 변화에 대응할 수 있도록 직원들의 역할을 재정의하고, 필요한 재교육 기회를 제공해야 한다.

5. 법적·윤리적 이슈 관리

기업에서 생성형 AI를 활용할 때는 다양한 법적·윤리적 이슈를 고려해야 한다. 개인정보보호, 알고리즘 공정성, 책임 소재, 지적재산권 등이 주요 이슈이다.

개인정보보호 측면에서는 AI 학습 및 운영 과정에서 고객 데이터를 적절히 보호하고, 관련 법규(GDPR, 개인정보보호법 등)를 준수해야 한다. 가능한 경우 데이터 익명화, 가명화 기법을 적용하고, 데이터 최소화 원칙을 준수하는 것이 바람직하다.

알고리즘 공정성 측면에서는 AI 모델이 특정 집단에 불리한 결정을 내리지 않도록 편향성을 지속적으로 모니터링하고 관리해야 한다. 성별, 연령, 지역 등에 따른 불공정한 대출 심사나 보험료 책정이 발생하지 않도록 주의해야 한다.

책임 소재 측면에서는 AI의 결정으로 인한 문제 발생 시 책임 귀속을 명확히 해야 한다. AI 시스템의 개발자, 운영자, 사용자 간의 책임 분담 체계를 마련하고, 필요한 보험이나 법적 보호 장치를 검토해야 한다.

금융기관은 이러한 법적·윤리적 이슈를 체계적으로 관리하기 위해 AI 윤리 가이드라인과 거버넌스 체계를 구축하는 것이 바람직하다. 독립적인 AI 윤리 위원회를 설립하여 주요 AI 프로젝트의 윤리적 영향을 평가하고, 위험 완화 방안을 제시하는 역할을 부여할 수 있다.

생성형 AI는 금융기관에 큰 혁신 기회를 제공하지만, 이러한 다양한 고려사항을 균형 있게 관리할 때 지속 가능한 가치를 창출할 수 있을 것이다.

7절 생성형 AI 고유의 윤리적 고려사항

생성형 AI가 가진 독특한 특성은 기존 AI 시스템과는 다른 윤리적 문제를 야기한다. 특히 금융권과 같이 신뢰와 정확성이 중요한 산업에서는 이러한 윤리적 이슈를 심도 있게 다루어야 한다.

1. 데이터 편향성과 공정성 문제

생성형 AI는 학습 데이터에 내재된 편향성을 그대로 반영하거나 때로는 증폭

시키는 경향이 있다. 금융 데이터에는 역사적, 사회적 불평등이 반영되어 있을 수 있으며, 이를 학습한 AI는 특정 집단에 대한 차별적 결정을 내릴 위험이 있다.

예를 들어, 과거 데이터에서 특정 인종이나 성별에 대한 대출 거절 비율이 높았다면, AI는 이를 정당한 패턴으로 학습하여 유사한 차별을 재생산할 수 있다. 또한 데이터가 부족한 소수 집단(예: 신용거래 이력이 적은 청년층, 이민자 등)에 대해서는 정확한 평가가 어려울 수 있다.

이러한 문제를 해결하기 위해서는 다음과 같은 접근이 필요하다:

다양하고 균형 잡힌 학습 데이터 확보: 다양한 인구통계학적 특성을 반영한 데이터셋을 구축하고, 필요시 언더샘플링·오버샘플링 기법을 활용하여 데이터 불균형을 조정한다.

정기적인 편향성 감사: AI 모델의 결정이 다양한 집단에 미치는 영향을 정기적으로 분석하고, 불공정한 패턴이 발견될 경우 즉시 수정 조치를 취한다.

공정성 제약조건 도입: 모델 학습 과정에서 공정성 관련 제약조건을 명시적으로 포함시켜, 특정 보호 속성(성별, 인종 등)에 따른 결정 차이를 최소화한다.

인적 검토 시스템 구축: 특히 불리한 결정(대출 거절, 보험료 인상 등)에 대해서는 인간 전문가의 검토 과정을 거치도록 하여 AI의 편향성을 교정한다.

2. 생성 콘텐츠의 정확성과 책임성

생성형 AI는 매우 그럴듯한 내용을 생성할 수 있지만, 종종 사실과 다른 정보(할루시네이션)를 만들어내기도 한다. 금융 영역에서 부정확한 정보는 심각한 결과를 초래할 수 있으므로 특별한 주의가 필요하다.

예를 들어, AI가 고객에게 잘못된 투자 조언을 제공하거나, 부정확한 보험 약관을 설명하거나, 존재하지 않는 금융 상품의 세부 사항을 생성할 가능성이 있다. 이러한 오류는 고객의 재정적 손실뿐만 아니라 금융기관의 평판 손상과 법적 책임까지 야기할 수 있다.

이 문제에 대응하기 위해서는 체계적인 접근이 필요하다. 기업은 다음과 같은 방안을 고려해야 한다.

첫째, 사실 확인 메커니즘을 구축해야 한다. AI가 생성한 내용을 검증 가능한 사실과 대조하는 시스템을 마련하여 정확성을 보장해야 한다. 특히 중요한 정보는 공식 출처와 교차 검증하는 과정이 필수적이다.

둘째, 신뢰도 표시 체계를 도입해야 한다. AI가 제공하는 정보에 신뢰도 수준을 명시함으로써, 사용자가 해당 정보의 확실성 정도를 스스로 판단할 수 있도록 지원해야 한다.

셋째, 책임 소재를 명확히 해야 한다. AI가 생성한 콘텐츠에 대한 최종 책임이 누구에게 있는지 분명하게 정의하고, 이러한 책임 구조를 이해관계자들에게 투명하게 공개하는 것이 중요하다.

넷째, 정기적인 콘텐츠 품질 관리를 실시해야 한다. AI가 생성한 콘텐츠를 주기적으로 샘플링하여 정확성과 적절성을 평가하고, 발견된 문제점을 바탕으로 모델을 지속적으로 개선하는 프로세스를 구축해야 한다.

3. 디지털 사기와 신원 도용 위험

생성형 AI의 발전은 디지털 사기와 신원 도용의 위험을 증가시킨다. 특히 딥페이크(Deepfake) 기술을 활용한 음성 및 영상 조작은 금융사기의 새로운 수단이 되고 있다.

사기범들은 AI를 사용하여 은행 CEO의 목소리를 모방한 음성으로 직원에게 긴급 송금을 지시하거나, 고객 서비스 담당자를 흉내 내어 개인정보를 탈취하는 시도를 할 수 있다. 또한 AI로 생성된 허구의 신원 정보와 서류로 금융 시스템에 접근하려는 시도도 증가하고 있다. 이러한 위험에 대응하기 위해서는 다층적인 보안 전략이 필요하다. 기업은 다음과 같은 방안을 실행해야 한다.

첫째, 다중 인증 체계를 강화해야 한다. 음성이나 영상만으로는 완전한 신원 확인이 이루어지지 않도록 여러 요소를 결합한 다중 인증 시스템을 구축하는 것이 중요하다.

둘째, 첨단 탐지 기술을 도입해야 한다. 인공지능이 생성한 가짜 콘텐츠를 식별할 수 있는 첨단 탐지 기술을 적극 도입하여 위조된 신원 정보를 사전에 차단해야 한다.

셋째, 직원 및 고객의 인식을 높여야 한다. 새롭게 등장하는 AI 기반 사기 수법에 대해 직원과 고객을 지속적으로 교육하고, 의심스러운 징후를 빠르게 인지할 수 있는 능력을 배양해야 한다.

넷째, 보안 프로토콜을 강화해야 한다. 특히 대규모 자금 이체나 중요한 계정 변경과 같은 고위험 거래에 대해서는 추가적인 보안 장치를 마련하여 위험을 최소화해야 한다.

4. AI 윤리 거버넌스 체계 구축

생성형 AI의 다양한 윤리적 문제를 체계적으로 관리하기 위해서는 종합적인 AI 윤리 거버넌스 체계가 필수적이다. 이는 단순한 지침이나 가이드라인을 넘어 조직 전반에 걸친 책임 체계와 구체적인 실행 프로세스를 포함해야 한다.

효과적인 AI 윤리 거버넌스 체계를 구축하기 위해서는 다음과 같은 핵심 요소를 고려해야 한다.

첫째, 명확한 AI 윤리 원칙을 수립해야 한다. 조직의 핵심 가치와 산업의 특성을 반영한 구체적인 AI 윤리 원칙을 정립하여 모든 AI 개발 및 활용의 기준으로 삼아야 한다.

둘째, 체계적인 윤리 영향 평가를 시행해야 한다. 새로운 AI 시스템을 도입하기 전에 잠재적 윤리적 영향을 평가하는 공식적인 프로세스를 확립하여 위험을 사전에 식별하고 관리해야 한다.

셋째, 독립적인 전문가 자문 체계를 구축해야 한다. 다양한 배경과 전문성을 갖춘 전문가로 구성된 윤리 자문 그룹을 설립하여 주요 결정과 정책에 대한 균형 잡힌 시각을 제공받아야 한다.

넷째, 투명한 정보 공개 체계를 마련해야 한다. AI 시스템의 용도, 한계, 잠재적 위험 등에 대해 이해관계자들에게 명확하고 투명하게 공개하는 체계를 구축해야 한다.

다섯째, 지속적인 모니터링과 개선 프로세스를 확립해야 한다. AI 시스템의 윤리적 영향을 지속적으로 관찰하고, 문제가 발견될 경우 신속하게 개선할 수 있는 체계를 갖추어야 한다.

기업은 이러한 윤리적 고려사항을 비즈니스 전략과 기술 개발의 핵심에 위치시켜야 한다. 윤리적으로 건전한 AI 시스템을 구축하는 데는 단기적으로 추가 비용이 발생할 수 있으나, 장기적으로는 고객 신뢰 강화와 규제 리스크 감소를 통해 지속 가능한 경쟁 우위를 확보할 수 있을 것이다.

8절 생성형 AI 기술의 미래

생성형 AI 기술은 빠른 속도로 발전하고 있으며, 앞으로 다양한 산업에 더욱 혁신적인 변화를 가져올 것으로 예상된다. 이러한 기술의 진화는 기업 운영 방식, 고객 경험, 가치 창출 메커니즘에 근본적인 변화를 일으킬 잠재력을 가지고 있다. 기술적 진화와 비즈니스 모델의 변화를 중심으로 미래 전망을 살펴보자.

1. 기술적 진화 방향과 혁신 가능성

생성형 AI는 다음과 같은 방향으로 기술적 발전이 이루어질 것으로 예상된다. 이러한 기술적 발전은 기존에 불가능했던 새로운 응용 분야를 열고, 산업 전반에 걸쳐 혁신적인 변화를 촉진할 것이다.

1) 멀티모달 AI의 고도화

텍스트, 이미지, 음성, 비디오 등 다양한 데이터 형식을 통합적으로 이해하고 생성하는 멀티모달 AI의 발전이 가속화될 것이다. 금융권에서는 이를 통해 고객의 표정, 목소리, 행동 패턴 등을 종합적으로 분석하여 더 정확한 고객 이해와 서비스 개인화가 가능해질 것이다. 예를 들어, 대면 상담 시 고객의 감정 상태를 실시간으로 분석하여 상담원에게 제안을 제공하거나, 전화 상담 중 음성 톤 변화를 통해 사기 징후를 탐지하는 등의 응용이 확대될 것이다.

2) 자율적 AI 에이전트의 등장

단순히 명령에 반응하는 수준을 넘어, 스스로 목표를 설정하고 계획을 수립하며 실행하는 자율적 AI 에이전트가 등장할 것이다. 금융권에서는 이를 통해 복잡한 투자 전략 수립, 리스크 관리, 재무 계획 수립 등을 자동화할 수 있을 것이다. 예를 들어, AI 재무 관리사가 고객의 금융 목표를 이해하고, 시장 상황을 모니터링하며, 최적의 포트폴리오 조정을 자동으로 실행하는 서비스가 가능해질 것이다.

3) 소규모 특화 모델의 부상

현재의 대규모 범용 모델과 함께, 특정 금융 업무에 최적화된 소규모 특화 모델이 증가할 것이다. 예를 들어, 모기지 승인 전문 AI, 주식 시장 분석 특화 AI, 보험 언더라이팅 전문 AI 등이 등장하여 각 영역에서 더 정확하고 효율적인 성능을 제공할 것이다. 이는 계산 비용 절감과 특정 도메인에 대한 깊은 전문성 확보에 기여할 것이다.

4) 온디바이스 AI의 확산

클라우드에 의존하지 않고 사용자 기기에서 직접 실행되는 온디바이스 AI가 발전할 것이다. 이는 개인정보 보호 강화, 네트워크 지연 감소, 오프라인 사용 가능성 등의 장점을 제공한다. 앱에 내장된 AI가 사용자의 데이터를 기기 내에서 분석하고, 개인 정보를 외부로 전송하지 않으면서도 맞춤형 조언을 제공하는 형태로 발전할 것이다.

5) 인간-AI 협업 인터페이스의 발전

AI와 인간 사용자 간의 상호작용을 더욱 자연스럽고 효과적으로 만드는 인터페이스가 발전할 것이다. 전문가들이 AI와 협업하여 복잡한 문제를 해결하는 과정이 더욱 원활해질 것이며, 이는 업무 생산성과 의사결정 품질을 크게 향상시킬 것이다.

2. 생성형 AI가 가져올 산업 전반의 비즈니스 모델 혁신

생성형 AI의 발전은 다양한 산업의 비즈니스 모델에 근본적인 변화를 가져올 것이다. 이러한 변화는 고객 경험을 향상시키고, 운영 효율성을 높이며, 새로운 가치 창출 방식을 가능하게 할 것이다. 생성형 AI는 단순한 기술적 도구를 넘어 기업의 전략과 비즈니스 모델을 재정의하는 핵심 동인이 될 것으로 예상된다. 주요 혁신 방향은 다음과 같다.

1) 초개인화된 서비스의 보편화

생성형 AI는 개인의 행동 패턴, 선호도, 심리적 특성, 생애 단계 등을 종합적으로 분석하여 완전히 개인화된 서비스를 제공할 것이다. 기존의 고객 세그먼트 기반 서비스에서 진정한 1:1 맞춤형 서비스 모델로 전환될 것이다. 이러한 초개인화는 고객 만족도와 충성도를 높이는 동시에, 기업에게는 차별화된 가치 제안과 프리미엄 가격 책정의 기회를 제공할 것이다. 다양한 산업에서의 적용 사례는 다음과 같다.

- 의료 분야: 환자의 유전적 정보, 생활 습관, 의료 기록을 종합 분석하여 개인별 맞춤형 치료 계획과 예방 프로그램을 설계
- 교육 분야: 학습자의 인지 스타일, 학습 속도, 관심사에 따라 개인화된 커리큘럼과 학습 자료를 제공
- 소매업: 소비자의 선호도, 구매 이력, 행동 패턴에 기반한 맞춤형 제품 추천과 쇼핑 경험 제공
- 금융 서비스: 고객의 재정 상황, 위험 선호도, 생애 목표에 맞춘 개인화된 투자 전략과 금융 상품 설계

이러한 초개인화 서비스는 고객 만족도와 충성도를 높이는 동시에, 기업에게는 프리미엄 가격 책정과 경쟁 우위 확보의 기회를 제공할 것이다.

2) 서비스의 원활한 통합과 경계 희석

생성형 AI는 다양한 서비스와 제품이 일상생활에 자연스럽게 통합되는 '임베디드(Embedded)' 비즈니스 모델을 가속화할 것이다. 이는 산업 간 경계를 흐리게 하고, 고객 여정 전반에 걸친 통합적 경험을 창출할 것이다. 이러한 변화는 소비자에게 더 편리하고 맞춤화된 경험을 제공하는 동시에, 기업에게는 새로운 수익 모델과 협력 기회를 열어줄 것이다. 주요 통합 사례는 다음과 같다.

- 리테일 + 금융: 쇼핑 과정에서 AI가 최적의 결제 방식, 할부 옵션, 보험 추가 등을 자동으로 제안
- 헬스케어 + 식품: 웨어러블 기기가 수집한 건강 데이터에 기반하여 AI가 영양 요구에 맞는 식단을 추천하고 식료품 배달 서비스와 연계
- 엔터테인먼트 + 교육: 사용자의 관심사와 학습 목표에 맞춰 교육적 콘텐츠와 엔터테인먼트를 결합한 맞춤형 경험 제공
- 교통 + 업무: 이동 시간 동안 AI가 업무 우선순위를 분석하여 가장 효율적인 작업을 추천하고 필요한 자료 준비

이러한 통합은 소비자에게 더 편리하고 가치 있는 경험을 제공하며, 기업에게는 새로운 수익 모델과 고객 접점 확대 기회를 창출할 것이다.

3) 지식 접근성과 교육의 민주화

생성형 AI는 복잡한 개념과 정보를 사용자의 지식 수준, 학습 스타일, 문화적

배경에 맞게 설명하는 능력을 통해 교육과 정보 접근성을 혁신적으로 개선할 것이다. 이는 지식의 장벽을 낮추고 누구나 필요한 정보와 교육에 접근할 수 있는 환경을 조성함으로써, 교육의 질적 격차를 줄이고 평생학습 사회의 기반을 강화할 것이다. 예상되는 주요 적용 사례는 다음과 같다.

- 맞춤형 학습 경험: 학습자의 이해도와 진도에 따라 실시간으로 난이도와 내용을 조정하는 AI 튜터
- 언어 장벽 해소: 실시간 번역과 문화적 맥락을 고려한 콘텐츠 현지화를 통해 전 세계 정보에 대한 접근성 향상
- 전문 지식의 대중화: 법률, 의학, 금융과 같은 전문 분야의 지식을 일반인이 이해하기 쉽게 설명하고 적용
- 포용적 설계: 다양한 장애와 학습 차이를 가진 사람들을 위한 맞춤형 콘텐츠와 인터페이스 제공

이러한 변화는 교육 산업뿐만 아니라 모든 기업이 고객 교육과 임직원 역량 개발을 위한 접근 방식을 근본적으로 변화시킬 것이다.

4) 예측적 위험 관리와 의사결정 최적화

생성형 AI는 전통적인 위험 관리와 의사결정 접근법을 근본적으로 변화시킬 것이다. 과거 데이터에 기반한 사후 대응적 접근에서, 다양한 미래 시나리오를 생성하고 시뮬레이션하는 선제적 접근으로 전환될 것이다. 예상되는 주요 적용 사례는 다음과 같다.

- 공급망 관리: AI가 다양한 지정학적, 기후적, 경제적 시나리오를 시뮬레이션하여 잠재적 병목 현상과 중단 위험을 사전에 식별

- 제품 개발: 수천 가지 설계 옵션과 사용 시나리오를 가상으로 테스트하여 최적의 제품 설계 도출
- 자원 계획: 인력, 재료, 장비 요구사항을 정확히 예측하고 최적의 자원 할당 전략 수립
- 시장 전략: 다양한 마케팅 접근법, 가격 전략, 출시 타이밍의 효과를 시뮬레이션하여 최적의 조합 도출

이러한 발전은 기업의 회복탄력성(resilience)을 높이고, 자원 활용을 최적화하며, 기회를 더 효과적으로 포착할 수 있게 할 것이다.

5) 혁신적 제품과 서비스의 등장

생성형 AI는 완전히 새로운 형태의 제품과 서비스를 가능하게 할 것이다. 기존의 표준화된 제품에서 벗어나 고도로 맞춤화되고 적응형 솔루션이 등장할 것이다. 예상되는 주요 적용 사례는 다음과 같다.

- 적응형 소프트웨어: 사용자의 행동 패턴과 선호도에 따라 인터페이스와 기능이 자동으로 진화하는 소프트웨어
- 동적 콘텐츠: 사용자의 관심사, 감정 상태, 환경에 따라 실시간으로 조정되는 엔터테인먼트와 미디어
- 스마트 제조: 개별 고객의 요구사항에 맞춘 매스 커스터마이제이션(mass customization)을 위한 유연한 생산 시스템
- 예측적 서비스: 문제가 발생하기 전에 예측하고 선제적으로 해결책을 제공하는 지능형 서비스 모델

이러한 혁신은 고객 가치 제안을 강화하고, 진입 장벽을 높이며, 새로운 수익 모델을 창출할 것이다.

3. 산업 생태계의 재편과 경쟁 구도 변화

생성형 AI의 발전은 다양한 산업 생태계와 경쟁 구도에 중대한 변화를 가져올 것이다. 이러한 변화는 기존 시장 구조를 근본적으로 재편하고, 가치 창출 및 확보 방식의 혁신을 요구할 것이다. 예상되는 주요 변화는 다음과 같다.

1) 기업 역할의 재정의

많은 기업들이 전통적인 제품·서비스 제공자에서 지능형 플랫폼과 생태계 조성자로 역할이 재정의될 것이다. 이는 수익 모델, 핵심 역량, 고객 관계 등 비즈니스의 근본적 요소들에 대한 재고를 요구하며, 전략적 포지셔닝의 변화를 가져올 것이다. 주요 산업별 역할 변화의 양상은 다음과 같다.

- 제조업체: 단순 제품 판매에서 제품 사용 데이터를 활용한 지속적 가치 제공 모델로 전환
- 미디어 기업: 콘텐츠 제작자에서 개인화된 창의적 경험을 큐레이션하는 플랫폼으로 진화
- 소매업체: 상품 판매자에서 고객의 종합적인 라이프스타일 니즈를 충족시키는 생태계 조성자로 변화
- B2B 기업: 솔루션 공급자에서 고객 비즈니스의 전략적 파트너이자 혁신 조력자로 진화

이러한 역할 변화는 비즈니스 모델, 수익원, 필요 역량 등 기업 전략의 근본적인 재고를 요구할 것이다.

2) 기술 기반 신규 진입자의 등장

생성형 AI는 기술 기반 신규 진입자들이 다양한 산업에 진출하는 장벽을 낮출 것이다. 특히 방대한 데이터와 우수한 AI 역량을 보유한 기업들의 산업 경계 확장이 두드러질 것이다. 이러한 현상은 기존 산업 구조를 재편하고 새로운 경쟁 패러다임을 형성할 것으로 예상된다. 주요 변화 양상은 다음과 같다.

- 빅테크 기업: 구글, 아마존, 마이크로소프트와 같은 기업들이 AI 기반 솔루션으로 의료, 금융, 교육 등 다양한 분야에 진출
- 특화 AI 스타트업: 특정 도메인에 전문화된 AI 스타트업이 기존 시장을 교란하는 혁신적 솔루션 제공
- 산업 간 교차 진입: 한 산업에서 축적한 AI 역량과 데이터를 활용해 다른 산업으로 진출하는 기업 증가
- 글로벌 경쟁 심화: AI 기술의 국경 간 이동성으로 인해 지리적 장벽이 낮아지고 글로벌 경쟁이 심화

이러한 변화는 기존 기업들에게 도전이 되지만, 동시에 혁신적인 협력과 파트너십의 기회를 제공하기도 할 것이다.

3) 기존 기업의 대응 전략

급변하는 환경에서 기존 기업들은 다음과 같은 전략적 접근을 통해 경쟁력을 유지하고 강화해야 할 것이다. 생성형 AI 시대에 성공적으로 적응하기 위해서는 기술 도입을 넘어 비즈니스 모델, 조직 문화, 인재 전략 등을 포괄하는 종합적인 변혁이 필요하다. 기존 기업들이 고려해야 할 핵심 대응 전략은 다음과 같다.

- 기술 역량 강화: AI 기술 내재화와 데이터 활용 능력 향상을 위한 투자 확대
- 민첩한 조직 구조: 빠른 실험과 학습, 신속한 의사결정을 가능하게 하는 조직 문화와 프로세스 구축
- 전략적 파트너십: AI 전문 기업, 스타트업, 학계와의 협력을 통한 혁신 가속화
- 핵심 차별화 요소 재정의: 기술만으로는 지속 불가능한 경쟁 우위를 위해 독특한 산업 지식, 고객 관계, 브랜드 신뢰 등 고유 자산 강화

성공적인 기업은 AI 기술 도입과 함께 비즈니스 모델, 조직 구조, 인재 전략 등을 포괄하는 종합적인 변혁을 추진할 것이다.

4) 규제 환경의 진화

생성형 AI의 발전에 따라 다양한 산업에서 규제 환경이 빠르게 변화할 것이다. 이러한 규제 변화는 기업에게 도전이 될 수 있지만, 동시에 책임 있는 AI 활용을 통한 신뢰 구축과 지속가능한 혁신의 기회를 제공할 것이다. 생성형 AI 시대의 주요 규제 트렌드는 다음과 같다.

- AI 윤리와 책임: 알고리즘 투명성, AI 의사결정의 설명 가능성, 공정성에 관한 새로운 규제 등장
- 데이터 거버넌스: 개인정보 보호, 데이터 활용 동의, 데이터 주권에 관한 규제 강화
- 산업별 규제 적응: 의료, 금융, 운송 등 고도로 규제된 산업에서 AI 활용에 관한 특화된 규제 체계 발전
- 국제 표준화 노력: 국가 간 AI 규제의 조화와 글로벌 표준 수립을 위한 협력 강화

기업들은 이러한 규제 변화를 단순한 준수 의무가 아닌 책임 있는 AI 활용을 통한 경쟁 우위 확보의 기회로 접근해야 할 것이다.

4. 지속 가능성과 사회적 가치 창출

생성형 AI는 기업의 지속 가능성과 사회적 가치 창출에도 중요한 역할을 할 것이다. 기술 혁신이 사회적 책임과 만나는 지점에서 생성형 AI는 기업이 경제적 성과와 사회적 가치를 동시에 추구할 수 있는 새로운 가능성을 열어줄 것이다

1) ESG 성과 관리 고도화

생성형 AI는 환경(Environmental), 사회(Social), 지배구조(Governance) 측면의 성과를 더욱 정교하게 측정하고 관리하는 능력을 제공할 것이다. 이를 통해 기업은 지속가능성을 전략적 우선순위로 통합하고 다양한 이해관계자의 기대에 효과적으로 부응할 수 있게 될 것이다. 주요 적용 영역은 다음과 같다.

- 데이터 통합 분석: 지속가능성 보고서, 뉴스 기사, 소셜 미디어, 위성 이미지 등 다양한 데이터 소스를 통합하여 종합적인 ESG 평가
- 공급망 투명성: 전체 공급망에 걸친 환경적, 사회적 영향을 추적하고 개선 기회 식별
- 영향 시뮬레이션: 다양한 비즈니스 결정이 환경과 사회에 미치는 영향을 사전에 시뮬레이션하여 최적의 방안 선택
- 이해관계자 소통: ESG 성과를 다양한 이해관계자에게 효과적으로 전달하기 위한 맞춤형 커뮤니케이션 전략 개발

이러한 발전은 기업이 지속 가능성을 전략적 우선순위로 통합하고 실질적인 진전을 이루는 데 기여할 것이다.

2) 포용적 접근성 확대

생성형 AI는 다양한 장벽으로 인해 핵심 서비스에 접근하지 못했던 사람들에게 새로운 기회를 제공할 것이다. 이러한 기술의 민주화는 사회적 포용성을 높이고 서비스 접근성의 격차를 줄이는 데 크게 기여할 것이다. 포용적 접근성 확대를 위한 생성형 AI의 활용 방안은 다음과 같다.

- 언어적, 문화적 장벽 해소: 다국어 지원과 문화적 맥락을 고려한 서비스 제공으로 글로벌 접근성 향상
- 대안적 평가 모델: 전통적인 자격 평가 시스템에서 소외되었던 계층을 위한 새로운 평가 방식 개발
- 접근성 향상 설계: 다양한 장애를 가진 사용자를 위한 맞춤형 인터페이스와 상호작용 방식 제공
- 저비용 솔루션: 고품질 서비스를 비용 효율적으로 제공하여 경제적 장벽 완화

이러한 접근은 기업의 고객 기반을 확대하는 동시에, 사회적 형평성 향상에 기여하는 윈-윈 전략이 될 수 있다.

3) 개인과 조직의 웰빙 증진

생성형 AI는 개인과 조직의 전반적인 웰빙을 증진하는 도구로 발전할 것이다. 단순한 생산성 향상을 넘어 삶과 일의 질적 측면을 개선하는 데 기여함으로

써, 지속 가능한 성장과 만족도 향상을 동시에 이룰 수 있는 가능성을 제시한다. 웰빙 증진을 위한 생성형 AI의 주요 적용 영역은 다음과 같다.

- 개인화된 웰빙 관리: 개인의 신체적, 정신적, 재정적 상태를 종합적으로 분석하여 맞춤형 웰빙 전략 제시
- 업무 환경 최적화: 직원의 업무 패턴, 스트레스 수준, 소통 방식을 분석하여 최적의 업무 환경 조성
- 균형 잡힌 의사결정: 단기적 성과와 장기적 웰빙 사이의 균형을 고려한 의사결정 지원
- 공동체 연결: 유사한 목표와 관심사를 가진 개인들을 연결하여 상호 지원 네트워크 형성

이러한 접근은 생산성 향상과 함께 개인 만족도, 조직 충성도, 사회적 연대감을 높이는 데 기여할 것이다.

생성형 AI의 미래는 단순한 기술 진화를 넘어 비즈니스와 사회의 근본적인 변화를 이끌 것이다. 이 과정에서 기업들은 기술 혁신과 인간적 가치, 효율성과 윤리성, 개인화와 개인정보보호 사이의 균형을 찾는 것이 중요한 과제가 될 것이다. 생성형 AI와 빅데이터의 융합은 전례 없는 혁신 기회를 제공하지만, 이 기회를 책임감 있게 활용하는 것이 지속 가능한 성공의 핵심이 될 것이다.

본 장에서는 생성형 AI의 이해와 역사적 배경부터 시작하여 핵심 기술과 원리, 빅데이터 분석에의 활용, 업무 생산성 향상 사례, 산업별 활용 사례, 도입 가이드라인, 윤리적 고려사항, 그리고 미래 전망에 이르기까지 생성형 AI와 빅데이터의 융합이 가져오는 변화를 종합적으로 살펴보았다.

생성형 AI는 2017년 구글이 발표한 트랜스포머 모델을 기점으로 비약적인

발전을 이루어왔다. 현재는 ChatGPT, Claude, Gemini 등의 모델이 등장하며 대중화 단계에 접어들었으며, 이들은 텍스트 생성을 넘어 다양한 형태의 콘텐츠를 창출할 수 있는 능력을 갖추고 있다. 이러한 생성형 AI의 핵심에는 대규모 언어 모델, 자기지도학습, 트랜스포머 아키텍처와 같은 기술적 혁신이 자리하고 있다.

생성형 AI는 빅데이터 분석 분야에서 특히 두각을 나타내고 있다. 텍스트 데이터 심층 분석, 멀티모달 데이터 처리, 예측 모델링 등의 영역에서 기존 기술보다 뛰어난 성능을 보여주며, 복잡하고 비정형적인 데이터에서도 의미 있는 인사이트를 도출해낸다. 이는 금융, 의료, 소매업, 제조업 등 다양한 산업에서 의사결정의 질을 높이고 비즈니스 프로세스를 최적화하는 데 기여하고 있다.

업무 생산성 측면에서도 생성형 AI는 상당한 변화를 가져오고 있다. 문서 작성, 고객 응대, 프로세스 자동화, 전략적 분석 등의 영역에서 반복적인 업무를 줄이고 창의적인 활동에 집중할 수 있는, 환경을 조성하고 있다. 특히 금융, 의료, 법률과 같이 전문성이 요구되는 분야에서 전문가들의 역량을 확장하는 도구로써 가치를 인정받고 있다.

생성형 AI를 효과적으로 도입하기 위해서는 명확한 목표 설정, 양질의 데이터 확보, 신뢰성과 설명 가능성 확보, 내부 역량 강화, 법적·윤리적 이슈 관리 등이 필수적이다. 특히 AI의 편향성, 정보 생성 오류, 디지털 사기와 같은 윤리적 문제를 해결하기 위한 체계적인 접근이 요구된다.

미래에는 멀티모달 AI의 고도화, 자율적 AI 에이전트의 등장, 소규모 특화 모델의 부상, 온디바이스 AI의 확산, 인간-AI 협업 인터페이스의 발전과 같은 기술적 진화가 예상된다. 이러한 기술 발전은 초개인화된 서비스의 보편화,

산업 간 경계 희석, 지식 접근성 향상, 예측적 위험 관리 고도화, 새로운 비즈니스 모델 등장 등 산업 전반에 근본적인 변화를 가져올 것이다.

생성형 AI와 빅데이터의 융합은 단순한 기술적 진보를 넘어 기업 운영 방식, 고객 경험, 가치 창출 방식의 근본적인 재정의를 의미한다. 기업들은 기술 도입과 함께 조직 구조, 인재 전략, 데이터 거버넌스, 윤리적 프레임워크 등 종합적인 변화를 추진해야 한다. 또한 기술의 발전이 가져올 사회적 영향과 책임에 대한 인식을 바탕으로, 지속 가능한 혁신을 추구하는 것이 중요하다.

미래 산업 환경에서는 기술 자체보다 이를 활용하여 고객과 사회에 의미 있는 가치를 창출하는 능력이 경쟁력의 핵심이 될 것이다. 생성형 AI는 방대한 데이터를 기반으로 인간의 의사결정을 지원하고, 창의적 활동을 확장하며, 복잡한 문제에 대한 새로운 해결책을 제시하는 강력한 도구로 기능할 것이다. 이러한 기술의 잠재력을 실현하기 위해서는 기술 혁신과 인간적 가치, 효율성과 윤리성 사이의 균형을 찾아야 한다.

생성형 AI와 빅데이터의 융합은 기술 발전의 새로운 장을 열고 있으며, 이는 우리가 일하고, 학습하고, 소통하는 방식에 근본적인 변화를 가져올 것이다. 이러한 변화 속에서 기업과 개인이 지속적인 학습과 적응을 통해 새로운 기회를 발견하고 가치를 창출할 수 있을 것이다.

Part 02

인공지능 시대의 빅데이터 분석 방법

1장 용어 구분과 데이터 분석의 역사

2장 분석 프로그래밍 기초

3장 심화 프로그래밍 : 분류기와 군집화 알고리즘

4장 인공신경망 프로그래밍 맛보기

1장 용어 구분과 데이터 분석의 역사

ChatGPT 이후로 데이터 분석도 판도가 바뀌었다. 프로그래밍으로 분석하지 않고 프롬프트로 분석한다. ChatGPT가 등장하기 전인 초판과 2판에서 본 교재 2부의 초점은 다양한 알고리즘을 소개하고 아주 간단한 소스코드로 구현해 보는 것이었으나, ChatGPT가 등장하자마자 집필해야 했던 3판은 주제 잡기가 혼란스러웠다. Gemini 등 신규 서비스가 계속 출시되고 곧바로 업그레이드되며, 비슷한 서비스가 또다시 출시되는 과정이 계속 반복되면서 AI가 폭풍 성장하는 시기였다. 3판이 출간된 이후 2024년 상반기에는 동영상 생성 인공지능인 Sora AI가 등장했고, 하반기에는 노벨상의 물리와 화학 부문에서 AI 전문가가 수상하는 등, 급변하는 AI 시대에 교재가 일시적인 교재가 아니고 몇 년을 두고 공부할 수 있는 교재가 되기 위해서는 주제를 잡기가 여간 어려운 게 아니었다. 4판을 준비하는 2025년 초에도 상황은 크게 다르지 않다. 집필 바로 직전 상황이 xAI의 Grok 3와 ChatGPT-4.5까지 막 나온 상황이다. 3판에서부터 걱정스러웠던 점이 집필한 내용이 몇 달 가지 못해 이내 진부한 내용으로 퇴보될 것이란 점이고, 4판을 준비하는 지금도 여전히 우려가 되고 있다. 따라서 아주 최신의 버전의 서비스를 소개하는 것은 무의미하고, 일반적인 내용을 바탕으로 간단하게 진행할 수 있는 프로젝트 위주로 초점을 잡기로 한다.

1절 용어

1. 용어 구분

인공지능이란 개념을 설명하기 위해서는 신중한 접근이 필요하다. 사회적으로 통용되는 의미와 일부 작업자간에 미세하게 다른 의미로 사용되는 경우가 있으며, 인공지능이란 용어 자체도 회의 중에 상대방과 서로 다른 의미로 사용되고 있다는 사실을 발견할 때가 많다. 따라서 넓은 의미로 사용되는 몇 가지 용어에 대해서는 혼동을 피하기 위해 이 교재의 part 2에서만 사용되는 의미로 따로 정의를 내리고 설명하기로 한다.

먼저, "학습", "러닝", "훈련"이란 단어는 컴퓨터가 모델을 만드는 과정으로 사용하고, 사람이 하는 작업으로는 사용하지 않기로 한다. 그리고, "머신러닝"이란 용어도 교재에서는 이 용어는 사용하지 않고, 직관적으로 의미를 알 수 있는 "고전적 빅데이터 분석"이란 용어를 사용하기로 한다. "인공지능"이란 용어는 이전에는 학습 모델을 지칭하는 경우가 많았으나 지금은 ChatGPT처럼 서비스 자체를 지칭하는 용어로 확대되기도 하고, 자동으로 수행하는 대부분의 작업에는 흔히 "인공지능"이란 용어를 사용하므로, 가장 의미가 모호한 용어이다. 교재에서는 3판과 마찬가지로 인공지능 모델을 지칭할 땐 "인공신경망"이란 용어를 그대로 쓰고, ChatGPT처럼 회원 가입을 하고 서비스를 받는 인공지능은 "인공지능 서비스"란 용어를 쓰기로 한다.

2. 학습 용어의 구분

다음 그림에서 보이는 4가지 용어는 모두 학습을 구분지을 때 사용된다. 지도학습과 비지도학습은 사용 목적에 따른 구분이고, "고전적 빅데이터 분석"과 "인공신경망"은 학습하는 구조의 구분이다.

〈그림 2-1〉 학습의 구분

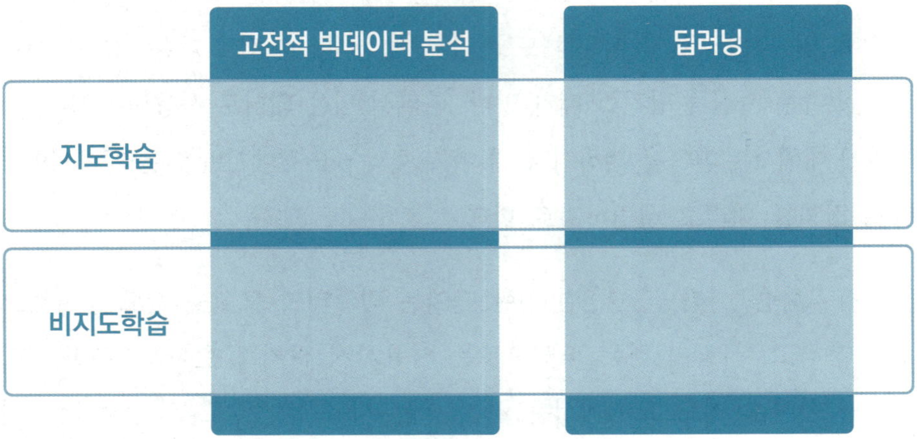

1) 지도학습(supervised learning)과 비지도학습(unsupervised learning)

매번 학습 구분에서 단골로 나오는 용어이다. 둘을 쉽게 구분하자면 흉내를 내게 하느냐 아니냐의 차이이다. 지도학습은 비슷한 작업을 반복적으로 하기 위해 학습을 거쳐 유사 상황에서 흉내를 잘 내도록 하는 것이고, 비지도학습은 반복적인 작업이 아니라 학습 과정이 단일한 작업 그 자체이다. (물론 절대적 구분은 아니지만 대체로 그렇다).

우리도 예를 들어, 경험적으로 키가 크고 피부가 흰색이면 서양인으로 구분하고. 키가 작고 피부가 진하면 동양인으로 구분하는데, 예외는 있지만 대체로 그렇게 답을 한다는데 큰 이견은 없을 것이다. 눈앞에 인물이 주어지면 계속 그렇게 반복적으로 답을 낸다. 그것도 평생.

그에 비해, [10, 11, 12, 97, 98, 99]를 둘로 나누라는 요청을 받게 되면 여러분은 어떻게 나눌까? 대부분 [10, 11, 12]와 [97, 98, 99]로 나누겠지만, 혹자는 [10, 12, 98]과 [11, 97, 99]로 나누려는 사람이 있을 수도 있다. 크기든 홀짝이든 나누고 나면 그걸로 끝이고, 이 데이터는 일회성이므로 다시 사용될 일은 거의 없다.

위의 두 예제도 컴퓨터가 자동으로 할 수 있는데, 인물 사진을 보고 서양인과 동양인으로 구분하게 하는 것은 지도학습의 한 예이고, 전체 집단을 몇 개의 소집단으로 나누게 하는 것은 비지도학습의 한 종류이다. 뒤에서 다시 설명되겠지만 이 용어도 썩 와 닿지는 않기에, 본 교재는 지도학습과 비지도학습이란 용어를 쓰기 보다는, 좀 더 직관적인 단어를 쓰기로 한다. 지도학습 중에는 대표적인 분류기 문제가 있고 비지도학습에는 대표적인 군집화 문제가 있으므로, 교재 내용도 분류기와 군집화로만 한정시키고 단어도 분류기와 군집화 알고리즘이라고 사용할 예정이다.

2) 고전적 빅데이터 분석과 인공신경망

다시 〈그림 2-1〉로 돌아가서, 고전적 빅데이터 분석과 인공신경망은 학습 구조에 따라 다시 달라진다. 둘은 여러 가지 면에서 차이를 가지는데, 그 중 구현 방법에서 가장 큰 차이를 보인다. 생명체의 뉴런을 모방해서 가중치(weight)라는 변수를 그물망 구조로 만들고, 이 변수의 적절한 값을 찾아내는 것이 인공신경망이고, 그물망 구조 없이 데이터를 분석하는 것이 고전적 빅데이터 분석이다. 고전적 빅데이터 분석은 어느 정도 합리적인 수학으로 접근을 하기 때문에 모델의 해석이 가능하나, 인공신경망은 weight를 학습시킨다고는 하지만 최종 결과가 왜 그 값을 가져야 하는지는 설명이 안된다. 그래서 인공신경망이 블랙박스에 가까워서 "설명 불가능한 인공지능"이라고 불렸으며, 최근에는 조금씩 해석할 수 있다는 의미에서 XAI(eXplainable AI)라는 용어가 대조적으로 사용되기도 하지만 아직은 속시원하게 설명되지는 않고 있다.

3) 정형 데이터와 비정형 데이터

정형 데이터는 간단히 말하자면 엑셀이나 관계형 DB에 저장되는 데이터로 이해할 수 있는데, 행과 열로 구성되고, 행은 개별 개체를, 열은 각 개체의 속성을 표현한다.

〈그림 2-2〉 정형 데이터의 예시

	나이	지역
홍길동	30	강릉
이순신	50	서울

위의 예시에서 행에는 홍길동과 이순신이라는 개체가 있고, 각 개체는 나이와 지역이라는 속성이 있다.

비정형 데이터는 이렇게 표시되지 않는 데이터로, 텍스트, 이미지, 오디오 등 속성 구분 없이 소위 "저장만" 되어 있는 데이터이다. 본 교재에서는 비정형 데이터까지 다루기에는 한계가 있으므로, 정형 데이터로 데이터 분석의 맛보기만 체험해 보기로 한다.

2절 데이터 분석의 역사

1. 통계의 시작

우선 데이터 분석은 통계에 기반한다. 예측은, 많이 일어났던 현상을 기반으로 미래를 예측하는 작업이기 때문이다. 그러면 고대에 통계는 어떻게 시작되었을까? 대체로 통계는 날씨와 세금으로 인해 시작되었다고 본다. 농사를 위해 4계절을 대비해야 하고, 비와 태풍을 예측해야 했으며, 세금을 걷기 위해 정확한 인구 수를 측정해야 했다. 달이 일정 주기로 차고 기우는 것을 활용했고, 날씨도 추웠다 더워지는 주기를 이용해서 대략 보름 간격으로 1년을 24개 구간으로 나누어 농사를 지었다. 집단이 커져 군대를 양성해야 했기에 인구 수를 세기 시작했다. 통계학(statistics)의 라틴어 어원인 status는 국가통치라는 뜻이다. 통치를 위한 통계가 아득히 먼 고대에서부터 시작되었다.

기록상 남아있는 통계 활동으로는, 고대 로마의 감찰관이 행하던 인구조사(census, 켄수스)가 있는데, 이는 바로 오늘날 인구조사인 센서스의 기원이 되었다. 영국에는 토지조사대장인 Doomsday Book(1086)이 남아있고, 중국은 전한 말기부터 호수인구수(戶數人口數)라는 기록이 남아있다. 우리나라도 신라시대에 이미 민정 문서(또는 신라 촌락 문서)가 기록으로 남아있고, 조선시대에는 3년마다 호구조사를 실시하고 호적대장을 작성했다.

통계가 개인 영역으로 옮겨온 것은 도박의 영향이 컸다. 도박은 이미 BC 1600년 경부터 이집트에서 타우(Tau), 세나트(Senat)라는 도박이 존재했다고 하고, 중세 유럽은 도박이 흔했기에, 우리가 잘 알고 있는 파스칼과 페르마도 도박을 연구하고 토론하기도 했다. 1638년에 이탈리아에서 최초의 카지노인 리도또(Ridotto)가 설립되었고, 한반도에서도 삼국시대부터 도박이 있었다고

전해진다. 드라마에서 자주 보이는 투전은 조선시대의 대표적인 도박이기도 하다. 도박에서 승리하기 위해, 또는 비정상적으로 종료된 게임에서도 상금을 공정하게 분배하기 위해, 수학적인 설명이 필요했기에 확률이 등장하게 되었다. 확률과 관련된 저서로는 1494년 이탈리아의 수도사이자 수학자인 파치올리(Luca Pacioli)의 "Summa de Arithmetica, geometria, proportioni et proportionalita(산술집성-산수, 기하학, 비례와 비례적인 것들의 대전)" 이라는 저서에서 회계 원리뿐만 아니라 상금 분배에 관해 언급하고 있고, 1565년 이탈리아의 수학자이자 도박꾼인 카르다노(Girolamo Cardano)의 저서 "Book on Games of Chance(우연의 게임 지침서)"는 확률을 적용하여 승리를 계산한 최초의 저서로 알려져 있다. 이 책은 많은 허점이 있던 터라, 이후 17세기 파스칼에 의해 개선되게 된다.

유럽의 봉건사회가 끝나고 자본주의사회로 접어들면서, 상인의 수익 계산법이 두각을 드러내게 된다. 1662년 런던 상인인 그란트(John Graunt)가 쓴 "Natural and Political Observations Made upon the Bills of Mortality (죽음의 청구서에 만들어진 자연적이고 정치적인 관찰)"에서는 교회의 기록을 근거로 하여, 출생, 성비, 사망률, 기대수명 등의 언급과 함께, 최초로 생명표를 최초로 도입하였는데, 이것이 현대 인구통계학적 통계 및 연금과 생명보험의 기초가 되었다. 저서 제목에 있는 Bills of Mortality는 죽음의 청구서라고 불리기도 하고 생명표라고 불리기도 한다.

통계가 학문으로 발전한 것은 대략 17세기부터로 보는데, 17세기는 도박에 심취한 시기였다. 파스칼(Blaise Pascal), 페르마(Pierre de Fermat)는 주사위를 여러 개 던질 때 나오는 눈의 개수의 확률을 연구했고, 베르누이(Daniel Bernoulli)는 동전 던지기와 같은 각각의 베르누이 시행에 대한 확률을 연구하면서 확률의 분포를 떠올렸다. 이후 18세기는 확률과 통계가 점차 합쳐지는 과정인데, 확률 이론에 기반한 통계나 정규분포의 개념이 생겨났고, 통계학이라는 용어가 생겼다. 드 무아브르(Abraham de Moivre)는 정규분포와 중심극한정리(central limit theorem)를 처음 언급했는데, 당시의 정규분포는 이상분포에서 유도된 식이어서 우리가 잘 알고 있는 가우스의 그것과는 조금 다르다. 이외에도 라플라스(marquis de Laplace), 푸아송(Siméon Denis Poisson), 베이즈(Thomas Bayes), 아헨발(Gottfried Achenwall) 등과 같은 수학자가 통계를 연구하였다.

19세기는 현대 통계학의 핵심이 대부분 만들어진다. 많이 알려지진 않았지만 반드시 알아야 할 인물이 케틀레(Adolphe Quetelet)인데, 처음에는 천문학으로 시작했다. 당시 달과 천문은 상업적이나 군사적으로 중요했지만, 천문학자와 측량학자가 동일대상을 반복적으로 측정하면 값이 일정치 않은 문제가 매번 발생하였고, 케틀레는 천문학을 공부하다 이런 문제 때문에 통계를 시작했고, 라플라스에게 영향을 받아 사회과학에 통계학을 처음으로 적용하였다. 출생률, 사망률, 자살율이 매년 거의 일정하다는 것을 발견하고, 또한 인간의 특성이 정규분포에 근접하다는 것도 발견하여 그 중간값을 기준으로 평균인(人)이란 개념을 만들고, 무질서해 보이는 사회현상에도 일종의 규칙이 존재함을 증명해서 통계로 사회 현상을 분석하는 데 공헌하였고, 1853년에는 최초로 국제통계학회를 창설하여 근대 통계학의 아버지로 불린다. 또한 잘 알려진 BMI 지수를 창시하기도 했다.

다음으로 골턴(Sir Francis Galton, 갈통으로 불리기도 함)인데, 그는 다윈과 4촌 관계이기 때문에 유전학을 함께 연구하기도 했다. 생물학에 처음으로 수학을 적용하고 우생학을 창시했지만, 콩의 크기나 인간의 유전적 키에서 큰 개체만 모아도 세대가 내려가면 우열이 가려질 줄 알았는데 여전히 원래 분포대로 회복되는 것을 발견한 뒤 회귀분석을 창시했다. 또한 피어슨(Karl Pearson)은 상관계수를 만들고 기술통계학의 기초를 확립하였고, 세계 최초로 통계관련 학과를 설립했다. 가장 잘 알려진 가우스(Johann Carl Friedrich Gauß)는 드 무아브르의 식을 재해석해서, 천문 관측에서의 오차도 역시 정규분포를 따른다고 생각하고, 이 오차를 연구하다 지금의 정규분포 식을 완성했다.

20세기는 추론통계학이 탄생했는데, 이 시기에는 t-분포를 만든 고셋(William Sealy Gosset)이 있고, 피셔(Sir Ronald Aylmer Fisher)는 F-분포, 가설검정, 분산분석, 최대우도법 등 현대 통계학의 기틀을 마련했다. 또한, 컴퓨터가 발명됨으로 인해 다양한 알고리즘들이 본격적으로 만들어 졌으며, 시장조사나 여론조사 등이 가능하게 되었다.

근대에 통계학은 크게 기술 통계학(descriptive statistics)과 추론 통계학(Inferential statistics)으로 나뉘는데, 기술 통계학은 수집된 데이터를 잘 설명하기 위한 분야로, 평균, 표준편차, 4분위수 등을 위주로 하는 반면, 추론 통계학은 수집된 데이터에서 수집되지 않은 데이터를 설명하기 위한 분야로서, 표본에서 모집단을 추정하거나, 가설을 검정하거나, 출구 조사 또는 여론조사 등이 이에 해당한다. 기술 통계학은 자주 technique이란 단어로 오해를 받기도 하는데, 이는 영어 describe를 기술하다로 번역함으로 인해 생긴 용어이다.

2. 머신러닝 관련 용어의 역사

이제 머신러닝 시대로 들어가 보자.

Learning Theory란 용어는 한국전쟁 직전 연도인 1949년에 헵(Donald Olding Hebb)에 의해 Hebbian Learning Theory란 이름으로 처음 등장했

는데, 이는 복잡하게 연결된 뉴런들이 연결되어 있고, 자극이 반복되면 연결이 서서히 강해진다는 표현을 쓰고 있다(Neurons that fire together, wire together). 지금의 머신러닝의 의미는 이 의미를 그대로 사용하는 것은 아니다. 그로부터 10년 뒤에 IBM의 사뮤엘(Arthur Samuel)이 체커 프로그램을 만들다가 연구한 논문 "Some Studies in Machine Learning Using the Game of Checkers"에서 머신러닝이란 용어를 처음 사용했는데, 체커 게임 도중 실수로부터 학습을 하도록 만들다가 컴퓨터가 시킨 일만 하는게 아니란 걸 발견하고는 "명시적으로 프로그래밍 되지 않고서도 작업을 학습하는 분야"라는 의미로 이 용어를 만들었다고 한다. 하지만 지금의 머신러닝의 의미는 1997년 미첼(Tom Mitchell)이 저서 "Machine Learning"에서 사용한 표현으로, "경험으로부터 성능이 향상되는 것"이라는 의미로 사용한 용어를 주로 사용한다.

용어와는 별개로 이 교재에서 소스코드로 배울 알고리즘들이 있는데, 생소한 용어일 수도 있으나 여기서는 개략적인 시간적 흐름만 언급하고 세부 내용은 해당 코드 부분에서 상세히 설명하기로 한다.

1950년대부터 조건부 확률에 기반한 분류기인 Bayes 알고리즘이 연구되었는데, 아이러니하게도 베이즈(Thomas Bayes)는 1700년대 인물로, 신의 존재를 증명하기 위해 확률을 연구하였다. 그가 연구했던 원고는 그가 죽은 후 친구인 프라이스(Richard Price)가 1763년에 이를 정리하여 〈확률론의 한 문제에 대한 에세이〉(An Essay towards solving a Problem in the Doctrine of Chances)라는 논문으로 발표하였는데, 여기 나온 이론들을 Bayes 정리라고 부른다. Bayes 정리는 시초가 알려져 있으나 Bayes 분류기의 최초 정의는 알려지지 않고 있으며, Naïve Bayes Classification은 1970년대부터 급격히 사용되었다. 흔히 잘 알려진 스팸필터링의 주요 알고리즘이기도 하다.

이후 1951년 픽스(Evelyn Fix)와 호치스 주니어(Joseph Lawson Hodges Jr)가 미공개 미국항공의학 보고서에 비모수적 방법으로 KNN을 발표했다. 이후 1958년 콕스(D.R.Cox)에 의해 Logistic Regression이 제안되었다. 1960년대 중반 Decision Tree의 초기 형태가 시작되었으나, 이는 여러 분야에서 독립적으로 개발이 되었다. 1975년 CHAID, 1984년 CART, 1986년 ID3 등의 이름으로 각각 발표되었는데, 이들을 모두 통틀어 Decision Tree라고 부른다.

군집 알고리즘인 K-means는 1982년에는 폴라드(David Pollard)에 의해 "Quantization and the Method of k-Means"라는 논문에서 발표되었는데, 최초 아이디어는 사실 1956년 Hugo Steinhaus에서 시작했으며, 벨 연구소에서 1957년부터 알고리즘을 개발해서 사용하고 있었고, K-means라는 용어는 1967년 처음 사용되었으나 1982년에서야 논문으로 발표되었다.

이후 1990년대로 들어오면서 1995년에 Support Vector Machine, Random Forest 분류기, 1996년에 군집 알고리즘인 DBScan이, 1997년에 AdaBoost, Gradient Boost 등이 발표되었고, 2000년대가 되어서는 2016년에 XGBoost가 발표되었다.

이외에도 차원 축소 알고리즘인 SVD는 1851년 벨트라미(Eugenio Beltrami)에 의해, 1901년 피어슨(Parl Pearson)에 의해 PCA가 개발되었다.

여기까지 머신러닝이라 불리는 빅데이터 분석과 관련된 역사적 흐름을 소개하였고, 알고리즘들의 상세 내용은 뒷부분에서 소스코드와 함께 상세히 다루기로 한다.

2장

분석 프로그래밍 기초

이제부터는 간단한 python 코드로 쉽게 접해볼 수 있는 데이터 분석을 실습해 본다. python은 데이터 분석과 인공신경망 학습에서는 독보적인 개발언어로, 다른 언어에 비해 가독성이 뛰어나 프로그램 구조가 눈에 잘 띄고, 많은 사용자에 의해 패키지나 라이브러리가 잘 발달되어 있어서 기초지식만 익히면 초보자라도 인터넷에서 필요한 소스 코드를 쉽게 검색할 수 있다. 이제는 python 코드도 인공지능 서비스에서 만들어주는 시대이므로 프롬프트로 명령을 내리고, 필요한 부분을 수정할 수 있는 정도의 지식이면 된다. 본 교재로 기초 지식만 습득하고, 향후 인공지능 서비스의 서비스가 가능한 범위에서 데이터 분석을 적절하게 맡기면 될 것이다.

아래 예제들은 ChatGPT의 도움 없이 대강의 프로그램 구성이 어떻게 되는지만 간결하게 살펴볼 계획이다. 프로그래밍 난이도는 아주 초보 수준의 코드로만 설명하기로 하나, 그럼에도 중급 수준의 데이터 분석 교재이기 때문에 기본적인 python 문법과 개발 환경은 다룰 수 있는 독자라고 가정을 하기로 한다. 그래서 초판과 달리 밑바닥에서 설치부터 하는 작업은 상세히 설명하지 않기로 했다.

1절 데이터 분석 기초 예제와 실습

1. 예제 1: iris 문제

데이터 분석에서 초보자들이 가장 먼저 접하는 예제는 iris 문제다. 고전적 빅데이터 분석이면서 지도학습의 전형적 예제로, 속성을 사용해서 분류기 문제를 풀어보는 가장 간단한 실습이다.

〈그림 2-3〉 iris의 세 종류. 왼쪽부터 Setosa, Versicolor, Virginica

출처: https://en.wikipedia.org/wiki/Iris_flower_data_set

iris는 〈그림 2-3〉과 같이 세 가지 종으로 구분된다. 통계학자 피셔(R. A. Fisher)가 이 꽃들의 길이 정보를 이용해서 꽃을 분류하기 위해 1936년 논문에서 소개한 뒤 공개된 데이터로, 각 종마다 〈그림 2-4〉처럼 50개의 샘플(전체 150개의 샘플)로 이루어져 있다. 입력 속성은 각각 Sepal(꽃받침)과 Petal(꽃잎)의 길이와 폭으로, 모두 4개의 속성을 사용한다. 그래서 아래 그림에서 첫 예제처럼 Sepal의 길이부터 차례로 [5.1, 3.5, 1.4, 0.2]의 값을 가지면 setosa라고 답을 내도록 훈련시킨다. 앞으로는 [5.1, 3.5, 1.4, 0.2]와 같은 속성을 feature라고 부르고, setosa 와 같은 답을 class라고 부르기로 한다. class라고 부르는 이유는, setosa/versicolor/verginica 의 세 가지 클래스 중 어떤 클래스에 해당하는지를 답한다는 의미이다.

〈그림 2-4〉 실제 논문에서 언급된 iris 데이터 세트

Table I

Iris setosa				*Iris versicolor*				*Iris virginica*			
Sepal length	Sepal width	Petal length	Petal width	Sepal length	Sepal width	Petal length	Petal width	Sepal length	Sepal width	Petal length	Petal width
5·1	3·5	1·4	0·2	7·0	3·2	4·7	1·4	6·3	3·3	6·0	2·5
4·9	3·0	1·4	0·2	6·4	3·2	4·5	1·5	5·8	2·7	5·1	1·9
4·7	3·2	1·3	0·2	6·9	3·1	4·9	1·5	7·1	3·0	5·9	2·1
4·6	3·1	1·5	0·2	5·5	2·3	4·0	1·3	6·3	2·9	5·6	1·8
5·0	3·6	1·4	0·2	6·5	2·8	4·6	1·5	6·5	3·0	5·8	2·2
5·4	3·9	1·7	0·4	5·7	2·8	4·5	1·3	7·6	3·0	6·6	2·1
4·6	3·4	1·4	0·3	6·3	3·3	4·7	1·6	4·9	2·5	4·5	1·7
5·0	3·4	1·5	0·2	4·9	2·4	3·3	1·0	7·3	2·9	6·3	1·8
4·4	2·9	1·4	0·2	6·6	2·9	4·6	1·3	6·7	2·5	5·8	1·8
4·9	3·1	1·5	0·1	5·2	2·7	3·9	1·4	7·2	3·6	6·1	2·5
5·4	3·7	1·5	0·2	5·0	2·0	3·5	1·0	6·5	3·2	5·1	2·0
4·8	3·4	1·6	0·2	5·9	3·0	4·2	1·5	6·4	2·7	5·3	1·9
4·8	3·0	1·4	0·1	6·0	2·2	4·0	1·0	6·8	3·0	5·5	2·1
4·3	3·0	1·1	0·1	6·1	2·9	4·7	1·4	5·7	2·5	5·0	2·0
5·8	4·0	1·2	0·2	5·6	2·9	3·6	1·3	5·8	2·8	5·1	2·4
5·7	4·4	1·5	0·4	6·7	3·1	4·4	1·4	6·4	3·2	5·3	2·3
5·4	3·9	1·3	0·4	5·6	3·0	4·5	1·5	6·5	3·0	5·5	1·8
5·1	3·5	1·4	0·3	5·8	2·7	4·1	1·0	7·7	3·8	6·7	2·2
5·7	3·8	1·7	0·3	6·2	2·2	4·5	1·5	7·7	2·6	6·9	2·3
5·1	3·8	1·5	0·3	5·6	2·5	3·9	1·1	6·0	2·2	5·0	1·5
5·4	3·4	1·7	0·2	5·9	3·2	4·8	1·8	6·9	3·2	5·7	2·3
5·1	3·7	1·5	0·4	6·1	2·8	4·0	1·3	5·6	2·8	4·9	2·0
4·6	3·6	1·0	0·2	6·3	2·5	4·9	1·5	7·7	2·8	6·7	2·0
5·1	3·3	1·7	0·5	6·1	2·8	4·7	1·2	6·3	2·7	4·9	1·8

주: 단위는 cm임

출처: R. A. Fisher, "The use of multiple measurements in taxonomic problems". Annals of Eugenics. 7 (2): 179–188. 1936, https://onlinelibrary.wiley.com/doi/epdf/10.1111/j.1469-1809.1936.tb02137.x

이 논문 이후 많은 학자와 프로그래머들에 의해 분석되면서 다양한 개발 언어들에서 데이터 분석 라이브러리에 iris 데이터가 기본으로 내장이 됐다. 그래서 데이터를 따로 다운로드받지 않더라도 사용할 수 있게 되었지만, 우리는 iris.csv라는 파일을 통해 접근해보자. 물론 이 파일은 교재에서 제공하지는 못하지만, 검색 사이트에서 iris.csv라고만 검색해도 무수히 많은 파일을 구할 수 있다. 〈그림 2-5〉와 같은 두 가지 파일을 구하게 되는데, 첫 줄에 헤더(header)가 있거나 없는 파일이다.

〈그림 2-5〉 iris data 파일

	A	B	C	D	E
1	sepal.length	sepal.width	petal.length	petal.width	variety
2	5.1	3.5	1.4	0.2	Setosa
3	4.9	3	1.4	0.2	Setosa
4	4.7	3.2	1.3	0.2	Setosa
5	4.6	3.1	1.5	0.2	Setosa
6	5	3.6	1.4	0.2	Setosa
7	5.4	3.9	1.7	0.4	Setosa
8	4.6	3.4	1.4	0.3	Setosa
9	5	3.4	1.5	0.2	Setosa
10	4.4	2.9	1.4	0.2	Setosa

	A	B	C	D	E
1	5.1	3.5	1.4	0.2	Iris-setosa
2	4.9	3	1.4	0.2	Iris-setosa
3	4.7	3.2	1.3	0.2	Iris-setosa
4	4.6	3.1	1.5	0.2	Iris-setosa
5	5	3.6	1.4	0.2	Iris-setosa
6	5.4	3.9	1.7	0.4	Iris-setosa
7	4.6	3.4	1.4	0.3	Iris-setosa
8	5	3.4	1.5	0.2	Iris-setosa
9	4.4	2.9	1.4	0.2	Iris-setosa
10	4.9	3.1	1.5	0.1	Iris-setosa

주: 좌-Header가 있는 파일, 우-Header가 없는 파일

파일이 구해지면, 데이터는 pandas 라이브러리로 저장해서 학습 준비를 하고, 데이터 분석은 scikit-learn 라이브러리로 진행하는 것이 가장 일반적인 과정이다. 우선 데이터 불러오기부터 시작해보자.

지금부터 이 교재의 소스코드에서는 header의 여부에 따라 header가 있는 파일을 iris_withheader.csv라고 하고, header가 없는 파일을 iris_withoutheader.csv라고 하자(이하 소스코드 참조). header가 없는 경우 칼럼명(속성)이 없기 때문에 불러오면서 칼럼명을 지정해주는 작업만 추가로 하면 된다. 독자분들도 둘 중 하나의 파일이 구해지면, 파일을 열어서 header 여부를 확인하고 해당되는 파일명으로 수정하자.

```
import pandas as pd
names = ['sepal-length', 'sepal-width', 'petal-length', 'petal-width', 'class']

dataset = pd.read_csv('iris_withoutheader.csv', names=names) # 아랫줄과 동일
dataset = pd.read_csv('iris_withoutheader.csv', names=names, header=None)
print(dataset)
```

```
import pandas as pd

dataset = pd.read_csv('iris_withheader.csv')              # 바로 아랫줄과 동일
dataset = pd.read_csv('iris_withheader.csv', header=0)  # 0번째 row가 header임
print(dataset)
```

두 가지 예제로 보이나, 사실은 파일 종류에 따라 다르게 작성한 같은 프로그램이다. 둘 중 상단의 예제는 header가 없는 파일이므로 소스코드 내에서 names라는 변수를 통해 헤더에 들어갈 각 컬럼명을 알려주는 부분이 있고, 하단의 예제는 header=0 이란 표시를 통해 첫 번째 줄에 있는건 데이터가 아니고 컬럼명이라는 신호이다. 두 예제 모두, print()구문 바로 위에 있는 두 줄씩은 똑같은 기능을 하는데, 둘 다 아래쪽 줄이 좀 더 명확하게 쓰여져 있을 뿐이다. 둘 중 어떤 예제가 되건, pandas를 호출해서 그 안에 있는 함수 중 read_csv()함수를 통해 csv 파일을 불러오고, 불러온 값들은 dataset이란 변수에 저장한다는 뜻인데, 정형 데이터인 dataset은 소스코드에는 보이지 않지만 pandas 내의 Dataframe 타입으로 저장된다.

다음 예제는 header가 없는 파일을 가정하고, 그 파일을 불러오는 과정을 포함하여 실제로 데이터를 분석하는 최초의 소스코드이다.

```
from sklearn import model_selection
from sklearn import neighbors

import pandas as pd
names = ['sepal-length', 'sepal-width', 'petal-length', 'petal-width', 'class']

iris = pd.read_csv('iris_withoutheader.csv', names=names)
iris_data = iris[['sepal-length', 'sepal-width', 'petal-length', 'petal-width']]
iris_target = iris['class']

x_train, x_test, y_train, y_test = \
    model_selection.train_test_split(iris_data, iris_target)
model = neighbors.KNeighborsClassifier(n_neighbors=1)
model.fit(x_train, y_train)
print(model.score(x_test, y_test))
print(model.predict([[1,2,3,4]]))
```

iris_data에는 ['sepal-length', 'sepal-width', 'petal-length', 'petal-width']의 네 가지 feature(속성) 칼럼과 ['class']라는 label 칼럼이 있다. 파일을 불러올 때는 다섯 가지 칼럼이 모두 불러지고, 이 중 네 가지의 feature 칼럼값은 iris_data에 할당되고, 마지막 ['class'] 칼럼은 iris_target에 할당된다.

우선 실행하기 앞서, 이 분석 문제는 이렇게 표현할 수 있다.

['sepal-length', 'sepal-width', 'petal-length', 'petal-width'] → ['class']

왼쪽의 속성 값들을 사용해서 뒤의 값을 예측하는 문제라는 표현이다.

이제 실행을 해보자. 소스코드의 마지막 두 print()의 결과가 출력될텐데, 그 값의 의미는 몇 가지 예제를 더 본 후에 설명하기로 하고, 이 소스코드에서 꼭 짚고 넘어가야 할 부분이 프로그램의 큰 맥락인데, 위의 프로그램 소스코드는 다음과 같이 순차적으로 진행되고 있다. 여기서는 프로그램의 흐름이 일단 이러한 형태라는 것을 주목하고 넘어가고, 앞으로 몇 가지 예제를 통해 프로그램이 공통적으로 이런 형태란 것을 경험해 본 후 그 뒤에 각각을 설명을 하기로 한다.

```
iris = pd.read_csv('iris_withoutheader.csv', names=names)
iris_data = iris[['sepal-length', 'sepal-width', 'petal-length', 'petal-width']]
iris_target = iris['class']
x_train, x_test, y_train, y_test = model_selection.train_test_split(iris_data, iris_target)
model = neighbors.KNeighborsClassifier(n_neighbors=1)
model.fit(x_train, y_train)
print(model.score(x_test, y_test))
```

2. 예제 2: 타이타닉 생존 문제

다음은 타이타닉 생존 문제로, 뭔가 퀴즈에 가까운 예제다. https://www.kaggle.com/c/titanic에서 소개된 것으로, 실습 데이터인 train.csv와 test.csv를 여기서 다운받을 수 있다. Titanic 침몰 시 승객들의 정보를 이용해서 생존했는지 사망했는지를 예측하는 문제다.

먼저 train.csv 파일의 header 부분을 보면 ['PassengerId', 'Survived', 'Pclass', 'Name', 'Sex', 'Age', 'SibSp', 'Parch', 'Ticket', 'Fare', 'Cabin', 'Embarked']와 같이 12개의 칼럼으로 이루어져 있다. 'PassengerId'와 'Survived'를 제외한 10개의 칼럼으로부터 'Survived'를 예측하는 문제다.

〈그림 2-6〉 Titanic의 train.csv 파일의 일부

	A	B	C	D	E	F	G	H	I	J	K	L
1	Passenger	Survived	Pclass	Name	Sex	Age	SibSp	Parch	Ticket	Fare	Cabin	Embarked
2	1	0	3	Braund, M	male	22	1	0	A/5 21171	7.25		S
3	2	1	1	Cumings,	female	38	1	0	PC 17599	71.2833	C85	C
4	3	1	3	Heikkinen	female	26	0	0	STON/O2.	7.925		S
5	4	1	1	Futrelle, M	female	35	1	0	113803	53.1	C123	S
6	5	0	3	Allen, Mr.	male	35	0	0	373450	8.05		S
7	6	0	3	Moran, M	male		0	0	330877	8.4583		Q
8	7	0	1	McCarthy,	male	54	0	0	17463	51.8625	E46	S
9	8	0	3	Palsson, M	male	2	3	1	349909	21.075		S
10	9	1	3	Johnson, I	female	27	0	2	347742	11.1333		S
11	10	1	2	Nasser, M	female	14	1	0	237736	30.0708		C

각 컬럼의 의미는 다음과 같다.

- PassengerId: 일련번호. 순차적으로 부여한 값이므로 분석과는 무관
- Survived: 생존 여부. 1이면 생존, 0이면 사망
- Pclass: 승객 등급. [1, 2, 3] 중 하나로, 1이면 1등급
- Name: 승객 이름
- Sex: 성별. ['male', 'female'] 중 하나
- Age: 나이

- SibSp: 함께 승선한 siblings(형제자매)와 spouse(배우자)의 합
- Parch: 함께 승선한 parents(부모님)와 children(자식)의 합
- Ticket: 티켓 번호인데, 형식이 일정하지 않음
- Fare: 요금
- Cabin: 선실 번호
- Embarked: 승선 항구. [C, Q, S] 중 하나
  (C= Cherbourg, Q= Queenstown, S= Southampton)

이 문제는 먼저 이렇게 표현해보자.

['PassengerId', 'Pclass', 'Name', 'Sex', 'Age', 'SibSp', 'Parch', 'Ticket', 'Fare', 'Cabin', 'Embarked'] → ['Survived']

여기는 값이 아닌 문자열도 있고, 누락된 칸도 있다. train.csv와 test.csv 두 파일을 열어보면 train.csv에는 일련 번호가 1부터 891까지, test.csv에는 892부터 1309까지의 승객 정보가 들어 있다. train.csv와 test.csv의 차이는 test.csv에는 'Survived' 컬럼이 없다는 것이다. 이 문제를 처음 본 독자도 여기서 눈치챘겠지만, test.csv에 빠진 'Survived' 값을 알아맞혀 보라는 문제다.

이 문제를 정식으로 접근하지 말고 iris와 같이 결과만 나올 수 있도록 풀어보자. 우선은 생각하기 복잡한 건 제거시키고 접근할 수 있는 것만 접근해보도록 한다. 예를 들어 'Name'이나 'Ticket', 'Cabin'에는 문자열이 포함되어 있는데, 이 문자열을 어떻게 다뤄야 할지는 아직 명확하지 않기 때문에 이 두 칼럼은 분석에서 빼고 한번 시작해보자.

왜 빼느냐고 불만을 표출하는 독자가 나올 수도 있겠으나, 실제로 많은 문제에서 이렇게 칼럼을 삭제하고 단순화하기도 한다. 아무리 뛰어난 데이터 분석가

라 하더라도 본인이 할 수 있는 기술과 범위 내에서 분석을 하는 게 정석이다. 직관적으로도 '이름에 S가 들어가면 살고 A가 들어가면 사망한다'라고 가정하는 것이 합리적이진 않다는 것을 다들 잘 알 것이다. 이렇게 ['Name', 'Ticket', 'Cabin']를 제거하고 문제를 풀어보면서 방법을 이해했다면, 이것들을 어떻게 활용할지 약간은 감각이 생길 것이다.

그리고 값이 비어 있는 경우도 처리해주지 않으면 분석 과정에서 오류가 발생한다. 따라서 비어 있는 데이터 처리 방법도 함께 고민해보되, 간단한 방법으로 해결하고자 한다.

이 문제는 이렇게 줄인다.

['PassengerId', 'Pclass', ~~'Name',~~ 'Sex', 'Age', 'SibSp', 'Parch', ~~'Ticket',~~ 'Fare', ~~'Cabin',~~ 'Embarked'] → ['Survived']

train.csv에는 header가 붙어 있음을 고려하고, 소스코드를 다음과 같이 만든다. 내부에 몇 가지 함수를 덧붙였다. 이 함수들은 숫자가 아닌 값을 숫자로 변환시켜주는 작업을 한다. 귀찮은 것 같지만, 이 작업을 해주는 것이 데이터 분석을 할 때는 훨씬 수월하다는 것을 알게 될 것이다.

['Sex', 'Embarked'] 두 칼럼은 숫자가 아니기 때문에 이 값들을 숫자로 바꾸자. 'Sex'에서 'male'은 1, 'female'은 2로, 'Embarked'에서 'C'는 1, 'Q'는 2, 'S'는 3으로 단순하게 바꾼다. (초판에서는 각각 0과 1, 0,1,2로 바꾸었으나, 0은 곱하기 연산에 혼돈을 줄 수 있으므로 0을 피하기로 한다)

약간 설명을 덧붙이자면, 나이는 연속적인 값이고 크기가 구분이 되는데, 방금 작업한 것은 크기와는 무관한 값이다. 'male'이 1이고 'female'이 2인 것은 범주형 값이지 크기는 없다. 'Q'가 2이고 'S'가 3이라고 해서 'S'가 'Q'의

1.5배인 것도 아니다. 하지만 모든 데이터는 수치화해야 한다. 데이터 중에서는 연속형인 데이터도 있고 범주형인 데이터도 있다는 점을 고려해야겠지만, 자세한 설명은 생략하기로 한다. 여기서는 숫자로 표현한다는 것이 중요한 사항이기 때문이다.

그리고 종종 칸이 비어있는 것들이 있다. 비어 있는 칸이 있으면 분석이 안된다. 이렇게 누락된 데이터를 처리해야 하는데, 누락이 있는 데이터를 빼버리는 방법이 있고, 누락된 부분의 데이터를 주위 데이터를 활용해서 채워 넣는 방법도 있지만, 단순하게 dropna()를 사용해서 누락이 있는 데이터는 줄 전체를 빼버리고 분석하겠다.

```
from sklearn import model_selection
from sklearn import neighbors

import pandas as pd

titanic = pd.read_csv('train.csv')
titanic = titanic[['Pclass', 'Sex', 'Age', 'SibSp', 'Parch', 'Fare', 'Embarked', \
                   'Survived']]
titanic.dropna(inplace=True)              # 빈칸이 있는 승객은 제외시킴
titanic_data = titanic[['Pclass', 'Sex', 'Age', 'SibSp', 'Parch', 'Fare', 'Embarked']]
titanic_target = titanic['Survived']
print('1)\n', titanic_data )                     #(1)

def sex2num(string):
    if string=='male' : return 1
    else : return 2

def em2num(string):
    if string == 'C' : return 1
    elif string == 'Q' : return 2
    else : return 3

# 아래 두 줄은 warning이 뜰 수 있으나, 무시하고 진행함
titanic_data['Sex'] = titanic_data['Sex'].apply(sex2num)
```

```
titanic_data['Embarked'] = titanic_data['Embarked'].apply(em2num)
print('2)\n', titanic_data)                          #(2)

x_train, x_test, y_train, y_test = \
    model_selection.train_test_split(titanic_data, titanic_target)
model = neighbors.KNeighborsClassifier(n_neighbors=2)
model.fit(x_train, y_train)
print(model.score(x_test, y_test))
print(model.predict([[1,2,3,4,5,6,7]]))
```

썩 훌륭한 분석은 아니지만, 어쨌거나 마지막 줄에서는 임의의 7개의 값이 입력되어도 결과를 출력한다. 0(사망) 아니면 1(생존)로 답을 내준다. 위의 예제에서 #(1)과 #(2)는 각각 Dataframe이 어떻게 바뀌고 있는지 중간 점검을 위해 출력해봤다.

둘의 'Sex'와 'Embarked' 값들을 비교해보기 바란다. 원래 train.csv에는 891명의 승객 정보가 있었으나 #(1)에서는 dropna()를 함으로써 값이 없는 칸이 있는 승객은 모두 제외하고 712명으로 줄었음을 확인할 수 있다. 그리고 #(2)에서는 ['Sex', 'Embarked'] 값이 모두 숫자로 바뀌어 있음을 확인할 수 있다. #(2) 아래의 명령들은 iris 때와 변수명만 바뀌었을 뿐 똑같다.

KNeighborsClassifier(n_neighbors=2)에서 파라미터값은 iris에서는 1이었으나 여기서는 2로 바꾸어도 실행된다. KNeighborsClassifier()는 뒤에서 설명하기로 한다. 일단 프로그램이 실행되고 있다는 것만 확인하자. 마지막 예측에서 입력값은 당연히 7개가 들어가야 하므로 개수만 그렇게 맞추고 의미 없는 값들을 넣어보았다. 의미 없는 값이 들어가도 결과는 나온다.

방금 한 작업이 데이터 분석에서 자주 쓰이는 골격이다. 여기서 우리는 ['Name', 'Ticket', 'Cabin'] 세 칼럼을 제거하고 작업했는데, 이 세 칼럼값을 어떻게 숫자로 바꿀지에 대해서만 고민이 끝나면 이 세 칼럼을 집어넣어서 분석해도 된다.

앞서 두 예제에서 설명하지 않은 부분이 있는데, 바로 출력 결과 부분이다. model.score()와 model.predict()의 결과가 출력되어 있다. 이것은 train_test_split 이 먼저 이해되어야 해서, 그 뒤에 설명을 넣었다.

3. 예제 3: 보스톤 지역의 집값 예측 문제

지금까지는 결괏값이 세 종류의 꽃 중 하나로 나오거나, 생존 여부 중 하나로 나오는 예제를 훑어봤다. 결과로 나올 클래스가 정해져 있고, 속성값을 주면 그 클래스 중 어떤 클래스에 해당하는지를 답하는 문제였다. Iris는 셋 중 하나의 클래스로, titanic은 둘 중 하나의 클래스로 답을 내야 한다. 이제는 이와 목적이 조금 색다른 문제를 풀어보자. https://www.kaggle.com/c/boston-dataset/은 1978년의 보스톤 지역의 집값을 예측하는 문제이다. 여기서 다운받은 csv에는 타운의 주택가격(정확히는 각 타운 전체가격의 중앙값)이 모두 506줄이 있는데, 이 중 404줄을 보기로 주고 102줄은 문제로 내서 맞추는 문제이다. 맞추는 결과가 클래스 중 하나가 아니고, 수많은 값 중 어떤 값으로 계산을 해달라는 것이다.

〈그림 2-7〉 Boston Housing 데이터

	A	B	C	D	E	F	G	H	I	J	K	L	M	N
1	crim	zn	indus	chas	nox	rm	age	dis	rad	tax	ptratio	black	lstat	medv
2	0.15876	0	10.81	0	0.413	5.961	17.5	5.2873	4	305	19.2	376.94	9.88	21.7
3	0.10328	25	5.13	0	0.453	5.927	47.2	6.932	8	284	19.7	396.9	9.22	19.6
4	0.3494	0	9.9	0	0.544	5.972	76.7	3.1025	4	304	18.4	396.24	9.97	20.3
5	2.73397	0	19.58	0	0.871	5.597	94.9	1.5257	5	403	14.7	351.85	21.45	15.4
6	0.04337	21	5.64	0	0.439	6.115	63	6.8147	4	243	16.8	393.97	9.43	20.5
7	0.0837	45	3.44	0	0.437	7.185	38.9	4.5667	5	398	15.2	396.9	5.39	34.9
8	0.19073	22	5.86	0	0.431	6.718	17.5	7.8265	7	330	19.1	393.74	6.56	26.2
9	0.26938	0	9.9	0	0.544	6.266	82.8	3.2628	4	304	18.4	393.39	7.9	21.6
10	10.0623	0	18.1	0	0.584	6.833	94.3	2.0882	24	666	20.2	81.33	19.69	14.1

원래의 header는 다음과 같이 구성되어 있다. 모든 행은 506개 각 타운의 값이다.

- crim: (타운별=자치시별) 1인당 범죄율
- zn: 25,000평방피트를 초과하는 거주지역의 비율
- indus: 비소매상업지역이 점유한 토지 비율
- chas: 찰스강의 경계에 위치하면 1, 아니면 0
- nox: 일산화질소 농도
- rm: 주택 1가구당 평균 방의 개수
- age: 1940년 이전에 건축된 주택의 비율
- dis: 5개 보스턴 직업센터까지의 접근성 지수(거리)
- rad: 방사형 고속도로까지의 접근성 지수(거리)
- tax: $10,000당 재산세율
- ptratio: 학생/교사 비율
- black: $1000(Bk-0.63)^2$으로 계산한 타운별 흑인 비율
- lstat: 하위계층의 비율(%)
- medv: 예측될 주택가격의 중앙값(단위: $1,000)

모두 숫자로 표현되어 있긴 하나 chas 데이터만 다른 데이터와 성격이 다른데, 이것만 유일하게 범주형이고 나머지는 연속형이다. 이 문제에서는 제외할 칼럼이 없고 전부 활용하면 된다.

```
from sklearn import model_selection
from sklearn import linear_model

import pandas as pd

boston = pd.read_csv('boston_data.csv')
```

```
boston_data = boston[['crim', 'zn', 'indus', 'chas', 'nox', 'rm', 'age', \
                      'dis', 'rad', 'tax', 'ptratio', 'black', 'lstat']]
boston_target = boston['medv']

x_train, x_test, y_train, y_test = \
    model_selection.train_test_split(boston_data, boston_target)
model = linear_model.LinearRegression()
model.fit(x_train, y_train)
print(model.score(x_test, y_test))
print(model.predict([[1,2,3,4,5,6,7,8,9,10,11,12,13]]))
```

이 코드는 model = linear_model.LinearRegression() 부분이 앞의 코드들과 다르고, 나머지는 거의 동일하다. 마지막에 말도 안될 값을 넣어도 어떻게든 답은 계산해 준다.

4. 주목할 코드

지금까지 데이터 분석에서 기초적인 문제로 알려져 있는 3개의 문제를 풀어봤다. 썩 잘 푼 것은 아닐지라도 접근방식이 비슷하다는 것을 알아차리기 위한 문제 풀이였다. 이제 이 문제들의 공통점을 간단히 짚어보자. 앞서 다음의 코드에 주목하자고 했는데, 다시 그 코드로 돌아가서 좀 더 들여다보기로 한다.

```
1) iris = pd.read_csv('iris_withoutheader.csv', names=names)
2) iris_data = iris[['sepal-length', 'sepal-width', 'petal-length', 'petal-width']]
3) iris_target = iris['class']
4) x_train, x_test, y_train, y_test = model_selection.train_test_split(iris_data, iris_target)
5) model = neighbors.KNeighborsClassifier(n_neighbors=1)
6) model.fit(x_train, y_train)
7) print(model.score(x_test, y_test))
```

1)에서는 pd.read_csv() 명령으로 파일을 불러와서 Dataframe 형태의 변수에 저장한다. header에 해당하는 값들은 Dataframe에서 각 칼럼명이 되어

있다. header가 없는 파일을 읽었으면 names라는 변수를 통해서라도 강제로 할당을 했었다. csv 파일은 pd.read_csv()로 불러왔고, 다른 형태의 파일이나 자료도 비슷한 방식으로 파일을 불러오도록 수정하면 된다. 불러오면, 변수에는 〈그림 2-8〉과 같이 저장된다.

〈그림 2-8〉 변수에 저장된 상태

sepal lenght	sepal width	petal length	petal width	class

2)와 3)은 이 변수를 〈그림 2-9〉와 같이 쪼개는 역할을 한다.

〈그림 2-9〉 data와 target 칼럼 분리

Iris_data

sepal length	sepal width	petal length	petal width

Iris_target

class

4)에서는 조금 복잡한 작업을 한다. 먼저 data를 무작위로 순서를 섞는다. 순서대로 있으면 편향(bias)이 발생할 수 있으므로 순서를 뒤죽박죽으로 만들어 고루 퍼지게 한다. target은 data가 섞이는 순서를 따라서 같이 바뀐다. 순서가 적당히 잘 섞이고 나면, data와 target을 일정 비율로 나누어서 각각 train과 test로 나눈다. 비율은 조절할 수 있는데, 특별히 비율을 알려주지 않으면 train:test = 3:1(=0.75:0.25)로 나눈다.

이렇게 나누면 data도 train과 test로, target도 train과 test로 나누어지므로, 모두 4개의 그룹이 된다. 이들을 〈그림 2-10〉처럼 각각 x_train, x_test, y_train, y_test라는 이름의 변수에 담는다. 대부분의 프로그램이 이와 유사한 방식과 유사한 이름을 사용한다.

〈그림 2-10〉 train_test_split() 함수의 세부 작업

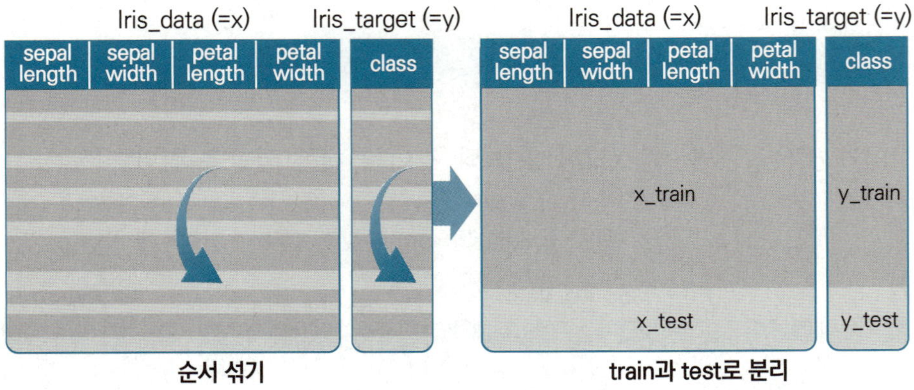

train과 test로 나누는 이유가 있다. train의 data와 target의 관계 모델을 만들고 다시 train의 데이터로 모델을 확인하는 것은 마치 '짜고 치는 고스톱'과 같아 무의미하기 때문이다. train의 값들로만 모델을 만들면 그 값들에만 너무 잘 들어맞고 그 값들이 아닌 경우에는 잘 맞지 않게 된다. 따라서 train과 무관했던 test의 data와 target의 값들을 이 모델에 넣어서 정확도를 측정해야

신빙성이 있다. 그런 이유로 train과 test를 나누는 것이다.

train의 값들을 사용해서 data 입력을 받아 target 출력이 나오도록 만드는 알고리즘은 수없이 많아 일일이 열거할 수 없을 정도다. 잘 알려진 알고리즘 중 하나를 선택해서 분석 작업을 진행하게 되는데, 5)에서 하는 작업이 그 알고리즘 중 하나를 선택하는 과정이다. 예제에서 보였던 neighbors.KNeighbors Classifier()는 k-nn 또는 KNN이라는 알고리즘인데, 많은 알고리즘 중 하나를 선택했다는 것이고, 해당 알고리즘에 대한 설명은 뒤에서 설명한다.

6)에서 비로소 x_train과 y_train 사이의 관계 모델을 만들어낸다. 알고리즘 또는 데이터 양에 따라서 이 과정에 시간이 오래 걸리기도 한다.

7)에서는 test값들을 사용해서 6)의 모델이 잘 나왔는지 정확도를 계산해본다.

이제야 비로소 앞에서 설명하지 못했던 model.score() 와 model.predict()의 출력문 결과를 설명할 때가 되었다.

model.score() 내부에 x_test, y_test 가 들어있음을 확인해야 한다. model.fit()에서는 x_train과 y_train을 사용해서 훈련만 시킨다. 학생도 공부를 한 후 중간/기말고사 등으로 공부를 잘 했는지 확인을 하듯이, 모델도 훈련이 끝나면 확인이 필요하다. x_test가 문제이고 y_test는 답인데, 사전에 유출되지 않은 문제와 답 쌍이다. model.score(x_test, y_test)는 그렇게 훈련때 보지 못했던 문제를 보고 답을 맞추어 점수를 매기는 과정으로, 1.0이면 100% 맞추었다는 뜻이므로 100점이란 뜻이고, 0.94가 나왔다면 94점을 받은 것이다.

model.predict()는 이제 모델을 실제로 활용하는 부분이다. 데이터 분석이 끝나고 모델이 만들어졌으니, 앞으로 어떤 값을 입력으로 넣더라도 이 모델은 훈련된 결과를 바탕으로 클래스를 찾아준다. Iris 문제에서는 속성이 4개 였으므로 항상 4개의 속성값을 주면 되고, 결과는 세 가지 클래스 중 하나의 값을 돌려준다. 앞서 예제에서 저자는 기존의 Iris 속성과는 전혀 동떨어진 [1, 2, 3, 4]와 같은 엉뚱한 문제를 주었어도 답은 세 가지 클래스 중 하나로 출력된다. model.score()와 model.predict()는 자주 사용되므로 분석을 하게 되면 익숙해질 것이다.

Titanic이나 Boston 문제에 적용해도 동일한 방식으로 풀고 있다. iris의 data들은 모두 연속적인 값들이고 iris의 target은 범주형의 값들이다. 연속형은 실수값 중 임의의 값이 가능하고 범주형은 주어진 값만 허용한다. 연속형의 1.0과 2.0은 두 배의 관계가 되는 사이이지만, 범주형의 0과 1은 아무 관계가 없고 그저 다르다는 표시일 뿐이다. Titanic에서는 data 중 ['Pclass', 'Sex', 'Fare', 'Embarked']는 명확히 범주형이다. ['Age', 'SibSp', 'Parch']는 얼핏 연속형으로 보이긴 하나, 이를 범주형으로 보고 분석할 수도 있다. 즉 나이를 많고 적음으로 보는 분석가도 있고, 22세와 23세를 그저 다른 그룹으로 보는 분석가도 존재한다는 뜻이다. 때로는 20대, 30대, 40대와 같이 나이를 범위에 따라 범주형으로 구분할 수도 있다. iris와 Titanic의 target이 모두 범주형이었다면 Boston 문제는 target이 연속형인 문제가 된다.

5)에서 어떤 알고리즘을 선택하고 어떤 값을 파라미터로 해야 할지는 아직 감이 오지 않을 수 있다. 그렇지만 몇 가지 알고리즘만 더 공부한다면 이것들과 유사한 문제는 프로그래밍할 수 있다. 데이터 분석을 깊이 이해하려면 5)에서 나오는 알고리즘을 더 자세히 공부하면 되고, 얕은 지식만으로도 프로그래밍을 해보려면 이 정도 문제를 이 정도의 수준에서 프로그래밍하더라도 결과가 나온다.

3장

심화 프로그래밍 : 분류기와 군집화 알고리즘

이제부터 공부할 분석의 종류는 다소 따분하게 느낄 수 있다. 소스 코드로는 한 줄로 표시되는데 그 한 줄의 의미를 설명하기 때문에, 실습 보다는 이론 공부에 가깝기 때문이다.

1절 분류기 알고리즘

이제 지금까지의 알고리즘을 들여다보자. 앞서의 코드에서 이 부분을 기억할 것이다.

model = neighbors.KNeighborsClassifier(n_neighbors=1)
또는 model = KNeighborsClassifier(n_neighbors=1)

여기서 등장하는 KNeighborsClassifier()와 같은 것들이 분석에 필요한 핵심 알고리즘들이다. 데이터 분석의 성패는 첫째로는 잘 정제된 데이터를 만드는 것이고, 그 다음이 이런 알고리즘 중 어떤 알고리즘을 적절히 잘 고르냐의 문제이다. 앞서서도 지도학습과 비지도학습을 설명하면서, 그 용어들 보다는 분류기와 군집기 알고리즘으로 사용한다고 밝혔는데, 이번에 먼저 분류기 알고리즘들을 살펴보자. 코드 내부적으로는 복잡한 수식이 구현되고 있으나 코드 내부를 들여다볼 필요는 없고, 수식의 의미에 대해서도 깊이 이해하지 않아도 된다. 자주 언급되는 5개 정도만 보자.

1. Decision Tree

Decision Tree는 한 번에 하나의 조건을 비교해서 분류하는 과정을, 여러 조건을 순차적으로 적용하면서 다중 분류가 가능해지는데, 그게 결과적으로 전체 구조가 tree와 같이 나오기 때문에 붙여진 이름이다. "키가 180보다 작은가?" 크면 더 이상 물어보지 않아도 되는데, 작으면 한 단계 더 나아가서 "170보다도 작은가?" 이런 질문들이 계속된다. 분류 기준들이 순차적으로 계속 나타난다.

iris에 적용하면 〈그림 2-11〉과 같다. 그림에서 각각의 분기가 일어나는 사각형마다 제일 첫 줄에 있는 부등호를 기준으로 참/거짓만 판단한다. 더 분기를 할 필요가 없는 leaf node에서는 그런 비교를 하지 않고 class명이 고정된다.

〈그림 2-11〉 iris의 Decision Tree 결과

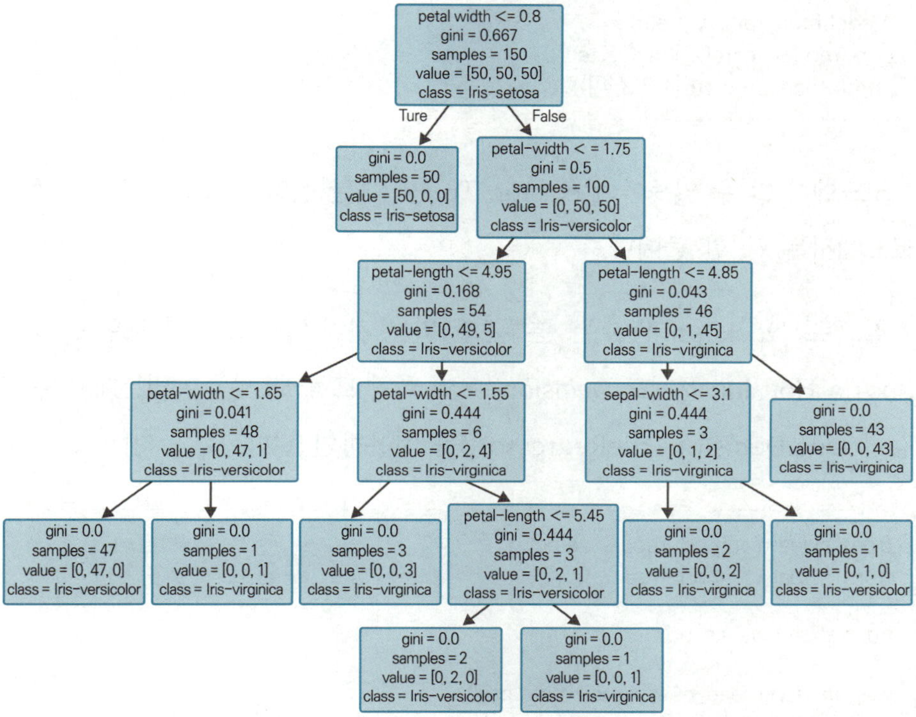

이 프로그램에서는 model = tree.DecisionTreeClassifier() 부분이 적용되도록 수정하면 다음과 같은 코드를 얻을 수 있다.

```
from sklearn import model_selection
from sklearn import tree    # tree.DecisionTreeClassifier()를 쓰기 위해

import pandas as pd
names = ['sepal-length', 'sepal-width', 'petal-length', 'petal-width', 'class']

iris = pd.read_csv('iris_withoutheader.csv', names=names)
iris_data = iris[['sepal-length', 'sepal-width', 'petal-length', 'petal-width']]
iris_target = iris['class']
x_train, x_test, y_train, y_test = \
    model_selection.train_test_split(iris_data, iris_target)
```

```
model = tree.DecisionTreeClassifier()
model.fit(x_train, y_train)
print(model.score(x_test, y_test))
print(model.predict([[1,2,3,4]]))
```

코드에서 알 수 있듯이, Decision Tree에 대한 설명이 아무리 길어도 소스 코드에서는 딱 한 줄이다.

참고로, Decision Tree는 분류기만 있는 것이 아니고 회귀 모형도 있다. Boston Housing 문제도 Decision Tree 회귀 모형으로 풀 수 있는데, 다음과 같이 tree.DecisionTreeRegressor()를 사용하면 된다.

```
from sklearn import model_selection
from sklearn import tree

import pandas as pd

boston = pd.read_csv('boston_data.csv')
boston_data = boston[['crim', 'zn', 'indus', 'chas', 'nox', 'rm', 'age', \
                      'dis', 'rad', 'tax', 'ptratio', 'black', 'lstat']]
boston_target = boston['medv']

x_train, x_test, y_train, y_test = \
    model_selection.train_test_split(boston_data, boston_target)
model = tree.DecisionTreeRegressor()
model.fit(x_train, y_train)
print(model.score(x_test, y_test))
print(model.predict([[1,2,3,4,5,6,7,8,9,10,11,12,13]]))
```

2. SVM (Support Vector Machine)

데이터가 서로 구분되어 있을 때, 아래와 같이 두 가지 색의 분포가 나뉘어져 있는 경우 경계선을 그어 분류기를 만들려고 할 때, SVM은 여러 가능성이 많은 경계선 중 가장 효과적인 경계선을 찾아주는 알고리즘이다.

〈그림 2-12〉 Support Vector Machine

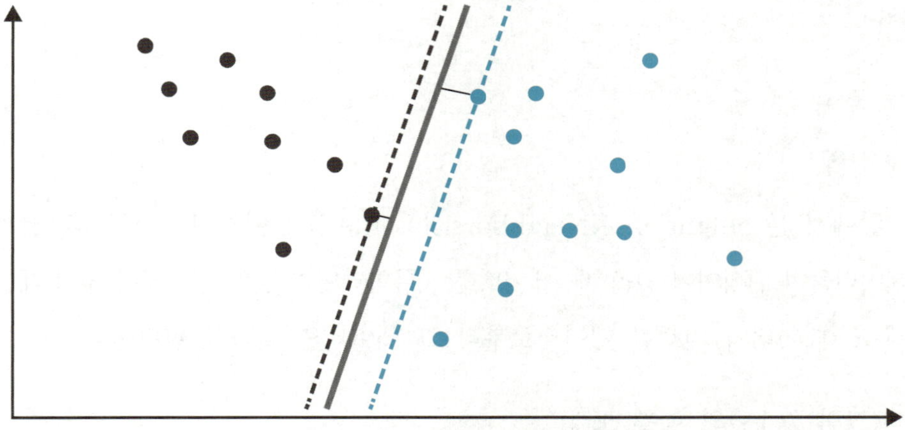

이 그림에는 회색과 파란색의 점이 있고, 직선들은 경계를 긋기 위한 가상의 보조선이다. 회색 실선의 경계선을 긋고자 하는데, 위에서 표시된 값들을 어떻게 활용하면 좋은 경계선을 그을 수 있을까?

좋은 경계선이란 구분이 뚜렷한 경계선을 말한다. 이 경계선을 초평면(hyperplan)이라고 하는데, 처음부터 좋은 초평면을 그을 순 없으므로 임의로 하나의 경계선을 긋고 모든 점에서 이 초평면까지의 수직거리를 계산한다. 회색과 파란색에서 이 수직거리가 가장 짧은 두 점을 찾을 수 있다. 이 두 점과 초평면까지의 거리를 margin이라 하는데 margin이 크면 클수록 좋은 초평면이므로 margin이 가장 큰 경계선을 찾으면 된다.

support vector란 용어는 그림에서 두 개의 점선을 가리킨다. 초평면에 더 가까운 위치에서 새로운 점이 나타나면 support vector도 초평면에 더 가깝게 옮겨지고 margin이 더 작아지므로 다시 최대의 margin이 되도록 경계선을 수정해야 한다. 경계선이 그어지면 경계선을 기준으로 회색과 파란색으로 분류된다. sklearn에서는 svm.SVC()를 사용한다. 이후의 분류기 예제에서도 꼭 필요한 경우가 아니면 코드는 생략하고 코드에 사용될 힌트만 남기기로 한다.

3. k-nn

앞에서 본 neighbors.KNeighborsClassifier()가 이것이다. SVM과 달리 데이터들이 뒤섞이어 있을 때, 데이터를 분류하려면 마땅한 경계선이 없기 때문에 그 데이터와 인접한 데이터로부터 그 데이터의 결과를 판단한다.

〈그림 2-13〉의 예를 보자.

〈그림 2-13〉 1-nn과 5-nn의 예

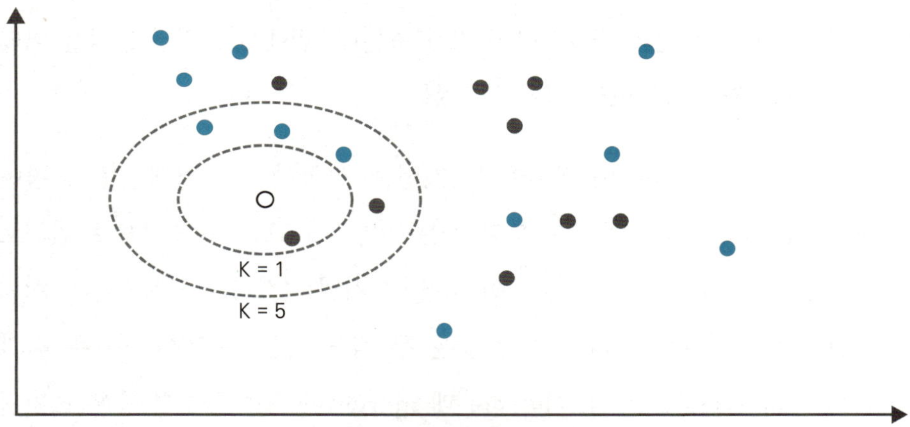

파란 점과 회색 점이 분포해 있는 상황에서 새로 들어간 흰색 점을 파란색 또는 회색으로 분류해야 하는 상황이다. 자기와 가장 가까운 거리의 점을 보고 판단하게 되는데, k=1이면 가장 가까운 한 점만 보고 그것과 똑같다고 답을 내고, k=5이면 가장 가까운 5개의 점을 보고 다수결에 의해 판단하게 된다. 이 예에서 k=1이면 가장 가까운 점이 회색이므로 새로 들어간 점은 회색으로 분류된다. k=5이면 주위의 가장 가까운 점이 파란색 3개, 회색 2개이므로 파란색으로 분류된다. KNeighborsClassifier()를 사용한 소스코드는 앞에서 많이 보았으므로 생략한다.

4. Naïve Bayes

스팸 메일 분류기는, 기존에 보내진 메일에서 등장한 단어의 빈도를 가지고 판단한다. 스팸의 80%에서 등장하고 스팸이 아닌 메일의 10%에서 등장하는 단어가 있다고 가정할 때, 어느 메일에서 그 단어가 등장했다면 그 메일을 스팸이라고 분류할 수 있을까? 스팸인지 아닌지를 명확히 구분하기 힘들기 때문에 스팸일 확률을 구한다. 이 문제를 자세히 들여다보면 말의 전후가 바뀌는 부분이 있다. 관측하기로는 [스팸 → 특정 단어 등장]의 확률을 알고 있으나, 우리가 풀어야 할 부분은 [특정 단어 등장 → 스팸]일 확률이다. 조건부 확률이 적용되며, 식의 전개는 다음과 같다.

$$P(\text{스팸}|\text{단어}) = \frac{P(\text{스팸}, \text{단어})}{P(\text{단어})} = \frac{\frac{P(\text{단어}, \text{스팸})}{P(\text{스팸})} \times P(\text{스팸})}{P(\text{단어})} = \frac{P(\text{단어}|\text{스팸})}{P(\text{단어})} \times P(\text{스팸})$$

이 식에서 P(스팸, 단어)와 P(단어, 스팸)은 같은 값인데 두 단어가 모두 들어간 확률이라 뜻이고, 식을 보다 쉽게 이해하기 위해 위치에 따라서 순서를 바꿔 썼을 뿐이다, 여기서는 $P(\text{스팸}|\text{단어})$를 계산하기 위해 $P(\text{단어}|\text{스팸})$ 값이 들어간 식을 사용한다. 스팸과 단어의 위치가 여기서 바뀐다는 뜻이다. 이를 조금 확장해서, 단어가 여러 개라고 가정하면 다음과 같이 된다.

$$P(\text{스팸}|\text{단어}_1, \text{단어}_2, \ldots \text{단어}_k) = \frac{P(\text{단어}_1, \text{단어}_2, \ldots \text{단어}_k|\text{스팸})}{P(\text{단어}_1, \text{단어}_2, \ldots \text{단어}_k)} \times P(\text{스팸})$$

이 식은 계산이 쉽지 않다. 하지만 여기서 각 단어가 서로 독립적으로 등장한다고 가정하면 다음과 같이 된다.

$$P(\text{스팸}|\text{단어}_1, \text{단어}_2, \dots \text{단어}_k) = \frac{P(\text{단어}_1|\text{스팸})}{P(\text{단어}_1)} \times \frac{P(\text{단어}_2|\text{스팸})}{P(\text{단어}_2)} \times \dots \times P(\text{스팸})$$

가정을 바꾸니까 계산이 간단해졌다. 말의 전후를 바꾸는 Bayes 문제에 서로 독립적일 거란 순진한(Naïve) 가정을 함으로써 문제를 단순화하는 분류기다. sklearn에서는 naive_bayes.GaussianNB()나 naive_bayes.MultinomialNB() 등이 있다. 상세 코드는 생략한다.

5. Logistic Regression

다음과 같은 로지스틱 함수에 근거한 분류 방식이다.

$$y = \frac{1}{1+e^{-x}}$$

〈그림 2-14〉 로지스틱 함수 $y = \frac{1}{1+e^{-x}}$

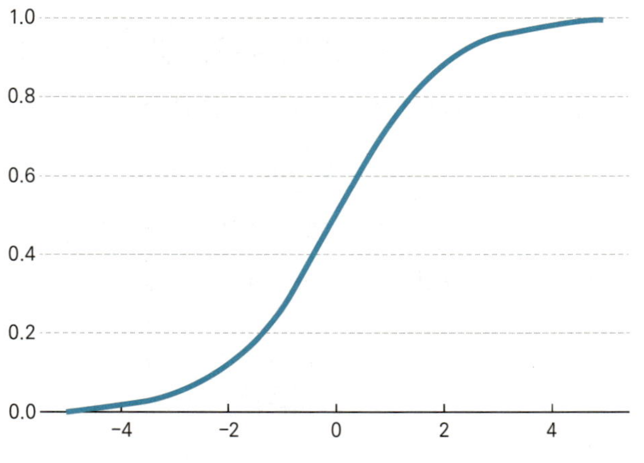

이 함수는 왼쪽에서는 0에 가깝고 오른쪽은 1에 가깝다. 0과 1로 나누듯이 무언가 양분할 때 쓰인다.

```
from sklearn import model_selection
from sklearn import linear_model   # linear_model.LogisticRegression()을 쓰기 위해

import pandas as pd
names = ['sepal-length', 'sepal-width', 'petal-length', 'petal-width', 'class']

iris = pd.read_csv('iris_withoutheader.csv', names=names)
iris = iris.iloc[:100]                    # 두 가지 분류로만 표현해야 하므로
iris_data = iris[['sepal-length', 'sepal-width', 'petal-length', 'petal-width']]
iris_target = iris['class']

x_train, x_test, y_train, y_test = \
    model_selection.train_test_split(iris_data, iris_target)
model = linear_model.LogisticRegression()         # LogisticRegression()을 선택
model.fit(x_train, y_train)
print(model.score(x_test, y_test))
print(model.predict([[1,2,3,4]]))
```

앞의 iris 문제에 적용해봤다. 분류가 0과 1의 두 종류로만 나오도록 해야 하므로 iris 세 종류 중 setosa와 versicolor의 두 종류만 취했다. 샘플이 각각 50개씩이므로 100번까지만 선택하면 된다. 따라서 기존 코드에서 iris = iris.iloc[:100]을 추가했다. neighbors.KNeighborsClassifier를 linear_model.LogisticRegression()로 바꾼 것 말고는 그대로다.

지금까지 몇 가지 분류기 알고리즘들을 공부해 보았는데, 소스코드에서는 딱 한 줄이 바뀔 뿐이라서 정작 프로그램 자체는 어렵지 않을 것이다.

2절 군집화 알고리즘

이제부터는 비지도학습으로 옮겨보자. 다음 그림의 점들을 적절히 나누어보는 문제를 푼다면, 몇 개로 나누는 게 좋을까? 컴퓨터가 학습을 통해 이 점들을 몇 개의 그룹으로 나누는 게 가장 적절할지를 알 수 있을까? 이렇게 몇 개의 그룹으로 분할하는 작업을 군집화(clustering)라고 한다.

〈그림 2-15〉 몇 개의 그룹으로 나눌까?

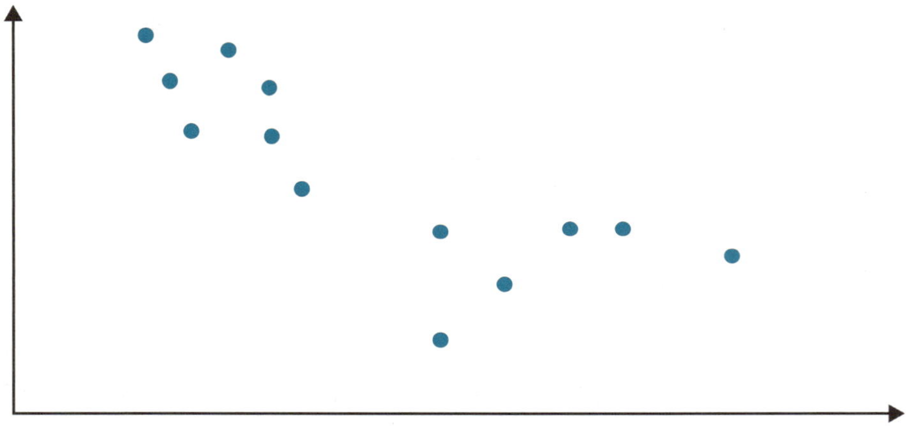

군집은 크게 계층적으로 그룹화(hierarchical clustering)할 수도 있고 계층 없이 동일 선상에서 분할적으로 그룹화(partitional clustering)할 수도 있다. 계층적 그룹은 전체를 큰 두 그룹으로 나누고 각 그룹을 다시 세부 그룹으로 나누는 과정을 반복하는 그룹화 방식이고, 동일 선상에서의 그룹은 전체를 몇 개의 동일한 레벨의 그룹으로 나누는 방식이다.

〈그림 2-16〉 그룹화 예

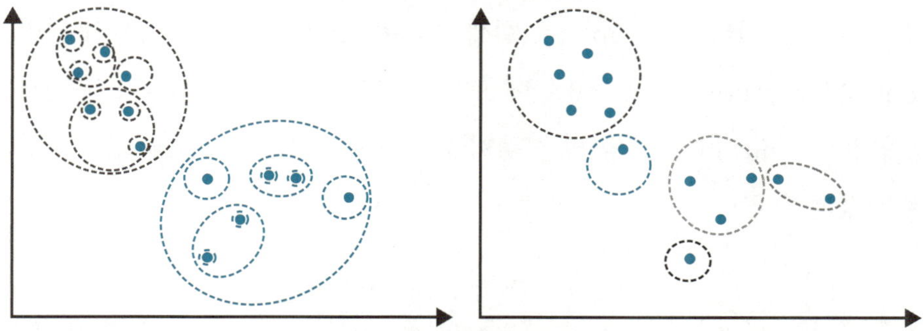

주: 좌-계층적 그룹화(hierarchical clustering), 우-분할적 그룹화(partitional clustering)

계층적 군집도 다시 두 가지 방식으로 분류된다. 전체 덩어리를 쪼개서 각 구성원이 모두 쪼개질 때까지 내려가는 하향식(top-down), 개별 구성원 중 비슷한 것들끼리 점차 묶어가며 하나로 합쳐가는 상향식(bottom-up)이 있다. 하향식을 'divisive clustering(분리형 또는 분할 군집)'이라고 부르고, 상향식을 'agglomerative clustering(응집형 또는 병합 군집)'이라고 부른다.

분류 때와는 다르게, 군집을 위해서는 각 그룹 간의 거리(distance)라는 것을 계산한다. 이 거리를 계산해서 새로 들어온 구성원을 가장 가까운 그룹에 포함시킨다. 그룹 간의 거리라는 개념에는 크게 네 가지가 존재한다. 그룹 간의 거리는 두 그룹 구성원 간의 거리로부터 계산되는데, 구성원 간의 거리라는 개념은 그룹 A에 있는 어떤 그룹원 a와 그룹 B에 있는 어떤 그룹원 b 간의 거리를 뜻한다.

두 그룹 간의 네 가지 거리 측정 방식은 다음과 같다.

- complete 거리: a와 b의 거리 중 최댓값
- single 거리: a와 b의 거리 중 최솟값
- average 거리: a와 b를 모두 계산한 평균
- centroid 거리: 두 그룹의 중심점 간 거리

이 거리들을 그림으로 표현하면 다음과 같다. 회색과 파란색 그룹 간의 거리에서, 파란색 거리는 complete, 회색 거리는 single, 파란색 점선의 거리는 centroid다. average는 A와 B 간에 모두 연결선을 그어야 해서 이 그림에서는 생략됐다. centroid 선의 양 끝은 실제 점이 아니고 점들의 centroid에 해당하는 가상의 위치다.

〈그림 2-17〉 그룹 간의 거리 측정

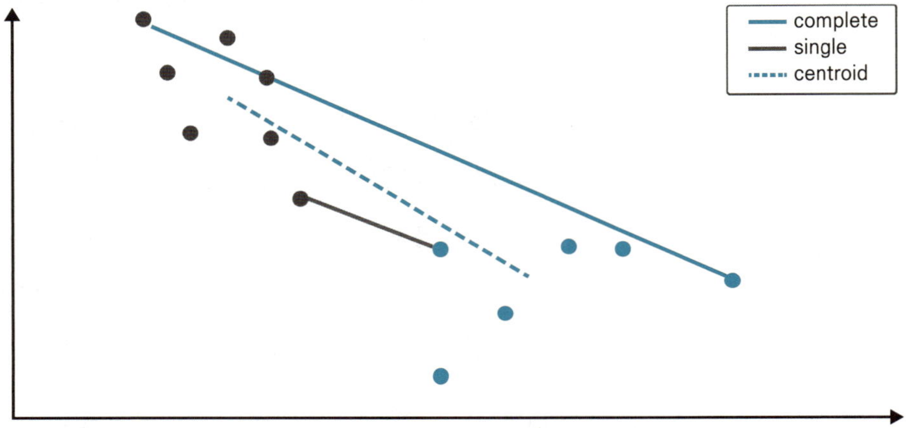

지금까지 개념적인 군집화 알고리즘의 방식에 대해 설명했다. 이제 구체적인 알고리즘으로 들어가보자.

1. Agglomerative clustering

상향식으로 합치는 방식에는 다음과 같은 다섯 가지가 있다.

- complete 방식: complete 거리가 가까운 것을 합침
- single 방식: single 거리가 가까운 것을 합침
- average 방식: average 거리가 가까운 것을 합침

- centroid 방식: centroid 거리가 가까운 것을 합침
- ward(와드) 방식: 합쳤을 때 분산이 가장 적게 증가되도록 합침

여기서 ward는 나머지와 다른 방식이다. 나머지가 그룹 간의 거리를 사용하는 방식이라면 ward는 합친 후 그룹 내의 거리를 사용하는 방식이다. 합친 후의 거리, 정확히는 오차제곱합인 ESS(error sum of squares)가 가장 적게 증가하도록 합친다. 상향식에서는 이 방식이 가장 자주 쓰인다. 이 외에도 weighted, median 방식 등이 있으나 잘 사용되지 않는다.

개념을 이해하기 위해 앞에서 설명한 complete 방식과 single 방식을 예로 들면 〈그림 2-18〉과 같다.

〈그림 2-18〉 complete 방식과 single 방식 비교

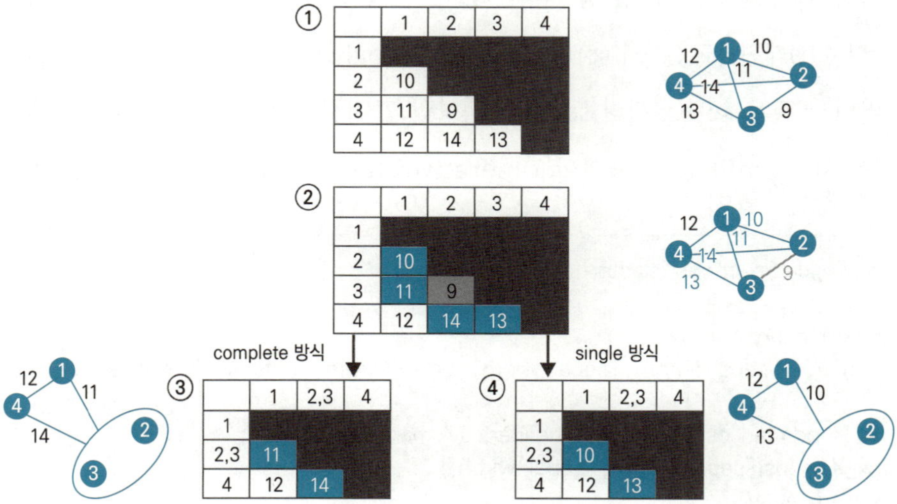

그림에서 ①은 각 구성원 1, 2, 3, 4 간의 거리를 표현한 distance matrix이고, ②에서는 합칠 준비를 하고 있다. 가장 가까운 거리가 구성원 2와 3이므로 그 둘이 합쳐질 텐데, 2와 3이 합쳐지면 이 합쳐진 그룹과 나머지 구성원 간의

거리를 다시 계산해야 한다.

②의 파란색 영역이 그 부분이다. 구성원 1은 2까지의 거리가 10이고 3까지의 거리가 11인데, complete 방식에서는 이 중 최댓값을 선택하고 single 방식에서는 이 중 최솟값을 선택한다. ③은 최댓값이 선택된 결과이고 ④는 최솟값이 선택된 결과다. 이 방식으로 martix를 줄여나가면 된다.

average와 centroid는 알겠지만 평균과 중심을 계산하기 위해 평균 또는 가중평균을 계산해야 하므로 합치는 과정에서 연산이 조금 더 필요하다. ward는 평균값이 아니고 ESS 증분을 비교해서 가장 작은 증분을 가지는 둘을 합친다. 그래서 계산량은 ward가 가장 많으나, 정확하고 잘 맞기 때문에 일반적으로 ward가 가장 많이 쓰인다.

다음 예제는 iris data 중 일부만을 그룹화한 것이다. 변수 X는 setosa의 앞부분 10개만, 그것도 ['sepal-length', 'sepal-width'] 정보만 가지고 있다. 그러니까 같은 setosa끼리 sepal의 정보만 가지고 몇 가지 그룹으로 나눠보려 한다. sklearn의 cluster.AgglomerativeClustering()를 사용하면 된다.

```
from sklearn import cluster

import pandas as pd
names = ['sepal-length', 'sepal-width', 'petal-length', 'petal-width', 'class']

iris = pd.read_csv('iris_withoutheader.csv', names=names)
irix_X = iris[['sepal-length', 'sepal-width']]
X = irix_X[:10]

model = cluster.AgglomerativeClustering(linkage='ward', n_clusters=4)
model.fit(X)
print(model.labels_)
```

10개를 4개의 그룹으로 나눈 결과는 [1 3 0 0 1 2 0 1 0 3]이다. 같은 번호끼리는 같은 그룹이란 뜻이다. AgglomerativeClustering() 내의 파라미터에 주목하자. 'ward' 방식이고 4개의 클러스터로 나누라는 뜻임을 쉽게 알 수 있다.

2. Dendrogram

Dendrogram은 엄밀히 말하면 군집화 방식이라기보다는 상향식 군집화를 표현하는 방식이다. 앞서의 예제를 dendrogram으로 표현해보자. Dendrogram은 sklearn이 아니고 scipy에서 찾을 수 있다. Dendrogram이 그려지면 화면 출력은 matplotlib가 담당한다.

```
import matplotlib.pyplot as plt
from scipy.cluster.hierarchy import dendrogram, linkage

import pandas as pd
names = ['sepal-length', 'sepal-width', 'petal-length', 'petal-width', 'class']

iris = pd.read_csv('iris_withoutheader.csv', names=names)
irix_X = iris[['sepal-length', 'sepal-width']]
X = irix_X[:10]

linkage_matrix = linkage(X, 'ward')
print(linkage_matrix)
dendrogram(linkage_matrix)
plt.ylabel('Distance')
plt.show()
```

여기에는 linkage_matrix라는 개념이 등장하는데, 출력하면 다음과 같이 나온다.

```
[[ 1.          9.          0.1         2.        ]
 [ 0.          4.          0.14142136  2.        ]
 [ 2.          3.          0.14142136  2.        ]
 [ 7.         11.          0.18257419  3.        ]
 [ 6.         12.          0.29439203  3.        ]
 [ 8.         14.          0.49833055  4.        ]
 [10.         15.          0.55527771  6.        ]
 [ 5.         13.          0.66458007  4.        ]
 [16.         17.          1.43445692 10.        ]]
```

모두 4개의 칼럼으로 구성되어 있는데, 첫 번째 칼럼과 두 번째 칼럼은 구성원 또는 그룹의 index다. 그래서 구성원은 총 10개니까 0~9이지만, 구성원끼리 묶인 그룹까지 index를 붙이다 보니 0부터 17까지 모두 18개가 존재한다.

그리고 이 두 칼럼은 가장 가까운 index들을 모았다. 1과 9가 가깝고, 0과 4가 가깝고… 식의 의미다. 위에서부터 index 1과 9를 묶은 그룹이 index 10이 되고, 0과 4가 묶인 그룹이 index 11이다. 이렇게 하나씩 index를 붙이면 index 5와 13을 합친 그룹의 index가 17이고, 제일 마지막에 16과 17을 묶으면 전체로 묶이기 때문에 이것은 굳이 index를 붙일 필요가 없다.

세 번째 칼럼은 첫 번째와 두 번째 칼럼에 있는 두 index의 거리이고, 마지막 네 번째 칼럼은 이 두 index를 합쳤을 때 총 구성원의 개수다. index 11부터는 개별 구성원이 아니고 묶인 그룹이란 걸 알고 있기 때문에, index 7과 11이 묶이는 부분을 보면 마지막 네 번째 칼럼값이 3임을 확인할 수 있다. 그리고 마지막 네 번째 칼럼값이 3 이상이란 뜻은 두 index 중 하나는 개별 구성원이 아니고 그룹이라는 것이다. 제일 아래에 있는 16과 17이 합쳐지면 네 번째 칼럼인 10이 되고, 전체가 합쳐지는 것이기 때문에 이 프로그램에서의 총 구성원 수인 10개와 같다.

이 역시 ward 방식으로 합쳐, linkage_matrix를 계산해내서 dendrogram을 그린다. 이 코드의 결과는 〈그림 2-19〉와 같다. 총 10개의 데이터만 분석한 결과다. 여기서는 그룹별로 색이 구분되어 보이지만 모두 setosa임을 우리는 알고 있다.

〈그림 2-19〉 iris 일부의 dendrogram 결과

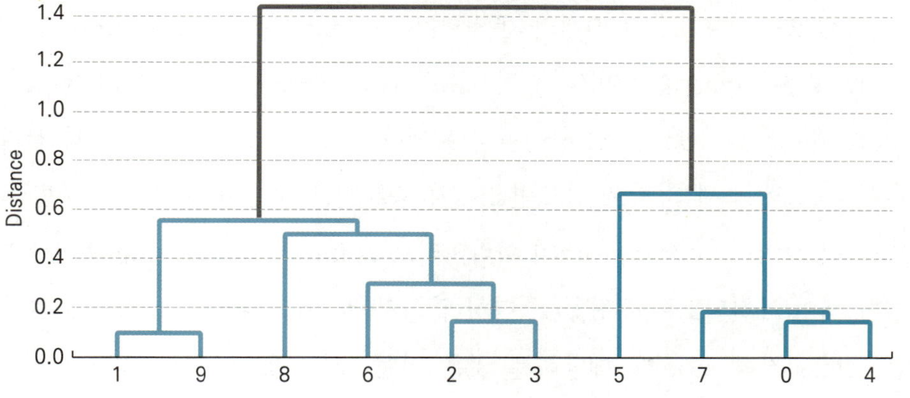

Dendrogram의 또 하나의 장점은 클러스터 수를 나눌 때 아래 〈그림 2-20〉처럼 적당히 잘라주면 원하는 그룹 수만큼 클러스터링이 가능하다는 것이다. ①에서 자르면 2개의 클러스터로, ②에서 자르면 3개의 클러스터로, ③에서 자르면 5개의 클러스터로 나눌 수 있다.

〈그림 2-20〉 클러스터의 개수 조절

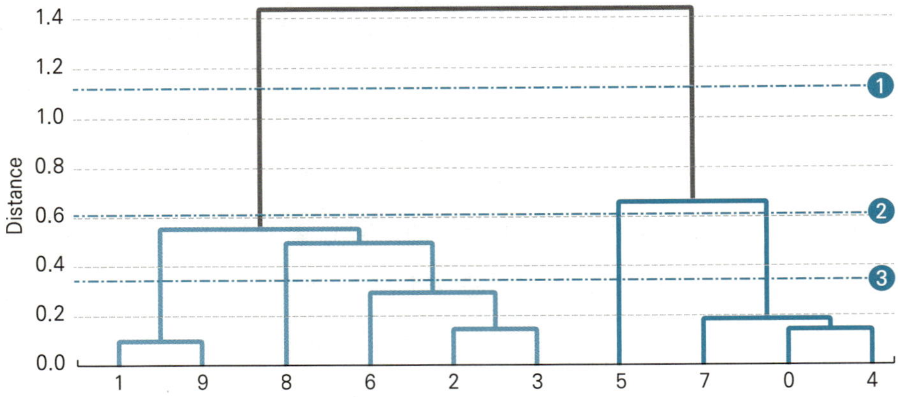

〈그림 2-21〉은 iris 150개의 샘플 전체를 dendrogram으로 표시해본 것이다. 물론 'class'는 여기 넣지 않고 ['sepal-length', 'sepal-width', 'petal-length', 'petal-width']만 사용했다. 코드와 그 결과는 다음과 같다. 혹시라도 색이 세 가지로 나오면 iris의 종류별로 구분한 것으로 오해할 수 있을 것 같아서 dendrogram의 파라미터로 color_threshold=2를 추가해 다양한 색이 표현되도록 수정했다. 다시 말하지만, unsupervised learning에서는 'class'처럼 label에 해당하는 것은 어떤 것도 있으면 안 된다.

```
import matplotlib.pyplot as plt
from scipy.cluster.hierarchy import dendrogram, linkage

import pandas as pd
names = ['sepal-length', 'sepal-width', 'petal-length', 'petal-width', 'class']

iris = pd.read_csv('iris_withoutheader.csv', names=names)
X = iris[['sepal-length', 'sepal-width', 'petal-length', 'petal-width']]  # Y는 없음

linkage_matrix = linkage(X, 'ward')
dendrogram(linkage_matrix, color_threshold=2)   # 두 가지 색으로 표시
plt.ylabel('Distance')
plt.show()
```

〈그림 2-21〉 iris 전체의 dendrogram 결과

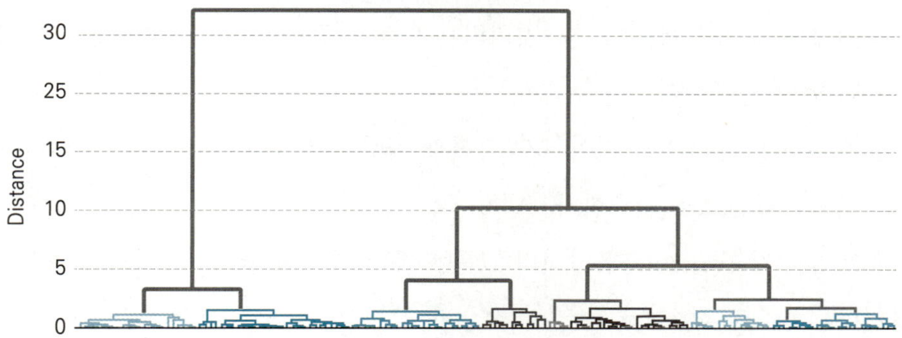

3. k-means

계층적 방식이 아닌 분할적 방식으로, k개로 그룹화한다. k개로 나누고자 할 때, k개의 평균 위치를 무작위로 선정한 후 학습하는 과정에서 그들의 평균 위치가 계속 재조정되며 군집이 완성되기 때문에 붙이진 이름이다. 학습 과정은 〈그림 2-22〉와 같다.

〈그림 2-22〉 k-means 과정

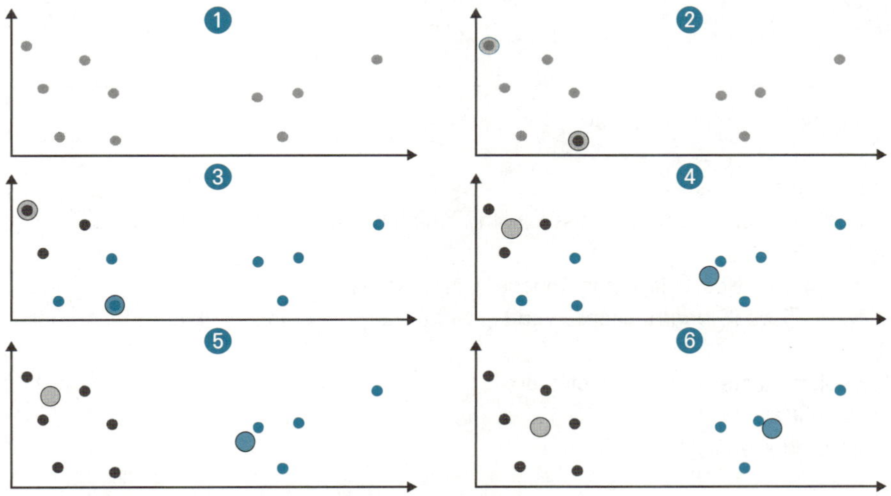

주: 옮겨다니는 큰 두 원은 각각 centroid를 뜻함

①과 같은 상태로 n개의 데이터가 존재한다.

②에서는 n개의 데이터 중 임의의 k개를 선정하고, 그들을 k개 그룹의 centroid로 간주한다.

③에서는 모든 n개의 데이터가 자신과 가장 가까운 centroid를 선택하고 그 그룹의 일원으로 간주한다.

④에서는 각 centroid가 자신의 그룹에 해당하는 데이터의 중심으로 위치를 옮긴다.

⑤는 ③의 반복으로, 모든 n개의 데이터가 다시 자신과 가장 가까운 centroid를 선택한다.

⑥은 ④의 반복으로, 각 centroid가 다시 위치를 옮긴다.

centroid들이 더는 위치를 옮기지 않아도 될 때까지 ③과 ④가 반복된다.

이를 iris에 적용해보자. 이번에는 150개를 2개의 그룹으로 클러스터링하도록 한다. 앞서의 그림은 2차원 예제였으나, 여기서는 4차원 공간을 상상해보기 바란다.

```
from sklearn import cluster

import pandas as pd
names = ['sepal-length', 'sepal-width', 'petal-length', 'petal-width', 'class']

iris = pd.read_csv('iris_withoutheader.csv', names=names)
X = iris[['sepal-length', 'sepal-width', 'petal-length', 'petal-width']]

model = cluster.KMeans(n_clusters=2)
model.fit(X)
print(model.labels_)
```

결과는 [1 1 1 1 1 1 1 1 1 1 1 1 1 1 1 1 1 1 1 1 1 1 1 1 1 1 1 1 1 1 1 1 1 1 1 1 1 1 1 1 1 1 1 1 1 1 1 1 1 1 0 0 0 0 0 0 0 **1** 0 0 0 0 0 0 0 0 0 0 0 0 0 0 0 0 0 0 0 0 0 0 0 0 0 0 0 0 0 0 0 0 0 0 0 0 0 0 **1** 0 0 0 0 **1** 0 0 0 0 0 0 0 0 0 0 0 0 0 0 0 0 0 0 0 0 0 0 0 0 0 0 0 0 0 0 0 0 0 0 0 0 0 0 0 0 0 0 0 0 0 0 0 0 0 0]이 된다. 0 중간에 숨어 있는 1들을 발견하길 바란다.

4. DBScan

DBScan(Density-Based Spatial Clustering of Applications with Noise)은 거리가 아니고 밀도를 기반으로 군집을 만든다. 특정 반경 내에 구성원이 어느 개수 이상만큼 있으면 밀도가 높다고 판단하고 같은 그룹으로 인정한다.

〈그림 2-23〉 ① k-means ② DBScan에 의한 군집화의 차이

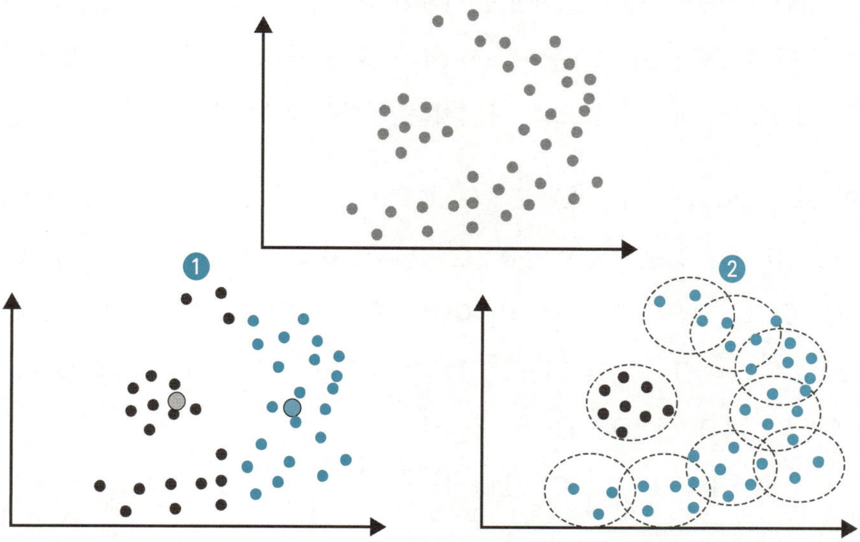

〈그림 2-23〉은 같은 데이터에 대해 k-means와 DBScan으로 군집화했을 때의 차이점을 보여준다. Centroid에 의해 나눌지, 인접 구성원들에 의해 나눌지의 차이다. DBScan은 그림에서처럼 기하학적인 모양을 갖는 군집화에 잘 적용된다.

```
from sklearn import cluster

import pandas as pd
names = ['sepal-length', 'sepal-width', 'petal-length', 'petal-width', 'class']

iris = pd.read_csv('iris_withoutheader.csv', names=names)
X = iris[['sepal-length', 'sepal-width', 'petal-length', 'petal-width']]

model = cluster.DBSCAN(eps=0.5, min_samples=10)
model.fit(X)
print(model.labels_)
```

DBSCAN() 내의 파라미터를 살펴보자. 어떤 구성원 a로부터 반경 eps 이내의 구성원이 min_samples 이상 존재하면 그들은 모두 같은 클러스터로 하고, 중심이 됐던 a를 core라고 본다. core들이 같은 구성원을 공유하면 합쳐진다. 최종적으로 몇 개의 그룹으로 나뉠지는 끝까지 가봐야만 안다.

이 프로그램의 결과는 [0 0 0 0 0 0 0 0 0 0 0 0 0 0 -1 0 0 0 0 0 0 0 0 0 0 0 0 0 0 0 0 0 0 0 0 0 0 0 0 -1 0 0 0 0 0 0 0 0 1 1 1 1 1 1 -1 1 1 -1 1 1 1 1 1 1 1 -1 1 1 1 1 1 1 1 1 1 1 1 1 1 1 1 1 1 1 -1 1 1 1 1 1 -1 1 1 1 1 -1 1 -1 1 -1 1 1 -1 -1 -1 -1 -1 1 1 1 -1 -1 1 1 -1 -1 -1 1 -1 -1 1 1 -1 1 1 1 -1 -1 -1 1 1 -1 -1 -1 1 1 1 1 1 1 1 1 1 1 1 -1 1]이다.

5. DIANA

DIvisive **ANA**lysis라는 뜻으로, 하향식 군집화의 한 방법이다. 먼저 전체를 하나로 보고 이를 두 그룹으로 나누어서 각 구성원을 둘로 나눈다. 그런 다음 그 각각을 재귀 방식으로 둘씩 둘씩 또 나누고, 그렇게 하부로 반복해간다. 이 방식은 복잡도가 너무 높아 잘 사용되지는 않으며, sklearn에서도 따로 구현되어 있지 않다. 〈그림 2-24〉는 앞의 예제에 DIANA를 적용하는 과정이다.

〈그림 2-24〉 DIANA 과정

①

	1	2	3	4
1				
2	10			
3	11	9		
4	12	14	13	

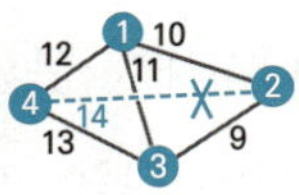

②

	1	2	3	4
1				
2	10			
3	11	9		
4	12		13	

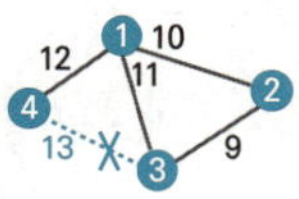

③

	1	2	3	4
1				
2	10			
3	11	9		
4	12			

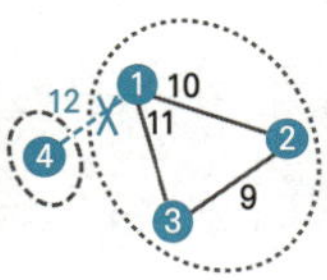

④

	1	2	3	4
1				
2	10			
3	11	9		
4				

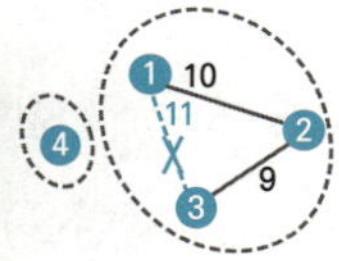

⑤

	1	2	3	4
1				
2	10			
3		9		
4				

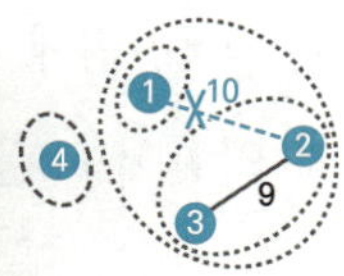

⑥

	1	2	3	4
1				
2				
3		9		
4				

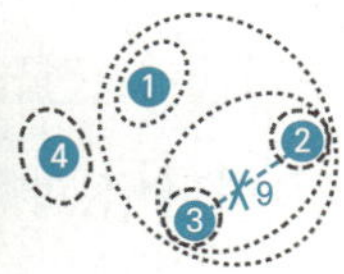

DIANA의 예제 프로그램은 Divyang Vashi가 GitHub에 올려놓은 소스코드 https://github.com/div338/Divisive-Clustering-Analysis-Program-DIANA-/blob/master/divisive_clustering.py를 참고하면 된다.

3절 분류기의 정확도

분류 문제는 답이 정해져 있기 때문에 답과 비교해서 잘못된 예측을 할 수가 있다. 이에 비해 군집 문제에서는 답이 없기 때문에 잘못이라고 할 경우가 분류 문제에 비해 극히 드물다.

1. 분류기 성능 지표

분류를 잘하는지 못하는지 지표로 정확도를 나타내야 하는데, 정확도를 단 하나의 숫자로 나타내기보다는 둘 이상의 값을 병행해서 표현한다. 1종 오류나 2종 오류와 같은 용어도 하나의 오류로 나타내지 못하고, Precision(정밀도)과 Recall(재현율)도 늘 함께 나타나야 한다. 예를 들어 병에 감염됐는지를 판단하는 경우, 병에 감염됐어도 감염되지 않았다고 오류를 낼 수도 있고 병에 감염되지 않았어도 감염됐다고 오판을 할 수도 있는데 그 둘이 전혀 다르기 때문이다.

정밀도를 알아보기 위해 감염자와 비감염자의 분포를 〈그림 2-25〉와 같이 나타내자. 정규분포와 비슷한 두 그래프가 나오는데, 이론상 정규분포에 가깝긴 하나 정확한 정규분포가 그려지는 경우는 없으므로, 본 교재에서도 실제 상황을 가정하고 정확한 정규분포 그림을 그리지 않는다.

〈그림 2-25〉 병에 감염된 사람과 감염되지 않은 사람의 실제 분포

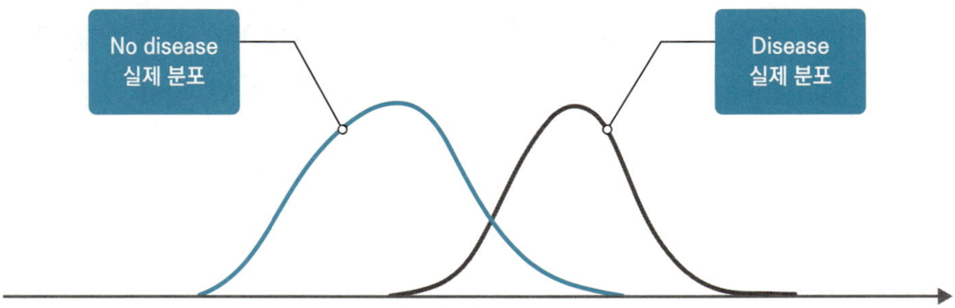

여기서 Disease와 No Disease를 각각 positive와 negative로 구분하면 되는데, 지금의 경우는 병을 가진 것을 positive로 볼 수도 있고, 때에 따라서는 건강한 것을 positive로 볼 수도 있으므로 positive와 negative는 경우에 따라 적절하게 해석하면 된다. 그리고 실제 분포는 〈그림 2-26〉과 같이 positive와 negative가 겹치는 경우가 대부분이므로, 이 경우 일반적으로 threshold를 정해서 다음과 같이 결론을 낸다.

〈그림 2-26〉 진단 결과

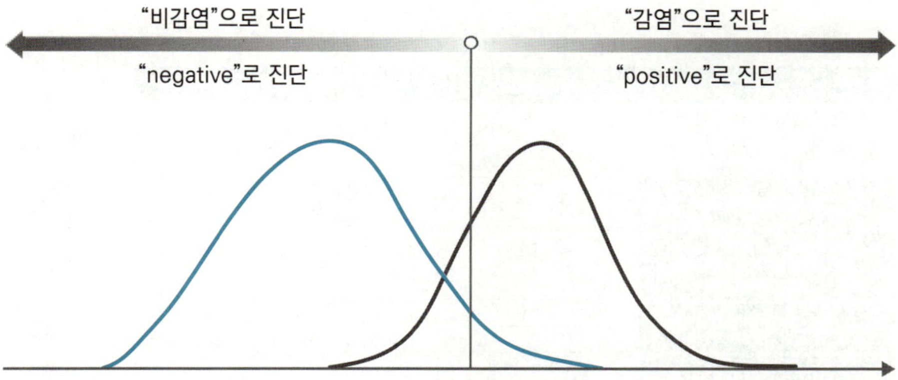

이는 네 가지 부류로 나눌 수가 있으며, 〈그림 2-27〉과 같다.

〈그림 2-27〉 분류 결과

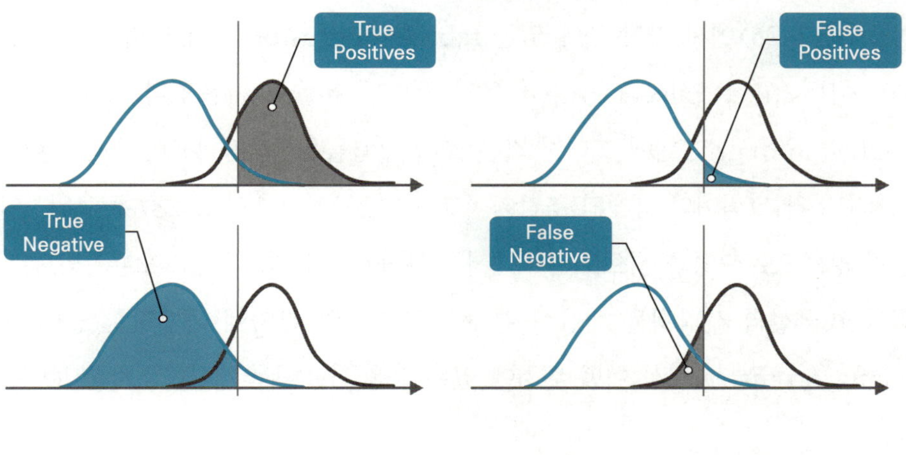

〈그림 2-27〉에서 구분한 것은 분류기의 분류 결과에 따라 구분한 것인다, True Positive는 실제 positive인 것을 positive라고 바로 말한 경우이고, False Positive는 실제로는 negative이나 positive라고 잘못 분류한 경우이다. True가 붙으면 정답을 맞춘 것이고 False가 붙으면 오답을 말한 것이다.

1) 분류기 성능 지표들

일반적으로 분류기의 성능을 판단하는 지표는 다음과 같다.

〈그림 2-28〉 분류기 성능지표

	Positive로 판단	Negative로 판단
실제 Positive(대립가설)	TP	FN
실제 Negative(귀무가설)	FP	TN

지표	계산식	설명
Precision(정밀도)	$\frac{TP}{TP + FP}$	Positive라고 판단된 것 중에서 실제로 Positive였던 비율
Recall(재현율) = Sensitivity(민감도) = power(검정력)	$\frac{TP}{TP + FN}$	Positive라고 답을 내야 하는 것 중에서 실제로 Positive라고 답을 낸 비율
Specificity(특이도)	$\frac{TN}{FP + TN}$	Negative라고 답을 내야 하는 것 중에서 실제로 Negative라고 답을 낸 비율
Accuracy(정확도)	$\frac{TP + TN}{TP + FP + FN + TN}$	
Error rate(오차율)	$\frac{FP + FN}{TP + FP + FN + TN}$	
F1 score	$\frac{2 * P * R}{P + R} = \frac{2TP}{2TP + (FP + FN)}$	

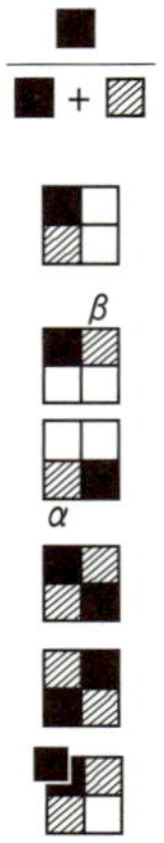

〈그림 2-28〉에서 가장 위에 있는 table을 confusion matrix라고 하는데, True Positive, False Positive 등의 개수나 비율로 채워진다. 그리고 이 confusion matrix 내에 그려진 작은 조각 그림들은 〈그림 2-27〉에서 표현된 4개의 조각 그림이다. 4개의 조각이 〈그림 2-27〉과 〈그림 2-28〉에서 위치가 같지 않으므로 모양과 색으로 주의해서 구분하기 바란다. 그리고 오른쪽의 검정색과 빗금선의 사각형을 사용한 분수식은 분모와 분자에 들어갈 값들이 이 confusion matrix에서 어떤 위치에 있는 값을 사용해서 계산하는지를 보여준

다. 검정색과 빗금선 중 검정색이 차지하는 비율인데, 예를 들어 Precision의 경우는 confusion matrix의 왼쪽 두 값 중 위쪽 값이 차지하는 비율을 뜻한다. 모두 분모에 대한 분자의 비율을 계산하는 값이므로 0부터 1사이의 값으로 계산된다.

Precision은 분류기가 Positive라고 답을 냈던 것 중에서 실제로 Positive를 맞힌 비율이고, Recall은 답이 Positive라고 나와야 할 것 중에서 Positive라고 답을 낸 것의 비율이다. Recall은 Precision과 같이 언급할 때는 Recall이라 부르지만, Specificity와 같이 언급될 때는 Sensitivity라고 부른다. 통계에서는 Power(검정력)라고도 불린다. 1에서 Recall(Sensitivity)을 뺀 값이 2종 오류(베타 오류)다. Specificity는 Sensitivity와 반대로 실제 Negative 중에서 Negative라고 답을 맞힌 비율이고, 1에서 Specificity를 뺀 값이 1종 오류(알파 오류)다.

이 지표들 중 Precision, Recall, Specificity는 독자적으로 사용하면 안 된다. 어떤 분류기가 항상 Positive라고만 답을 낸다면, 분명 잘못된 분류기임에도 불구하고 Recall이 100%가 된다. 반대로 항상 Negative라고만 답을 내는 잘못된 분류기의 경우 Precision은 분모가 0이 되어 계산이 불가능하고, Specificity가 100%가 되는 기현상이 벌어진다. 따라서 Precision, Recall을 같이 나타내거나, Sensitivity와 Specificity를 함께 나타내야 한다. 늘 값을 2개씩 표현해야 하기 때문에 효율적이지 못해서 F1 score라는 것도 등장했는데, 이는 Precision과 Recall의 조화평균값이다. 그림 〈2-28〉의 하단에 있는 F1 score 식 중 P와 R은 각각 Precision과 Recall을 뜻하고, TP는 True Positive를 뜻한다.

2) ROC 커브

Threshold를 앞서와 같이 고정하지 않고 〈그림 2-29〉와 같이 점점 왼쪽으로 옮겨가면 threshold의 오른쪽에 있는 두 positive들, 즉 True Positive와 False Positive의 값도 점점 증가하는데, 이 둘을 두 축으로 좌표축에 표시해 보자.

〈그림 2-29〉 Threshold 이동에 따라 True Positive와 False Positive 변화 관찰

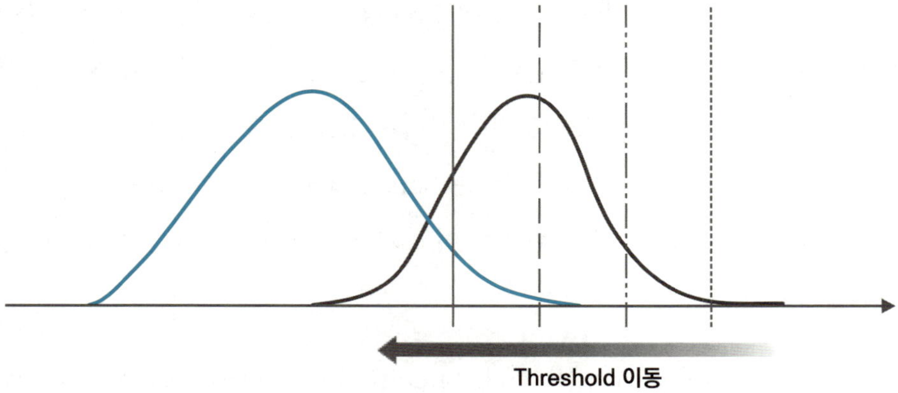

주: Threshold를 좌우로 옮기면서 확인함

그러면 〈그림 2-30〉과 같은 그래프가 그려진다. 앞서의 그림에서 Threshold를 왼쪽으로 옮기면서 각 Threshold마다 false positive와 true positive 값을 각각 x, y 좌표상에 나타내면 ①부터 ⑧방향으로 이동하는 곡선이 얻어진다. 이를 ROC curve(Receiver Operating Characteristic curve)라고 한다. ROC 커브로 이 분류기가 얼마나 정확도가 높은지 알 수 있다.

〈그림 2-30〉 ROC curve

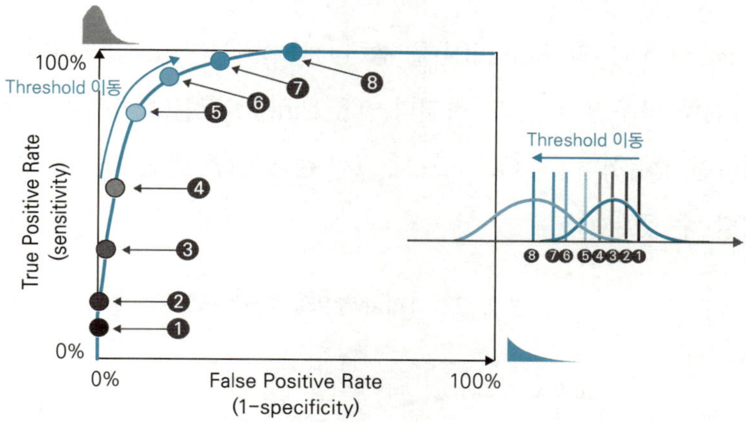

〈그림 2-31〉은 분류기의 성능에 따른 ROC 커브의 변형을 보여준다. ①이 분류가 잘되는 경우다. 분류가 잘될수록 커브가 좌상 방향으로 많이 꺾인 그래프가 되고, 분류가 잘 안 될수록 그래프가 완만해진다. ROC 커브는 가로와 세로의 길이가 모두 1이고 정사각형의 전체 면적이 1이므로, 이 곡선의 아랫부분의 면적(Area Under the Curve, AUC)을 정확도로 대신할 수 있다.

〈그림 2-31〉 분류가 잘되는 경우와 잘 안 되는 경우

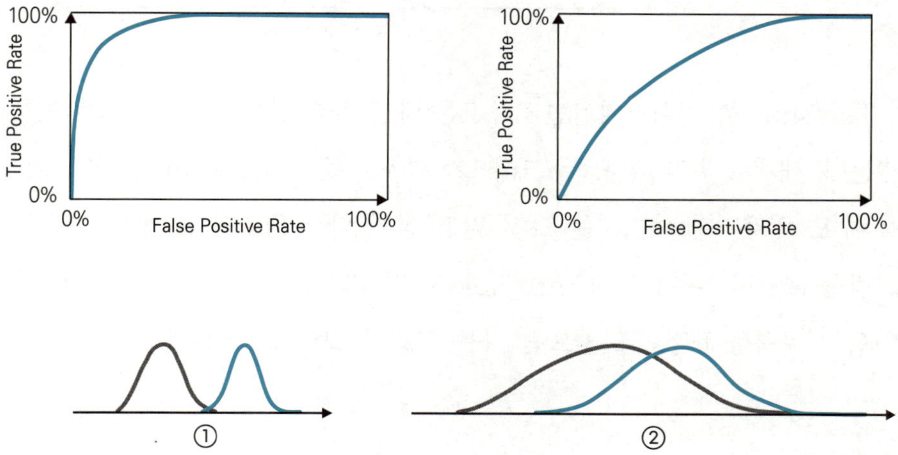

3) PR 커브와 mAP

Precision (P)과 Recall(R)을 좀 더 들여다보자면, 앞서서의 Threshold 값을 점차 바꾸면 두 값도 바뀐다. Threshold 값을 바꾸면서 계속 P와 R을 측정하면 앞서서처럼 ROC 커브도 그릴 수 있지만 반면 다음과 같은 커브들도 고려할 수 있다.

〈그림 2-32〉 Threshold에 따른 P와 R 변화

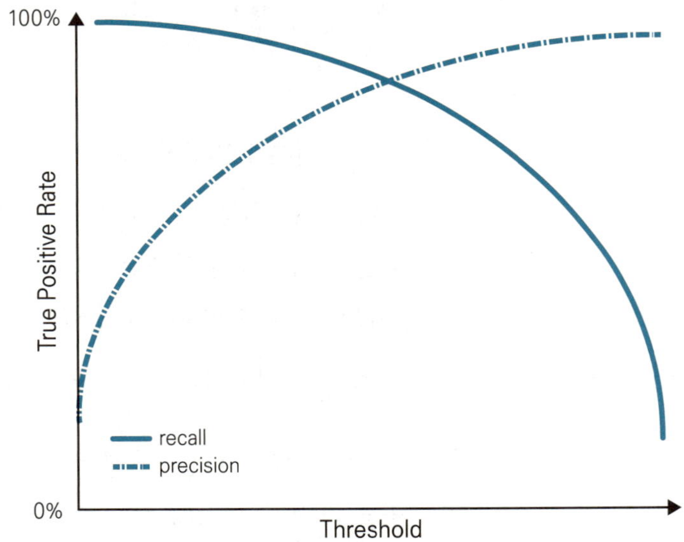

Threshold를 변화시켜가면 P와 R은 약간 반대 방향으로 움직이는 경향이 있는데, 대체로 위와 같다. 두 그래프가 겹치는 곳을 적절한 threshold 값으로 볼 수도 있겠지만 여기서는 그것 말고 잠깐 다른 그림을 소개하기 위해 이 그림을 그렸다. 여기서 매 threshold 마다 P와 R 값을 기록해서, 가로축을 R축, 세로축을 P축으로 놓으면 다음 그림과 같이 PR커브를 그릴 수 있다.

〈그림 2-33〉 PR커브(좌)와 AP(우)

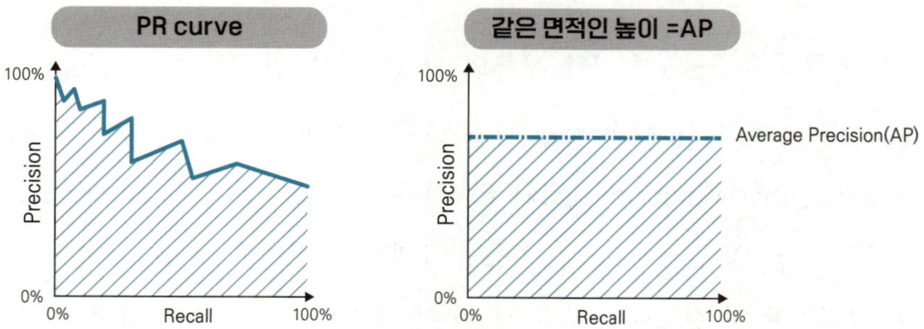

이 그림에서 왼쪽에 있는 그래프는 일반적인 PR 커브인데, R에 따라 P가 어떻게 변하는지를 알 수 있다. 여기서는 P 값들이 계속 들쑥날쑥 변하기 때문에 PR 커브를 오른쪽의 그림처럼 일정한 직사각형이 되도록 조금 변형을 가해 보자. 조건은 두 그림에서 파란색 그래프의 아래 면적이 같게 되도록 한다. 그러자면 왼쪽 그림에서의 P 값들을 단순히 평균을 취해 주기만 하면 오른쪽 그림이 된다. 이렇게 이 두 면적이 같게 되는 높이는 P의 평균값이라는 의미로 AP(Average Precision)라고 부른다.

분류기가 세 개 이상의 클래스로 분류하게 된다면, Iris의 경우에서도 setosa에 대한 AP가 계산이 되고, versicolor에 대한 AP가 계산이 되고, virginica에 대한 AP가 각각 계산이 될 수 있어서, 이 세 개의 AP를 다시 평균내면 mAP(mean of AP)라는 종합적인 평균값이 얻어지기도 한다. 그래서 종종 다중 클래스 분류기에서는 Precision-Recall로 값을 매기기도 어려운 경우 mAP값으로 정확도를 표현하기도 한다.

4절 분류기의 효율성 개선

지금까지 sklearn의 각종 분류와 군집화 모델인 KNeighborsClassifier(), LinearRegression(), KMeans(), LogisticRegression(), DecisionTreeClassifier(), GaussianNB(), MultinomialNB(), SVC(), AgglomerativeClustering(), DBSCAN(), 그리고 scipy의 dendrogram() 등을 소개하고 이들을 사용하는 방법을 살펴봤다. 그렇지만 이 정도로는 수박 겉핥기에 불과하며, 대략적인 알고리즘을 구경해 본 정도라고 할 수 있다. 이 알고리즘을 사용해서 더 정확한 모델을 만들기 위해서는 많은 고민을 하고 수정도 이뤄져야 하는데, 선형회귀의 경우 몇 차 다항식이 유리한지 또는 k-means의 경우 클러스터링을 몇 개로 하는 게 좋을지 등에 대해서는 아직 언급하지 못했다. 여기서는 약간의 파라미터 조절과 앙상블 기법(뒤에서 설명)을 활용함으로써 지금까지 교재에서 소개한 간단한 프로그램을 개선하는 방법을 설명하고자 한다.

1. 과적합과 앙상블

1) 과적합의 문제

iris에서의 첫 문제로 다시 돌아가 보자. 다음의 코드에서 가장 아랫부분에 있는 model.**fit**(x_**train**, y_**train**)과 print(model.**score**(x_**test**, y_**test**))를 보자. model.fit()에서는 train 데이터가 사용되고 있고, model.score()에서는 test 데이터가 사용되고 있다. 기본값이 0.25이기 때문에 train:test = 112개:38개로 분리가 된다. 112개만으로 모델을 만들고, 그 모델이 얼마나 정확했는지는 38개의 test 데이터로 확인한다.

```
from sklearn import model_selection
from sklearn import neighbors

import pandas as pd
names = ['sepal-length', 'sepal-width', 'petal-length', 'petal-width', 'class']

iris = pd.read_csv('iris_withoutheader.csv', names=names)
iris_data = iris[['sepal-length', 'sepal-width', 'petal-length', 'petal-width']]
iris_target = iris['class']

x_train, x_test, y_train, y_test = \
    model_selection.train_test_split(iris_data, iris_target)
model = neighbors.KNeighborsClassifier(n_neighbors=1)
model.fit(x_train, y_train)
print(model.score(x_test, y_test))
print(model.score(x_train, y_train))
```

제일 아랫줄이 앞의 프로그램과 다르다. score(정확도)를 두 가지 데이터로 계산하는데, test 데이터와 train 데이터로 각각 score를 계산해본다.

이 프로그램을 여러 번 실행해서 값을 확인해보면, print(model.score (**x_train, y_train**))의 결과가 언제나 1.0에 가까운 높은 값인 반면, print(model.score(**x_test, y_test**))의 결과는 0.9473684210526315, 1.0, 0.9210526315789473 등 다양한 값이 출력됨을 확인할 수 있다. 38개 중 36개가 맞았으면 0.9473684210526315이고, 35개가 맞았으면 0.9210526315789473이다. train_test_split()에서 무작위로 150개의 구성원을 shuffle하기 때문에 학습 순서에 따라 조금씩 다른 모델이 나오기 때문이다.

여기서 한 가지 의문이 들 수 있다. 왜 150개 전체를 학습시켜서 모델링하지 않고 112개만 사용했을까? 150개를 모두 사용하면 더 정확한 모델이 만들어질 텐데, 왜 그중 일부만 사용했을까?

이것은 비단 iris 예제뿐만이 아니고 정확도를 계산하고 정확도를 높여야 하는 모든 데이터 분석에서도 마찬가지다. 정확도를 너무 열심히 추구하다보면 과적합(overfitting)이란 문제가 발생하기 때문이다. 학습된 데이터에만 너무 잘 반응하게 만들면 학습에 사용하지 않은 데이터로 확인하면 정확도가 오히려 떨어질 수 있다는 의미다.

전체를 train 데이터로 학습시키고, 이를 다시 train 데이터로 정확도를 측정하면 거의 100%에 가까운 정확도를 나타내겠지만, 과연 이렇게 학습시키는 것이 합당할지는 의문이다. 아니, 잘못된 방법이다. 학습에 사용된 데이터가 샘플링이 골고루 된 게 아니고 한쪽으로 편향(bias)됐기 때문에 그 샘플링에서만 잘 들어맞는 모델이 나오는 것이다.

이런 편향을 막기 위해 iris에서도 데이터를 train과 test로 나누어서 train 데이터만으로 모델을 만든다. 반드시 그 데이터에만 적합한 모델이 만들어졌으므로, train 과정에서 전혀 사용되지 않은 test 데이터를 남겨서 모델의 정확도를 다시 계산해보는 것이다. train과 test의 비율을 7:3이나 8:2, 7.5:2.5 등의 비율로 적당히 나눈다. 그런데 이것도 매번 할수록 print(model.score (**x_test, y_test**))의 결과가 달라진다. 항상 train과 test가 균등하게 나눠지지 않기 때문에 이 둘을 나누는 과정에서 편향이 발생하기도 한다.

편향이 데이터에서만 발생하는 것은 아니다. 앞서 언급됐던 몇 가지 알고리즘 중에서도 잘 맞는 알고리즘이 있고 잘 맞지 않는 알고리즘이 있을 수 있다. 따라서 어떤 알고리즘을 선택하는 것이 좋은 모델을 만들 수 있느냐는 또 다른 문제다.

과적합의 원인인 편향도 방지하고 모델의 정확도도 어느 정도 안정적으로 나오게 하기 위해 지금까지의 방법을 그대로 사용하기보다는 다양하게 변형하거나 다양한 기법을 적용하게 된다. 하나씩 극복해보자.

train과 test에서도 데이터가 고루 섞이도록 하려면, 가장 쉬운 방법 중의 하나가 둘을 나누는 과정을 여러 번 반복해서 나누고 평균적인 모델을 만드는 것이다. 조금 편법이긴 한데, 과정을 반복하는 것을 한 번에 하기 위해 다음과 같이 데이터를 여러 번 복제해서 뒤섞음으로써 train과 test를 나눌 때 생길 수 있는 편향을 제거할 수도 있다.

```
from sklearn import model_selection
from sklearn import neighbors

import pandas as pd
names = ['sepal-length', 'sepal-width', 'petal-length', 'petal-width', 'class']

iris = pd.read_csv('iris_withoutheader.csv', names=names)
for i in range(9):
    iris = pd.concat([iris, iris])
iris = iris.sample(frac=1)
print(iris)

iris_data = iris[['sepal-length', 'sepal-width', 'petal-length', 'petal-width']]
iris_target = iris['class']

x_train, x_test, y_train, y_test = \
    model_selection.train_test_split(iris_data, iris_target)
model = neighbors.KNeighborsClassifier(n_neighbors=1)
model.fit(x_train, y_train)
print(model.score(x_test, y_test))
```

이 프로그램에서 for문을 보면 9번 반복하며 똑같은 iris가 concat되어 두 배로 늘어나는데, 늘어난 iris가 또다시 두 배로 늘어나므로 for문이 끝나고 iris를 print해보면 크기가 76,800행임을 알 수 있다. 즉 512배로 늘어나 있다. for문이 끝나면 iris.sample(frac=1)을 실행하는데 이것은 iris 데이터 중 frac 비율만큼 무작위로 뽑아내는(sampling 또는 choice) 작업으로, 지금은 frac 값이 1이므로 76,800개 모두를 다 무작위로 뽑아낸다. 무작위로 뽑아내서 다시

iris에 저장하므로 사실상 전체를 shuffle하는 것과 똑같은 효과가 있다. 그다음은 기존의 코드와 똑같다.

2) 앙상블

이왕 데이터도 늘렸으니 neighbors.KNeighborsClassifier() 한 가지 방법만 고집할 필요는 없어 보인다. train과 test 데이터를 적당히 복사하고, 이들을 각기 다른 방식으로 모델링하면, 그중 가장 잘 들어맞는 모델이 발견될 수도 있겠다. 또는 편향을 고려한다면 각종 모델의 예측 결과를 비교해보고 가장 많이 나오는 답을 내거나, 연속형의 답일 경우 다른 모델들의 평균값을 선택하는 것이 더 안정적인 판단으로 보인다.

이와 같이 여러 모델을 조합하는 기법을 앙상블(ensemble)이라 한다. 특이하게도 앙상블에 사용되는 모델에는 Decision Tree들이 많이 쓰인다.

(1) Bagging

앙상블 중 하나인 Bagging 방식은 앞서의 복원추출 반복 과정을 train 데이터에만 적용하는 개념이다. 모델을 여러 개 사용하고자 하고 모델마다 train 데이터를 뽑는데, 중복을 허용하면서 무작위로 반복적으로 뽑는다. 이렇게 중복해서 뽑는 것을 bootstrap이라고 한다. Bagging은 **b**oostrap을 **agg**regating(합침)한다는 뜻에서 지어진 이름이다. test 데이터는 train 과정과는 별개로 남겨두는데 이를 OOB(Out Of Bag)라고 한다.

〈그림 2-34〉 Bagging

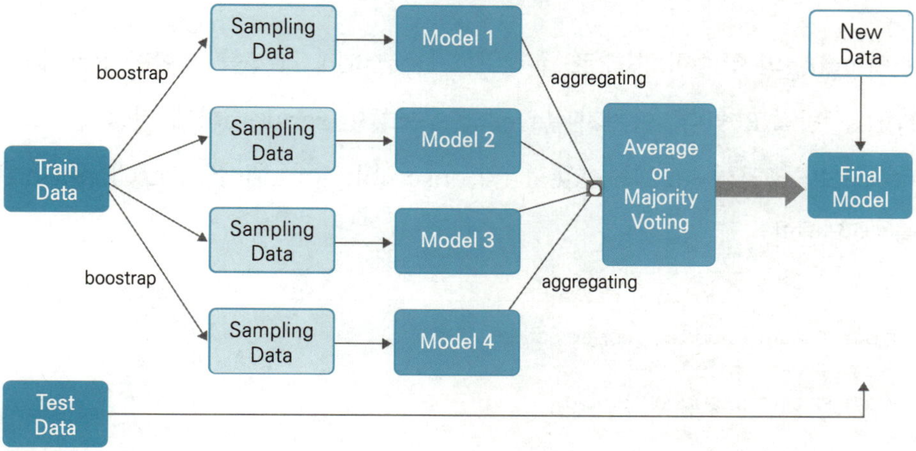

이제부터는 앞서의 예제들에서 neighbors.KNeighbors()를 사용했던 부분을 모두 바꾸어서 tree.DecisionTreeClassifier()를 사용하고자 한다(Decision Tree를 기본 분류기로 삼는다).

```
from sklearn import model_selection
from sklearn import tree
from sklearn import ensemble

import pandas as pd
names = ['sepal-length', 'sepal-width', 'petal-length', 'petal-width', 'class']

iris = pd.read_csv('iris_withoutheader.csv', names=names)
iris_data = iris[['sepal-length', 'sepal-width', 'petal-length', 'petal-width']]
iris_target = iris['class']

x_train, x_test, y_train, y_test = \
    model_selection.train_test_split(iris_data, iris_target)
dtree_model = tree.DecisionTreeClassifier(max_depth=2)
model = ensemble.BaggingClassifier(dtree_model, n_estimators=10)
model.fit(x_train, y_train)
print(model.score(x_test, y_test))
print(model.predict([[1,2,3,4]]))
```

이 예제에서는 depth=2까지만 분류하는 Decision Tree 10개를 사용했다.

Bagging의 특수한 형태로 무작위로 Decision Tree를 결합한 Random Forest 방식도 있다. 합쳐지는 tree의 구조들이 random하게 만들어지므로 각 구조가 조금씩 다르다. sklearn의 ensemble.RandomForestClassifier()를 사용한다.

```
from sklearn import model_selection
from sklearn import tree
from sklearn import ensemble

import pandas as pd
names = ['sepal-length', 'sepal-width', 'petal-length', 'petal-width', 'class']

iris = pd.read_csv('iris_withoutheader.csv', names=names)
iris_data = iris[['sepal-length', 'sepal-width', 'petal-length', 'petal-width']]
iris_target = iris['class']

x_train, x_test, y_train, y_test = \
    model_selection.train_test_split(iris_data, iris_target)
model = ensemble.RandomForestClassifier(n_estimators=10, max_depth=None)
model.fit(x_train, y_train)
print(model.score(x_test, y_test))
print(model.predict([[1,2,3,4]]))
```

이 코드에서는 RandomForestClassifier() 부분을 볼 필요가 있는데, Bagging Classifier처럼 분류기 모델을 따로 지정하고 있지 않다. 대신에 사용될 Decision Tree의 max_depth를 지정해줄 수 있고 max_depth를 넘지 않는 구조의 Tree들만 만들어진다. 이 예제처럼 None이면 max_depth에 제한을 두지 않고 만들어질 수 있는 Tree는 모두 사용 가능하다.

(2) Boosting

이름이 비슷해서 혼동할 수도 있는 방식으로 Boosting 방식이 있다. 데이터를 늘리지는 않는데, 강한 분류기 하나를 잘 만들기보다는 약한 분류기들을 모아도 잘못 맞춘 결과만 조절해 다시 학습시키면 전체는 정확도가 높아진다는 개념이다. 각각은 정확도가 그렇게 높지 않은 약한 분류기다. 하지만 전체로 보면 오분류된 데이터만 재학습시키고 정상으로 분류된 데이터는 손을 거의 대지 않는 방식이기 때문에, 이렇게 약한 학습기를 전부 묶어서 하나의 개념으로 정확도를 보면 개별적 학습기의 정확도보다 높다는 점을 이용한 것이다. 개별적으로는 0.5 정도의 정확도를 가지는 분류기라 하더라도 전체를 합치면 0.9 이상의 분류기가 완성된다.

Bagging이 여러 분류기 모델의 병렬 학습이라면 Boosting은 앞 분류기의 결과를 보고 다음 분류기가 작동하므로 순차적인 구조다.

〈그림 2-35〉 Boosting 학습 과정 예시

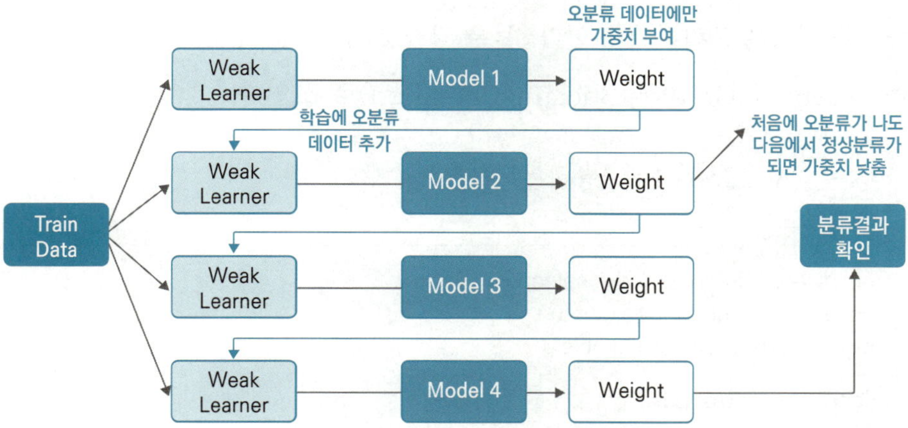

Test 과정도 특별하다. 학습을 순차적으로 시켰듯이, test 데이터도 순차적으로 분류기를 통과하게 된다. 초기 두 모델에서의 결과를 비교해서 같으면 그게 답인 것이고, 둘의 결과가 다르면 다음 모델의 값과 비교한다.

〈그림 2-36〉 Boosting test 과정 예시

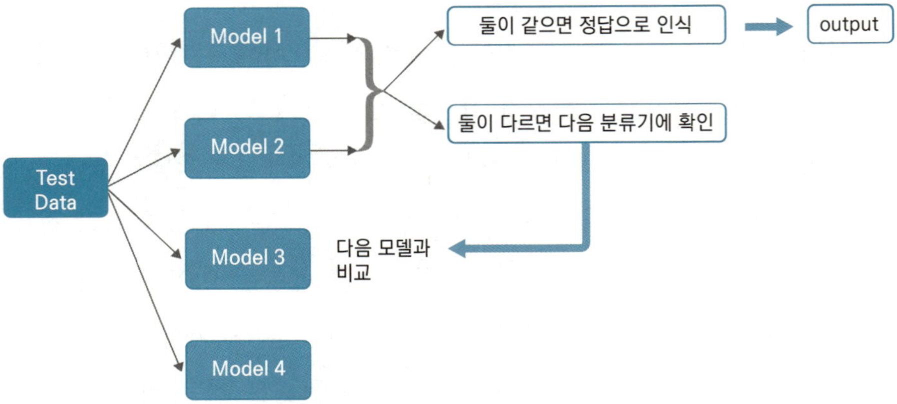

(3) Boosting 변형

Boosting 방식의 변형 중 자주 쓰이는 것으로 AdaBoost와 Gradient Tree Boosting(또는 Gradient Boosting) 등이 있다. AdaBoost는 매 단계에서 weight를 다른 방식으로 부여하는 것이고, Gradient Tree Boosting은 오차를 줄여나갈 때 미분값을 이용하여 negative gradient를 이용하는 방식인데, 자세한 설명은 생략하기로 한다. 둘은 각각 ensemble.AdaBoostClassifier()와 ensemble.GradientBoostingClassifier()로 쓰인다.

다음은 AdaBoost를 사용하는 예제다.

```
from sklearn import model_selection
from sklearn import tree
from sklearn import ensemble

import pandas as pd
names = ['sepal-length', 'sepal-width', 'petal-length', 'petal-width', 'class']

iris = pd.read_csv('iris_withoutheader.csv', names=names)
iris_data = iris[['sepal-length', 'sepal-width', 'petal-length', 'petal-width']]
iris_target = iris['class']
```

```
x_train, x_test, y_train, y_test = \
    model_selection.train_test_split(iris_data, iris_target)
dtree_model = tree.DecisionTreeClassifier(max_depth=2)
model = ensemble.AdaBoostClassifier (dtree_model, n_estimators=100)
model.fit(x_train, y_train)
print(model.score(x_test, y_test))
print(model.predict([[1,2,3,4]]))
```

Bagging 때와 똑같이 depth=2까지만 분류하는 Decision Tree 10개를 사용했다.

Gradient Tree Boosting은 느리고 과적합이 발생할 수 있다는 문제가 있다. 그래서 어떤 규제를 추가해서 이를 보완한 것으로 xgboost도 있다. 자주 사용되고 있고 성능이 뛰어나긴 하나 sklearn에는 없으므로 xgboost라는 라이브러리를 설치해야 한다. pip install xgboost 명령으로 설치가 되지만, 만약 되지 않는다면 https://pypi.org/project/xgboost/ 에서 파일을 다운받아 수동으로 설치하도록 한다.

```
from sklearn import model_selection
import xgboost as xgb
import numpy as np

import pandas as pd
names = ['sepal-length', 'sepal-width', 'petal-length', 'petal-width', 'class']

iris = pd.read_csv('iris_withoutheader.csv', names=names)
iris_data = iris[['sepal-length', 'sepal-width', 'petal-length', 'petal-width']]

def encoding(str):                    # target은 0, 1, 2로 인코딩 해야 함
    if str == 'Iris-setosa' : return 0
    elif str == 'Iris-versicolor' : return 1
    elif str == 'Iris-virginica':  return 2

iris_target = iris['target'] = iris['class'].apply(encoding)
```

```
x_train, x_test, y_train, y_test = \
    model_selection.train_test_split(iris_data, iris_target)

x_train = x_train.to_numpy()
x_test = x_test.to_numpy()

model = xgb.XGBClassifier()
model.fit(x_train, y_train)
print(model.score(x_test, y_test))
print(model.predict(np.array([[1,2,3,4]]))
# xgb의 predict()는 dataframe이나 list를 인자로 받지 못함
```

앞의 Bagging이나 Boosting에서도 분류기를 지정해주지 않으면 기본값으로 Decision Tree가 선택이 된다. 이번 예제에서도 따로 파라미터를 주지 않고 기본값으로만 작성했다. xgboost가 sklearn과는 별개의 라이브러리이기 때문에 model.predict()가 dataframe이나 list형의 데이터를 입력으로 받지 못하므로 x값들을 numpy로 변환시켜서 넣도록만 수정했다.

2. 정규화(Normalization)

앞서 살펴본 titanic 문제에서와 같이 문자열과 정수, 실수 등이 혼용되어 있는 경우 문자열을 수치화하더라도 정수나 실수 등이 정리되지 않고 그대로 쓰이면 아무래도 큰 값에 영향을 더 받게 된다. 사람이 100명일 때와 110명일 때의 변화보다는 실수값이 0.1일 때와 0.9일 때가 더 큰 변화일 수도 있는데, 단순히 100과 0.1로 입력하게 되면 100의 영향을 더 받게 된다. 그래서 입력값들의 범위를 모두 동일한 범위로 맞춰주어야 하는데, 이런 작업을 정규화[1]라고 한다.

1) 일반적으로 정규화의 의미는 이보다 좀 더 넓은 의미로 쓰인다. 본 교재에서 의미는 데이터를 단순히 산술적으로 조절한다는 좁은 의미로만 사용하였다.

다음 예제는 iris의 모든 칼럼을 0과 1 사이의 값으로 바꾸는 작업을 보여준다.

```
from sklearn import model_selection
from sklearn import tree
from sklearn import preprocessing
import pandas as pd
names = ['sepal-length', 'sepal-width', 'petal-length', 'petal-width', 'class']

iris = pd.read_csv('iris_withoutheader.csv', names=names)
min_max_scaler = preprocessing.MinMaxScaler()
iris[['sepal-length', 'sepal-width', 'petal-length', 'petal-width']] = \
            min_max_scaler.fit_transform(iris[['sepal-length', 'sepal-width', \
                                              'petal-length', 'petal-width']])
print(iris)

iris_data = iris[['sepal-length', 'sepal-width', 'petal-length', 'petal-width']]
iris_target = iris['class']

x_train, x_test, y_train, y_test = \
     model_selection.train_test_split(iris_data, iris_target)

model = tree.DecisionTreeClassifier()
model.fit(x_train, y_train)
print(model.score(x_test, y_test))
```

print(iris)의 결과를 보면 모든 값이 0.xxxx인 것을 알 수 있다. 정규화는 과적합 방지와 함께 데이터의 비중을 조절할 수 있어서 불필요한 오류를 줄이기도 한다. MinMaxScaler()는 최솟값을 0으로, 최댓값을 1로 맞춰서 그 사이 값들을 비율적으로 스케일링하는 방식이다. 이 외에도 StandardScaler()는 표준정규화 방식으로, 데이터를 평균이 0이고 표준편차가 1인 분포에 맞춰서 스케일링한다.

3. 교차검증(cross validation)

교차검증에 앞서, validation의 두 가지 의미에 대해 설명하고자 한다. 'validation 데이터'와 'validation 방법'은 조금 다른 뜻을 가진다.

validation 데이터는 test 데이터와 비슷하게 만들어진 모델의 정확도를 평가하는 데 쓰이는 데이터를 말하며, 비슷한 기능을 하는데도 test 데이터와 별개로 train 데이터의 일부를 떼어내서 만든다.

〈그림 2-37〉 validation 데이터

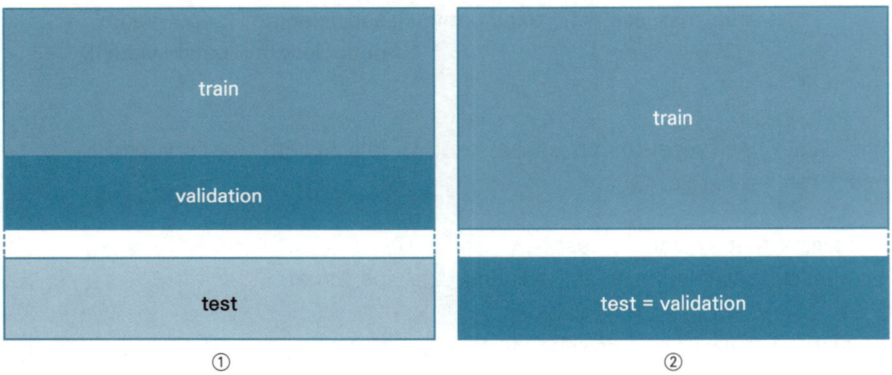

주: ① test 데이터와 구분해서 쓰는 경우, ② test 데이터와 같은 뜻으로 쓰는 경우

test 데이터와 validation 데이터의 차이는, test 데이터는 최종적으로 만들어진 모델의 정확도를 측정하는 반면 validation 데이터는 최적의 모델을 찾기 위해 모델의 정확도를 측정하는 중간 과정에서 쓰인다는 것이다. 훈련 진행과정에서 train과 validation 데이터로 계속 정확도를 확인하면서 학습을 진행시키다보면 train의 정확도는 계속 상승하지만 validation의 정확도는 한동안 상승하다가 갑자기 하강하는 모습을 보이기도 한다. 이렇게 validation의 정확도가 하강하는 부분이 과적합 부분이므로 하락하기 시작하면 학습을 강제로 종료해서 과적합을 막기도 한다.

train 데이터로 모델의 정확도를 측정하면 당연히 정확도가 높겠지만 validation 데이터로 정확도를 측정하면 많이 낮게 나올 수 있다. 이는 train 데이터에 과적합이 많이 일어난 경우이므로 train과 validation을 다시 섞어서 train과 validation에서의 정확도가 거의 비슷하게 나오면, 과적합이 어느 정도 해소된 모델로 받아들일 수 있다.

test 데이터는 train과 validation 데이터에 의해 최종 모델이 나오면 마지막으로 정확도를 확인하는 작업을 한다. 보통 train:val:test = 60:20:20 정도로 나누면 되는데 이것도 항상 고정된 비율은 아니다. 때로는 validation 데이터와 test 데이터를 혼용하기도 한다.

이와 다르게 validation 방법, 특히 cross validation은 validation 데이터로 무언가를 한다기보다는 모델을 만들고 평가하는 방식의 하나다. 그야말로 교차검증을 하기 위함이다. 원고를 써도 서로 돌려가며 검증해서 오탈자를 찾고, 시험 출제를 해도 서로 돌려가며 풀어본다. 한 사람이 검증했을 때 나올 수 있는 오류와 실수를 여러 사람이 검증함으로써 막아줄 수 있기 때문이다. 데이터 분석 과정에서도 교차검증이 필요하다. 모델을 바꿔서 정확도를 높인다 하더라도 test 데이터가 계속 고정되어 있다면 test 데이터에 과적합되는 모델이 나오기도 하기 때문이다. 따라서 오류를 막기 위해 앞서처럼 샘플링에 bootstrap 방식을 쓰거나 여러 모델을 섞어서 앙상블 기법을 쓰기도 하고, 지금부터 설명할 cross validation을 쓰기도 한다.

데이터 분석에서 교차검증 방법 중 k-fold cross validation 방법이 있다. 여기서는 validation 데이터와 test 데이터를 따로 구분하지 않는다. test 데이터가 계속 바뀌기 때문에 이 데이터를 validation 데이터라고 부른다.

〈그림 2-38〉 k-fold cross validation

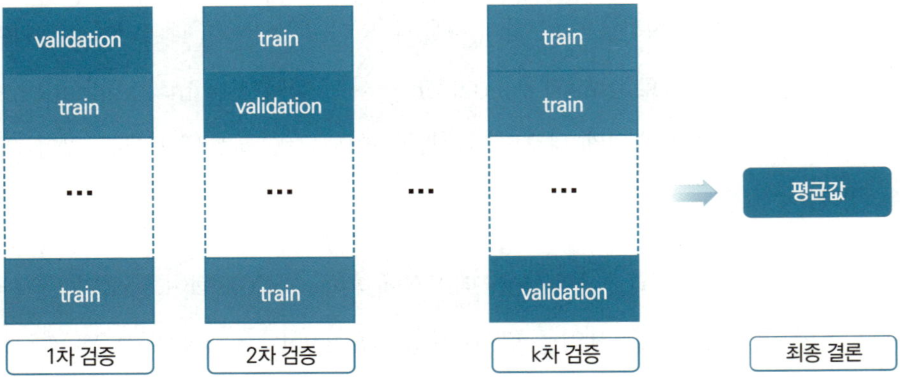

k-fold cross validation에서는 전체 데이터를 k개의 부분집합으로 나누고 그중 하나를 validation 데이터로, 나머지를 train 데이터로 사용한다. train 데이터로 학습하고 validation 데이터로 정확도를 확인하는 작업을, validation 데이터를 다른 부분집합으로 바꾼 후 계속 반복함으로써 최종적으로 모든 부분집합이 한 번씩은 validation 데이터가 되게 하는 것이다. 예제는 다음과 같다.

```
from sklearn import model_selection
from sklearn import tree

import pandas as pd
names = ['sepal-length', 'sepal-width', 'petal-length', 'petal-width', 'class']

iris = pd.read_csv('iris_withoutheader.csv', names=names)
iris = iris.sample(frac=1)

iris_data = iris[['sepal-length', 'sepal-width', 'petal-length', 'petal-width']]
iris_target = iris['class']

model = tree.DecisionTreeClassifier()
print(model_selection.cross_val_score(model, iris_data, iris_target, cv=5))
```

결과는 [0.9 1. 0.96666667 1. 0.93333333]과 같이 5개의 실수로 나온다. 독자가 직접 실행해보면 이와 다른 결과가 나오기도 할 것이다. 이 예제에서는 train과 test set으로 나누는 과정이 없다. iris.sample(frac=1)에서 전체를 무작위로 섞기만 한다.

이 예제의 아래쪽에 주목하자. DecisionTreeClassifier()를 사용하면서 5개의 fold로 나누어서 번갈아가며 5번 학습을 한다. 5개의 평균값은 0.96이다. Decision Tree로 만들었을 때 정확도가 낮으면 0.93이기도 하고 높으면 1.0이기도 하지만, 평균적으로는 0.96 정도의 정확도를 갖는 모델이라고 보는 것이 더 적절하다.

cross validation의 극단적인 경우로 LOOCV(Leave-One-Out Cross Validation) 방식이 있다. k-fold cross validation과 방식이 비슷한데, validation 데이터의 크기를 하나만 잡는다. 하나만 남기고 나머지 모두로 학습을 시키는데, 이렇게 validation 데이터를 모든 데이터에 대해 실행하기 때문에 시간은 오래 걸리지만 편향은 많이 줄일 수 있다.

4. 파라미터 조정

1) 차원 감소

iris 분류 예제로 다시 돌아가 보자. ['sepal-length', 'sepal-width', 'petal-length', 'petal-width']와 같은 feature들로부터 'class'를 예측하는 문제인데, 간혹 분석에 방해가 되거나 영향이 없는 feature들도 있다.

흔이 데이터 분석에서 이렇게 feature 수를 줄이는 작업을 차원 감소(Dimension Reduction)라고 한다. 차원 감소는 크게 Feature Selection

방식과 Feature Extract 방식으로 나뉜다. 먼저 Feature Selection부터 확인해보자.

model.fit() 작업을 하는 과정에서, 각 feature의 중요도(importance 또는 weight)를 계산하게 된다. 다음 예제는 ['sepal-length', 'sepal-width', 'petal-length', 'petal-width']의 네 가지 feature 중에 중요도가 큰 feature만 뽑아서 다시 model.fit()을 진행하는 것이다.

```
from sklearn import model_selection
from sklearn import tree

import pandas as pd
names = ['sepal-length', 'sepal-width', 'petal-length', 'petal-width', 'class']

iris = pd.read_csv('iris_withoutheader.csv', names=names)
iris_data = iris[['sepal-length', 'sepal-width', 'petal-length', 'petal-width']]
iris_target = iris['class']

x_train, x_test, y_train, y_test = \
    model_selection.train_test_split(iris_data, iris_target)

model = tree.DecisionTreeClassifier()
model.fit(x_train, y_train)                          # (1)
print(model.score(x_test, y_test))

print(model.feature_importances_)
Feature_Select = (model.feature_importances_ > 0.2)
print(Feature_Select)

x_train_small = x_train[x_train.columns[Feature_Select]]
x_test_small = x_test[x_test.columns[Feature_Select]]

model.fit(x_train_small, y_train)                    # (2)
print(model.score(x_test_small, y_test))
print(model.predict([[i for i in range(list(Feature_Select).count(True))]]))
```

이 예제에는 두 번의 model.fit()과 두 번의 model.score()가 있다(주석에서 각각 (1)과 (2)로 표현됨). 첫 번째의 model.fit()과 model.score()는 교재에서 이미 사용했던 부분이고, 두 번째의 그것들을 실행하기 전에 model.feature_importances_로 무엇인가 작업을 하고 있다.

model.feature_importances_값을 확인해보면 0과 1 사이의 실수값인데, 모든 feature의 합은 1이다. 그중 0.2보다 큰 feature만 선별해서 x_train과 x_test 모두 그 feature에 해당하는 칼럼만 남긴다. 이를 각각 x_train_small과 x_test_small에 저장하며, 두 번째의 model.fit()과 model.score()는 모두 이 x_train_small과 x_test_small을 사용하고 있다.

프로그램을 반복해서 실행해보면 Feature_Select의 출력이 [False False True True]나 [False False False True] 등이 되어 True의 개수가 1개가 될 수도 있고 2개가 될 수도 있다. 제일 마지막의 predict()에서는 True의 개수에 맞춰서 입력의 크기를 조절한다. True가 1개이면 [1]이 입력되고, 2개이면 [1, 2]가 입력되도록 해서 예측 결과를 확인해본다.

다음 예제는 tree.DecisionTreeClassifier()를 사용하되, RFE(recursive feature elemination)를 사용해서 가장 중요도가 낮은 feature부터 버리고 남은 feature 중에서 다시 중요도가 낮은 것부터 줄여가며 중요도가 높은 feature를 3개만 남기는 방식이다.

```
from sklearn import model_selection
from sklearn import tree
from sklearn import feature_selection

import pandas as pd
names = ['sepal-length', 'sepal-width', 'petal-length', 'petal-width', 'class']
```

```
iris = pd.read_csv('iris_withoutheader.csv', names=names)
iris_data = iris[['sepal-length', 'sepal-width', 'petal-length', 'petal-width']]
iris_target = iris['class']

x_train, x_test, y_train, y_test = \
    model_selection.train_test_split(iris_data, iris_target)

model = tree.DecisionTreeClassifier()
rfe = feature_selection.RFE(model, 3)
rfe.fit(x_train, y_train)
print(rfe.score(x_test, y_test))
```

여기서는 model.fit()이 아니라 model이 RFE의 인자로 들어가고, rfe.fit()과 rfe.score()임을 주목하자.

지금까지 두 예제는 feature selection 방법이다. 존재하는 feature 중에서 중요한 feature만 선별해내는 방법이다.

다른 차원 감소 방식으로 feature extract를 보자. 몇 가지 feature를 합쳐서 새로운 feature를 만들어내는 것이다. 원래 데이터에는 없던 특성을 만들어내는 것이다. 대표적으로 PCA(주성분 분석, Principal Component Analysis)와 SVD(특이값 분해, Singular Value Decomposition) 방법을 들 수 있다.

PCA는 〈그림 2-39〉와 같이 좌표축을 바꾸면서 축의 수를 줄이는 방법으로, 바뀐 축을 기준으로 변화가 가장 큰 축과 가장 작은 축을 찾아서 변화가 작은 축을 정사영(projection)을 통해 없애면서 축의 수를 줄인다. PCA라는 용어 자체는 축의 수를 줄인다는 의미는 아니지만 일반적으로 주성분 분석으로 축의 수를 줄이는 과정까지를 포함하는 용어이다. 주성분 방향은 행렬의 eigenvector 방향 중 eigenvalue가 큰 것의 방향으로 찾는데, 이 부분도 상세 설명은 생략하기로 한다.

〈그림 2-39〉 PCA

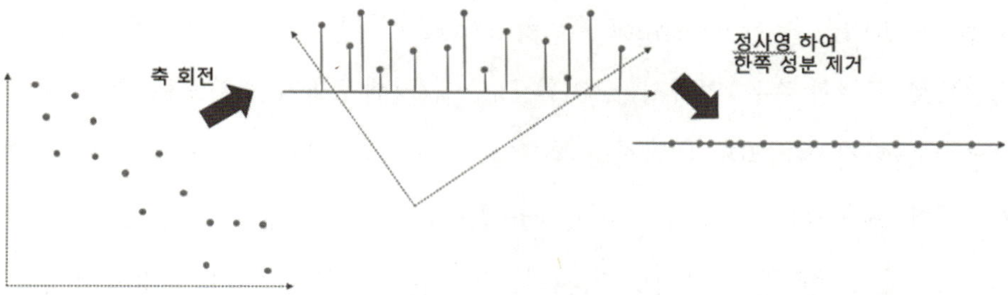

다음 예제는 PCA로 변환을 하고, 변환된 결과에 Decision Tree 알고리즘을 적용해본 것이다.

```
from sklearn import model_selection
from sklearn import tree
from sklearn import decomposition
import matplotlib.pyplot as plt
import pandas as pd
names = ['sepal-length', 'sepal-width', 'petal-length', 'petal-width', 'class']

iris = pd.read_csv('iris_withoutheader.csv', names=names)
iris_data = iris[['sepal-length', 'sepal-width', 'petal-length', 'petal-width']]
iris_target = iris['class']

pca = decomposition.PCA(n_components=2)     # 두 개의 축으로 축소
pca.fit(iris_data)
pca_features = pca.transform(iris_data)
print(pca_features)

plt.scatter(pca_features[:50, 0], pca_features[:50, 1], c='r', label='Setosa')
plt.scatter(pca_features[50:100, 0], pca_features[50:100, 1], c='g', label='Versicolor')
plt.scatter(pca_features[100:, 0], pca_features[100:, 1], c='b', label='Virginica')
plt.legend()
plt.show()

x_train, x_test, y_train, y_test = \
    model_selection.train_test_split(pca_features, iris_target)

model = tree.DecisionTreeClassifier()
model.fit(x_train, y_train)
print(model.score(x_test, y_test))
```

이 예제의 결과를 〈그림 2-40〉에서 확인해볼 수 있다. 원래 ['sepal-length', 'sepal-width', 'petal-length', 'petal-width']의 4개 성분이므로 4차원을 그림으로 표현할 수는 없겠지만, 이를 PCA에 의해 2개의 성분으로 축소시키면 다른 차원이긴 하더라도 대략적인 분포를 살펴볼 수 있다. 이는 pca_features에 저장된다. pca.fit(iris_data)와 pca.transform(iris_data)는 pca.fit_transform(iris_data)로 한 줄로 합쳐도 되지만, 단계별 작업을 보이기 위해 분리했다.

pca_features는 [[-2.68420713 0.32660731] [-2.71539062 -0.16955685] ...]와 같이 출력될 것이다. pca_features의 두 성분을 각각 x축과 y축으로 표현하면 〈그림 2-40〉과 같이 된다. 이렇게 그림을 먼저 그려본 후, 이 그림에서 나타난 데이터(pca_features)를 이용해서 분류작업을 한다. pca_features가 model_selection.train_test_split()의 인자로 들어가는 것을 확인할 수 있다.

〈그림 2-40〉 PCA를 이용해 iris를 2개의 축으로 축소한 결과

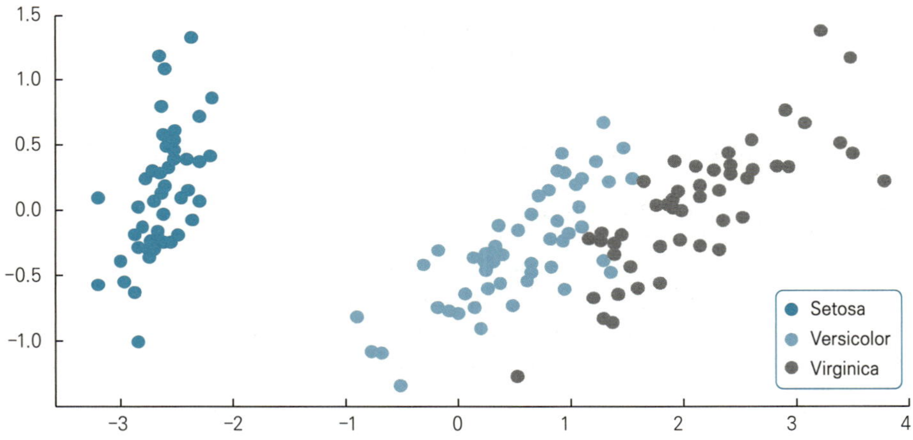

또 다른 차원축소 방법으로 SVD(특이값 분해)가 있는데, 이는 행렬에 관한 수학적 배경지식을 필요로 한다.

〈그림 2-41〉 SVD

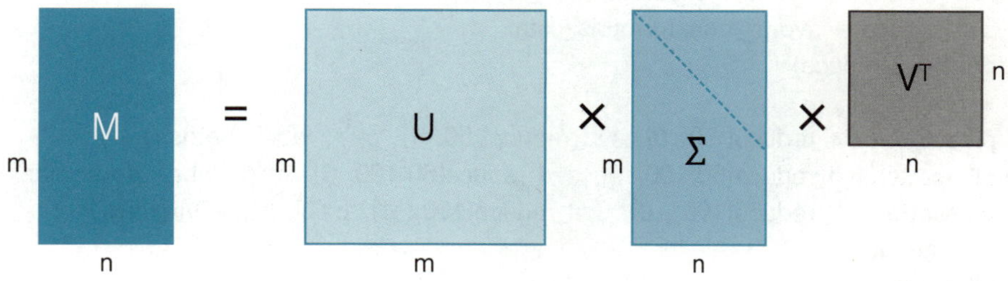

SVD는 〈그림 2-41〉과 같이 $m \times n$크기의 행렬 M을 $U\Sigma V^T$의 형태로 분리하는 작업인데, U, Σ, V는 일정한 특징을 가진다. U와 V는 각각 $UU^T = E_1$, $VV^T = E_2$를 만족하고, E_1은 $m \times m$ 크기의 항등행렬이고 E_2는 $n \times n$ 크기의 항등행렬이다. Σ는 그림에서 파란색 점선으로 표시된 대각성분만 값이 존재하고 나머지 영역은 0으로 채워져 있다. U와 V는 M의 singular vector들로 이루어져 있고, Σ에서 존재하는 값들은 M의 eigen value와 관련된 값들이다. Σ에 있는 eigen value들(정확히는 제곱근)은 m과 n 중 작은 수만큼 있고, 차원 축소를 위해서는 이 중에서 큰 순서대로 원하는 개수만큼만 취하면 된다. SVD와 관련한 수학적 설명은 여기까지만 하기로 하고, 데이터 분석의 예제로 들어가기로 한다.

```
from sklearn import model_selection
from sklearn import tree
from sklearn import decomposition
import matplotlib.pyplot as plt

import pandas as pd
names = ['sepal-length', 'sepal-width', 'petal-length', 'petal-width', 'class']

iris = pd.read_csv('iris_withoutheader.csv', names=names)
iris_data = iris[['sepal-length', 'sepal-width', 'petal-length', 'petal-width']]
iris_target = iris['class']
```

```
svd = decomposition.TruncatedSVD(n_components=2)      # 두 개의 축으로 축소
svd_reduce = svd.fit_transform(iris_data)
print(svd_reduce)

plt.scatter(svd_reduce[:50, 0], svd_reduce[:50, 1], c='r', label='Setosa')
plt.scatter(svd_reduce[50:100, 0], svd_reduce[50:100, 1], c='g', label='Versicolor')
plt.scatter(svd_reduce[100:, 0], svd_reduce[100:, 1], c='b', label='Virginica')
plt.legend()
plt.show()

x_train, x_test, y_train, y_test = \
    model_selection.train_test_split(svd_reduce, iris_target)

model = tree.DecisionTreeClassifier()
model.fit(x_train, y_train)
print(model.score(x_test, y_test))
```

이 코드는 PCA 부분만 SVD로 바꿨고 나머지는 똑같다.

아직 위의 PCA와 SVD에서 나온 n_components=2에서 왜 2를 선택했는지에 대해서는 언급하지 못했다. 처음에 다룬 iris 예제에서 쓰인 n_neighbors=1 부분도 마찬가지이다. 지금까지 이처럼 필자가 임의로 지정했던 몇 가지 값들이 있었다. k-nn에서는 이웃하는 몇 개까지로 판단하는 게 나은지, k-fold에서의 k는 몇 개로 하는 게 나은지, 그리고 분류기도 여러 분류기 중 어떤것이 적합한지를 설명하지 않고 넘어왔다. 군집화도 몇 개의 그룹이 적절한지 고려하지 않고 임의로 프로그래밍을 했었다. 결론부터 말하자면, 정답은 없다. 모든 게 case by case라서 어떤 게 나올지는 직접 해봐야만 알 수 있다.

우선 분류 문제에서, 어떤 분류기가 낫고 k-fold에서는 몇 개의 fold로 나누는 게 나을지를 확인하는 간단한 예제를 보자. 지금까지 이 교재에서 언급했던 분류기인 linear_model.LogisticRegression(), tree.DecisionTreeClassifier(), naive_bayes.GaussianNB(), neighbors.KNeighborsClassifier(), svm.SVC()

를 살펴보고자 한다. linear_model.LogisticRegression()은 iteration 과정에서 버그가 있는 듯해서 제외하고, 나머지 4개의 분류기를 비교한다. k-fold에서도 2-fold부터 10-fold까지 실행하고, 평균값을 구해서 정확도가 가장 높은 모델을 찾아보려고 한다.

```
from sklearn import model_selection
from sklearn import tree, naive_bayes, neighbors, svm
import time

import pandas as pd
names = ['sepal-length', 'sepal-width', 'petal-length', 'petal-width', 'class']

iris = pd.read_csv('iris_withoutheader.csv', names=names)
iris_data = iris[['sepal-length', 'sepal-width', 'petal-length', 'petal-width']]
iris_target = iris['class']

x_train, x_test, y_train, y_test = \
    model_selection.train_test_split(iris_data, iris_target)
models = []                         # 아래 4개의 모델 비교
models.append(tree.DecisionTreeClassifier())
models.append(naive_bayes.GaussianNB())
models.append(neighbors.KNeighborsClassifier())
models.append(svm.SVC())

scores = []                         # 각 모델별 정확도 저장
seed = 2020
for model in models:
    k_with_max_acc = 2
    max_cv_score = 0
    model_name = type(model).__name__
    start = time.time()
    for k in range(2, 11):
        kfold = model_selection.KFold(n_splits=k, random_state=seed, shuffle=True)
        cv_score = model_selection.cross_val_score( \
                    model, x_train, y_train, cv=kfold, scoring='accuracy')
        cv_score_mean = cv_score.mean()
        print(model_name, ': k=', k, ', cv=', cv_score_mean)
```

```
        if cv_score_mean > max_cv_score:
            max_cv_score = cv_score_mean
            k_with_max_acc = k
    end = time.time()
    content = model_name, k_with_max_acc, cv_score_mean, end-start
    scores.append(content)

print(scores)
```

코드에서 보면 for model in models 부분에서 다양한 모델을 비교해보고자 하고, for k in range(2, 11) 부분에서 몇 개의 fold가 나은지를 순차적으로 비교해 본다. 적당한 값을 모르기 때문에 가능성이 있는 모델과 값들을 대입하면서 최적의 값을 찾아보는 것이다. 이 예제의 제일 마지막 줄의 결과는 [('DecisionTreeClassifier', 2, 0.9469696969696969, 0.12871265411376953), ('GaussianNB', 5, 0.9295454545454545, 0.14844799041748047), ('KNeighborsClassifier', 7, 0.9553030303030303, 0.18876409530639648), ('SVC', 9, 0.9643939393939392, 0.18741154670715332)]와 같다. 해석하면, DecisionTreeClassifier는 2-fold일 때 최대의 정확도 0.9469696969696969를 가지고, DecisionTreeClassifier 과정에서 소요된 시간은 0.12871265411376953sec이다. GaussianNB, KNeighborsClassifier, SVC도 그 결과를 확인해보기 바란다. 정확도가 높고 빠른 모델을 고르면 될 것이다.

2) 엘보 포인트(elbow point)

군집화의 경우에도 elbow point를 군집의 최적화 위치로 본다. 다음의 k-means 예제를 보자.

```
from sklearn import cluster
import matplotlib.pyplot as plt
import pandas as pd
names = ['sepal-length', 'sepal-width', 'petal-length', 'petal-width', 'class']
iris = pd.read_csv('iris_withoutheader.csv', names=names)
X = iris[['sepal-length', 'sepal-width', 'petal-length', 'petal-width']]
inertias = []
Ks = range(1, 11)
for k in Ks:
    model = cluster.KMeans(n_clusters=k)
    model.fit(X)
    inertias.append(model.inertia_)
plt.plot(Ks, inertias, label ='Elbow-point')
plt.xlabel('K')
plt.ylabel('SSE')
plt.show()
```

이 예제에서 사용된 model.inertia_는 군집화됐을 때의 SSE(Sum of Squared Error)값으로, 각 구성원이 그들이 포함된 그룹의 중심까지 거리의 합이다. 그룹이 많이 나뉘면 나뉠수록 SSE도 점점 줄어든다. SSE를 최소로 하려면 구성원 모두들 제각각의 그룹으로 구분하면 되나 이것은 SSE만 낮춘 결과이지 그다지 효과적인 구분은 못 된다.

이 예제의 결과는 〈그림 2-42〉와 같다. 군집 수가 1에서 10까지 다양하게 변하는데, SSE의 하락 추세를 보면 1에서 2 사이는 급격히 줄어들다가 2 이후로는 완만하게 하락한다. 그룹을 더 늘려도 그 차이가 크지 않다는 뜻이다. 이렇게 속도가 급격히 줄어들다가 갑자기 완만해지는 부분을 팔꿈치가 접힌 모양과 비슷하다 해서 elbow point라고 부른다. 이 그림으로 보자면 k=2 또는 k=3, 즉 2개나 3개의 그룹으로 나누는 게 적당하다는 뜻이다.

〈그림 2-42〉 K 변화에 따른 거리의 크기

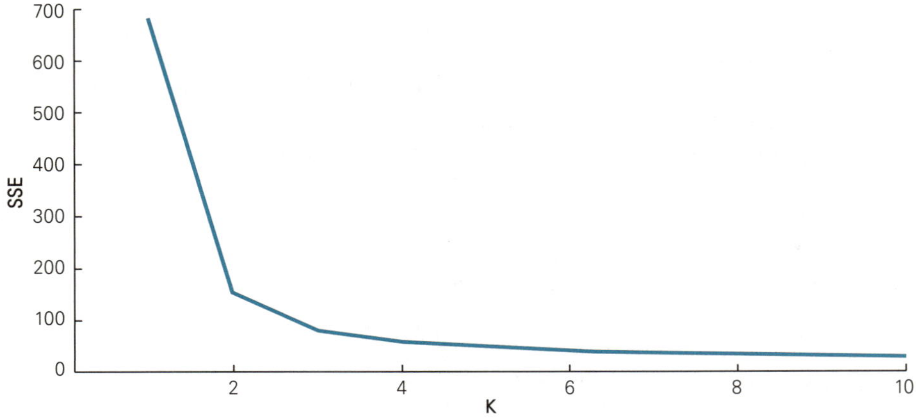

5절 시계열 데이터 분석

시간이 지나면서 변화되는 데이터, 예를 들면 주식이나 온도, 환자의 vital sign 등 시간에 따른 변화량을 기록한 데이터는 지금까지 봐온 데이터와는 성질이 다르다. iris든 Titanic이든 Boston housing이든, 모두가 한 시점에서의 데이터였다. 시계열 데이터는 분류나 군집화의 문제가 아닌 다른 방식으로 풀어야 한다. 여기서도 예측이란 단어가 쓰이나, 어디까지나 미래에 대한 예측이므로 정확도를 측정하는 게 분류기에서만큼 의미가 있는 것도 아니다.

이런 시계열 분석 모델로는 AR(자기상관, Autocorrelation or Autoregressive), MA(이동평균, Moving Average), ARMA(AR + MA), ARIMA(ARMA + Integrated (누적된 추세)), 그리고 인공신경망의 RNN(Recurrent Neural Network) 등의 방법이 있다. 주기나 추세를 가지면 각 성분별로 분해할 수도 있다. 본 교재에서는 복잡한 수식은 생략하고 개념적인 설명만 하기로 한다.

시계열 분석의 예로 https://www.kaggle.com/rakannimer/air-passengers의 비행기 탑승객 수를 가지고 연습해보자.

〈그림 2-43〉 AirPassengers.csv

	A	B	C
1	Month	#Passengers	
2	Jan-49	112	
3	Feb-49	118	
4	Mar-49	132	
5	Apr-49	129	
6	May-49	121	
7	Jun-49	135	
8	Jul-49	148	
9	Aug-49	148	
10	Sep-49	136	
11	Oct-49	119	
12	Nov-49	104	
13	Dec-49	118	
14	Jan-50	115	
15	Feb-50	126	

캐글 사이트에서 다운받은 AirPassengers.csv 파일은 대략 이런 데이터다. 숫자의 단위는 1,000명으로, 첫 줄의 의미는 1949년 1월 탑승객 112,000명이고 가장 마지막 데이터는 1690년 12월 탑승객 432,000명이다. 총 144개월(12년)의 데이터가 저장되어 있다. 다음은 데이터를 시각화한 코드와 결과다.

```
import pandas as pd
import matplotlib.pyplot as plt

df = pd.read_csv("AirPassengers.csv")
df.plot(x='Month', y='#Passengers')
plt.show()
```

이 데이터를 시각화하면 〈그림 2-44〉처럼 된다. 이 데이터에 다음 모형들을 적용해보려 한다.

〈그림 2-44〉 AirPassengers 모양

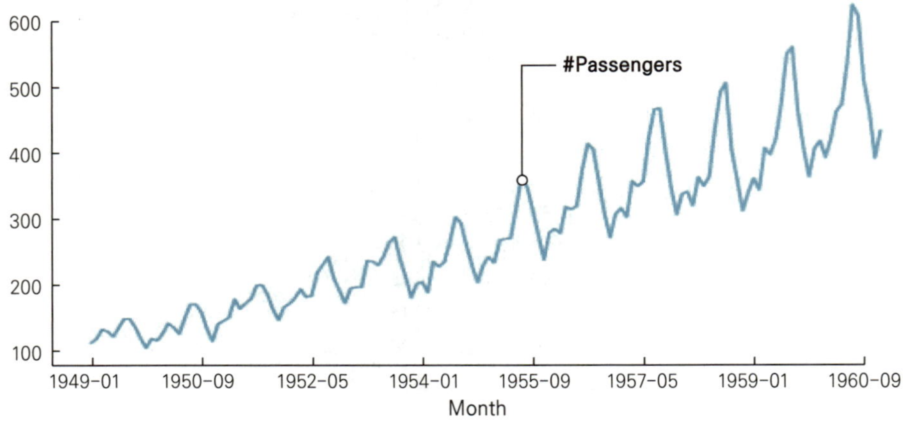

1. 적용 모형

1) AR(자기상관)

AR(p) 모형은 t 시점에서의 값 X_t는 과거 p개 값의 영향을 받는다는 회귀 모형의 하나다. 예측식은 다음과 같이 나타낼 수 있다.

$$\overline{X_t} = \alpha + \beta_1 X_{t-1} + \beta_2 X_{t-2} + \dots + \beta_p X_{t-p} + \epsilon_t$$

상수 α와 계수 β, 그리고 오류항인 ϵ_t로 구성된다. 가장 간단한 모형인 AR(1)인 경우 X_t는 직전 값인 X_{t-1}에만 영향을 받고 예측식은 다음과 같이 나타낸다.

$$\overline{X_t} = \alpha + \beta_1 X_{t-1} + \epsilon_t$$

2) MA(이동평균)

MA(q) 모형은 과거 몇 개의 평균값으로 미래를 예측하는 방식이다. 과거 q개의 관측치를 통한 t 시점의 이동평균 예측값은 다음과 같이 나타낸다.

$$\overline{X_t} = \frac{\sum_{j=1}^{q} X_{t-j}}{q}$$

$\overline{X_t}$값을 구하는 모형을 만들기 위해 과거와 미래의 데이터를 사용하면 t 시점의 평균값 μ_t와 오차 ϵ_t를 써서 다음과 같이 나타낼 수도 있다.

$$\overline{X_t} = \mu_t + \epsilon_t$$

그런데 이동평균에서는 값 자체보다는 평균에서 벌어진 오차를 더 중요하게 본다. 즉, 변화가 얼마나 생겼는지에 비중을 둔다. 따라서 오차 $\overline{Y_t}$는 MA(1) 모형에서는 t 시점의 오차와 t-1 시점의 오차를 사용하여 다음과 같이 나타낸다.

$$\overline{Y_t} = \epsilon_t + \theta\epsilon_{t-1}$$

그리고 MA(q) 모형에서는 과거 q개의 영향을 고려하여 다음과 같이 나타낸다.

$$\overline{Y_t} = \epsilon_t + \theta_1\epsilon_{t-1} + \theta_2\epsilon_{t-2} + \ldots + \theta_q\epsilon_{t-q}$$

3) ARMA(AR + MA)

ARMA(p, q) 모형은 이전 값의 크기를 중시하는 AR(p)와 변화량을 중시하는 MA(q)를 합친 모형이다. AR의 ϵ_t를 MA의 $\overline{Y_t}$로 대체하면 다음과 같다.

$$\overline{X_t} = \alpha + \{\beta_1 X_{t-1} + \beta_2 X_{t-2} + \ldots + \beta_p X_{t-p}\} + \{\theta_1 \epsilon_{t-1} + \theta_2 \epsilon_{t-2} + \ldots + \theta_q \epsilon_{t-q}\} + \epsilon_t$$

역시 가장 단순한 ARMA(1,1) 모형은 다음과 같이 나타낼 수 있다.

$$\overline{X_t} = \alpha + \{\beta X_{t-1}\} + \{\theta \epsilon_{t-1}\} + \epsilon_t$$

4) ARIMA(Auto-regressive Integrated Moving Average)

ARIMA(p, d, q) 모형은 ARMA 모형의 변형으로, 한국어로 '자기회귀누적이동평균 모형'이라고는 하지만 통상 '아리마'라고 부른다. ARMA 식이 다음과 같이 바뀐다.

$$\overline{X_t} = \alpha + \{\beta_1 \hat{X}_{t-1} + \beta_2 \hat{X}_{t-2} + \ldots + \beta_p \hat{X}_{t-p}\} + \{\theta_1 \epsilon_{t-1} + \theta_2 \epsilon_{t-2} + \ldots + \theta_q \epsilon_{t-q}\} + \epsilon_t$$

여기서 $\hat{X}_t$는 d차 차분항으로, d=0이면 $\hat{X}_t = X_t$ 이고, d=1이면 $\hat{X}_t = X_t - X_{t-1}$ 이고, d=2이면 $\hat{X}_t = (X_t - X_{t-1}) - (X_{t-1} - X_{t-2})$가 된다. 차분값은 d차 미분값의 개념으로, d가 2를 넘는 경우는 잘 쓰이지 않는다.

주기성을 가지는 데이터일 경우, 예를 들어 온도와 같은 경우는 1년 전과의 차이도 중요하다. 따라서 바로 직전 값이 아닌 1년 전 값과의 차분을 계산하는 게 더 유리할 수 있다. 이를 계절성 ARIMA(Seasonal ARIMA) 또는 줄여서 SARIMA라고 한다. 주기가 s일 경우 $\hat{X}_t = X_t - X_{t-s}$와 같이 바뀌고, 계절적 항과 비계절적 항을 모두 표시해야 하므로 비계절적 항목에서 p, d, q의 기호를 계절적 항에서는 대문자 P, D, Q로 표시한다. 따라서 ARIMA(p, d, q)×(P,D,Q)$_s$와 같이 표기하거나, SARIMA(P, D, Q, s)와 같이 표기하기도 한다(SARIMA에 대해서도 이 교재에서는 자세한 설명은 생략하기로 한다).

ARIMA(p, d, q) 모형으로 위의 AR(p), MA(q), ARMA(p, q)를 모두 나타낼 수 있다. AR(p) = ARIMA(p, 0, 0), MA(q) = ARIMA(0, 0, q), ARMA(p, q) = ARIMA(p, 0, q)와 같다. 다음 예제는 AR(1), MA(1), ARMA(1, 1), ARIMA(1, 1, 1) 예측을 ARIAM 모형을 공통으로 이용해서 진행하는 것이다.

```
import pandas as pd
import matplotlib.pyplot as plt
from statsmodels.tsa.arima.model import ARIMA
from statsmodels.graphics.tsaplots import plot_predict

df = pd.read_csv("AirPassengers.csv")
fig = plt.figure(figsize=(15, 8))

model1 = ARIMA(df['#Passengers'], order=(1,0,0))
model_fit1 = model1.fit()
plot_predict(model_fit1, ax = fig.add_subplot(221), plot_insample=False)
plt.title('AR(1)')

model2 = ARIMA(df['#Passengers'], order=(0,0,1))
model_fit2 = model2.fit()
plot_predict(model_fit2, ax = fig.add_subplot(222), plot_insample=True)
plt.title('MA(1)')

model3 = ARIMA(df['#Passengers'], order=(1,0,1))
model_fit3 = model3.fit()
plot_predict(model_fit3, ax = fig.add_subplot(223), plot_insample=False)
plt.title('ARMA(1, 1)')

model4 = ARIMA(df['#Passengers'], order=(1,1,1))
model_fit4 = model4.fit()
plot_predict(model_fit4, ax = fig.add_subplot(224))
plt.title('ARIMA(1, 1, 1)')
plt.show()

print(model_fit4.summary())
```

ARIMA()의 파라미터인 order로 AR, MA, ARMA, ARIMA를 선택했다. 그리고 model.fit()의 내부 파라미터는 모두 기본값을 사용하도록 했다. add_subplot()의 인자는 221~224가 있는데, 221은 숫자 221이 아니고 (2,2) 크기의 subplot 중 1번째 위치라는 뜻이다.

마지막 줄의 print(model_fit4.summary()) 결과는 상당히 복잡하다. model_fit1~model_fit4 중 ARIMA(1, 1, 1)인 model_fit4만 출력해본 것이다(깊은 통계지식이 있어야 이해되는 내용이므로 상세 설명은 생략하기로 한다).

〈그림 2-45〉는 이들 각각의 예측 그래프를 보여준다. 왼쪽에 있는 AR과 ARMA에는 그래프가 하나씩만 있고, 오른쪽의 MA와 ARIMA에는 본래의 데이터와 예측치의 데이터가 겹쳐져 두 개의 그래프가 있다. 위 소스코드를 꼼꼼히 보면 알겠지만 plot_insample=True일 때 두 그래프가 겹친 모습이다(설정하지 않으면 True가 기본값이고, 그래서 ARIMA에도 설정하지 않았지만 겹쳐져 있다). 이 파라미터를 설명하지 않고 True로 주면 원본과 예측 그래프가 상당히 가까이서 겹쳐 보인다. 그래서 컬러로 표시하지 않으면 둘의 구분이 불가능하다. 4개의 그래프 모두 원본 그래프를 그리면 똑같아야 하므로 원본 그래프는 오른쪽 둘만 표시되도록 했는데, 왼쪽 둘도 원본 그래프를 함께 그렸다면 ARIMA와 같이 상당히 겹쳐져 보일 것이다. 위의 소스코드에서 plot_insample 값을 모두 True로 바꾸고 결과를 확인해보기 바란다.

〈그림 2-45〉 ARIMA를 이용한 AR, MA, ARMA, ARIMA 구현 결과

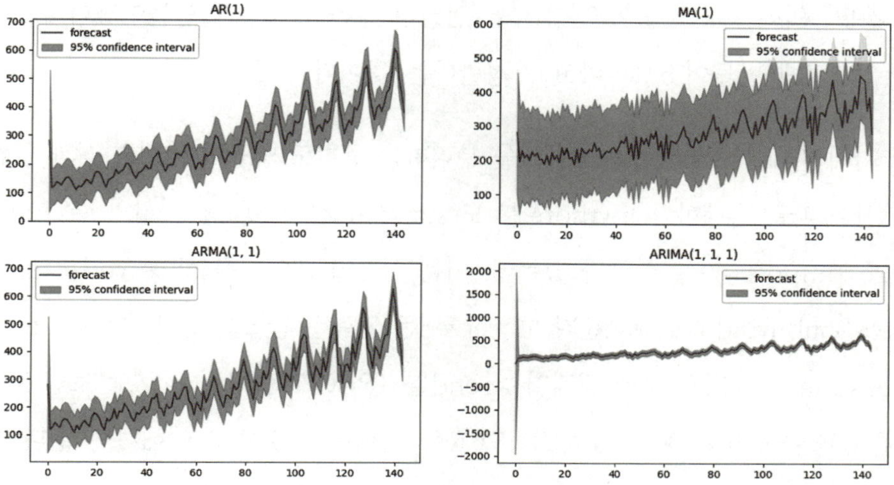

2. 시계열 분해

지금까지의 모형은 단순히 인접값을 사용한 예측 모형이므로 장기간에 걸친 특성을 보여주지는 않는다. 장기간의 흐름을 보려면 시계열 데이터를 특정한 성분별로 분해해야 한다. 성분은 크게 trend factor(추세 요인), cyclic factor (순환 요인), seasonal factor(계절 요인), irregular factor(= residual factor, 불규칙 또는 잡음 요인) 항목으로 나뉜다.

trend는 장기적으로 증가하거나 감소하는 방향성을 말한다. cyclic은 장기간이긴 하지만 빈도가 일정치 않게 발생하는 특성인데, trend와 구분짓기가 힘든 경우가 종종 있다. seasonal은 매번 특정한 시점에 반복적으로 발생하는 특성이고, 마지막 irregular는 예측이 불가능한 요인이다.

시계열 데이터는 이 네 가지 요소가 중첩된 값으로, 중첩 방식은 두 가지가 가능하다. 하나는 더해지는 중첩으로 X = T+C+S+R에 의해 시계열 데이터

X가 만들어진 경우다. 그리고 다른 다른 하나는 곱해지는 중첩으로 X = T×C×S×R에 의해 X가 만들어진 경우다. 엄밀히 말하면 그렇게 만들어졌다기보다는, 그렇게 만들어졌으리라고 가정한다는 뜻이다.

이에 따라 X로부터 T, C, S, R을 분리하는 방법도 당연히 덧셈 방식과 곱셈 방식이 따로 존재한다. python에서도 statsmodels.tsa.seasonal의 seasonal_decompose()라는 함수가 있는데, 이는 시계열 데이터를 observed, trend, seasonal, resid로 분해해준다. observed는 입력된 관찰값 그대로이고, trend, seasonal, resid가 분해 결과다. trend를 T와 C가 합쳐진 것으로 보면 X = (T+C)+S+R 또는 X = (T×C)×S×R로 분해하는 것으로 이해하면 된다.

다음 예제는 AirPassengers 데이터를 시계열로 분석한 것이다.

```
import pandas as pd
import matplotlib.pyplot as plt
from statsmodels.tsa.seasonal import seasonal_decompose

df = pd.read_csv("AirPassengers.csv")
result = seasonal_decompose(df['#Passengers'], model='additive', period=12)
fig = plt.figure(figsize=(15, 8))

result.observed.plot(ax = fig.add_subplot(221))
plt.title('Observerd')
result.trend.plot(ax = fig.add_subplot(222))
plt.title('Trend')
result.seasonal.plot(ax = fig.add_subplot(223))
plt.title('Seasonal')
result.resid.plot(ax = fig.add_subplot(224))
plt.title('Resid')
plt.show()
```

이 데이터는 매달 승객 수를 나타내므로 12개의 데이터가 1년이다. 따라서 이 데이터는 seasonal의 주기가 12개마다 일정하게 반복될 것이므로 period=12

로 설정하면 된다. 총 행의 개수가 144개이므로 12년간의 데이터임을 안다면 그래프에서 봉우리의 개수도 총 12개가 될 것이다.

〈그림 2-46〉 'additive' decomposition

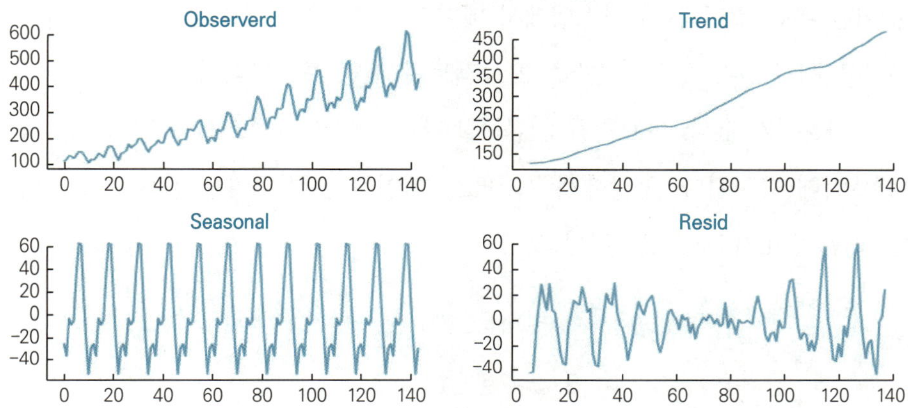

〈그림 2-47〉는 이 코드에서 additive를 multiplicative로만 바꾼 결과다. additive와 다른 점은 Seasonal의 scale이 다르고 Resid가 다르다는 것이다.

〈그림 2-47〉 'multiplicative' decomposition

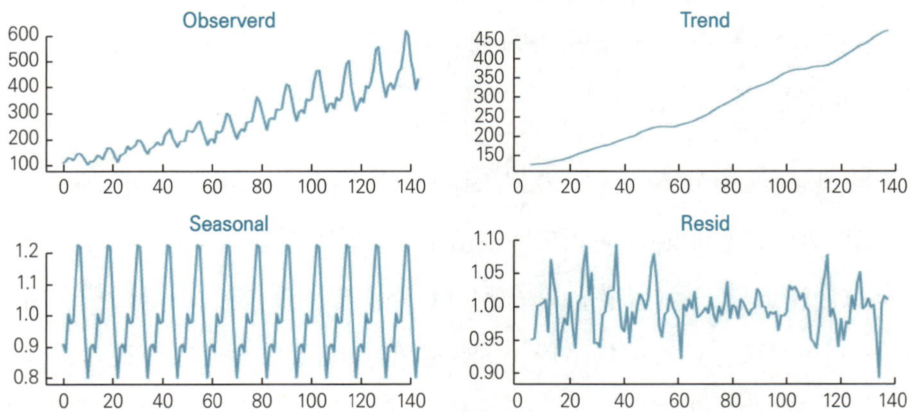

6절 GitHub에서 소스코드 검색

GitHub(https://github.com/)는 본래 개발자들이 버전 관리를 위해 쓰던 git이란 분산 버전 관리 시스템에서 데이터를 저장하는 서버를 말한다. 서버를 무료로 제공하다 보니 오픈소스 프로젝트나 개인 프로그래머들이 마치 블로그처럼 사용하게 됐다. 초보자들이 접근할 때는 다양한 소스코드를 검색하는 사이트로 이해해도 된다. 구글에서 'GitHub 데이터 분석'이라는 검색어로 검색하면 관련 GitHub가 검색된다.

〈그림 2-48〉 GitHub에서 소스코드 다운로드

출처: https://github.com/corazzon/OpenDataWrangling

이 화면에서 download를 실행하면 이 페이지에 보이는 폴더 전체가 다운로드된다. 소스코드가 맘에 들면 화면 페이지 상단에 있는 별 모양의 Star 버튼을 눌러 감사를 표시하면 된다.

간혹 kaggle에서 작성된 소스코드를 이 GitHub를 통해 공유하기도 한다. 금융과 관련된 kaggle과 매칭되는 GitHub의 예는 다음과 같다. 여기에 제시하는 GitHub 코드는 실행을 확인했으니 관심 있는 독자는 kaggle에서 데이터를 다운로드받고 GitHub에서(물론 웬만한 kaggle 풀이 코드는 kaggle 사이트에도 많이 있으므로 kaggle에서 검색하고 실행해도 된다) 실행해보길 바란다.

- CUDL Finance Time Series Prediction
  - kaggle: https://www.kaggle.com/c/cudlfinance/overview
  - GitHub: https://github.com/rajatsharma369007/CUDL-Finance-TIme-Series-Prediction
- Give Me Some Credit
  - kaggle: https://www.kaggle.com/c/GiveMeSomeCredit
  - GitHub: https://github.com/IdoZehori/Credit_Score
- Home Credit Default Risk
  - kaggle: https://www.kaggle.com/c/home-credit-default-risk
  - GitHub: https://github.com/richars7/HomecreditRisk_kaggle
- Loan Default Prediction - Imperial College London
  - kaggle: https://www.kaggle.com/c/loan-default-prediction
  - GitHub: https://github.com/harishpuvvada/LoanDefault-Prediction

코드를 공유한 후 시간이 지나서 라이브러리 업데이트로 문법이 바뀐 경우에는 약간의 수정이 필요할 수도 있다.

7절 인공지능 서비스를 활용한 데이터 분석

ChatGPT, Gemini, Claude, Grok, Deepseek 등, 인공지능을 활용한 LLM(Large Language Model) 서비스가 최근 트렌드를 많이 바꿔놓았다. 물론 Stable Diffusion, Dall-E, Sora 처럼 이미지나 동영상을 생성하는 인공지능 서비스도 있어서 지난번 3판에서는 사용법을 일부 소개하기도 했으나, 이미지 생성은 데이터 분석과는 거리가 있기 때문에 본 교재에서는 일부 LLM으로 문답식으로 데이터를 분석하는 예제로만 한정하기로 한다. 그리고 이 절에서 사용된 이미지는 모두 해당 화면을 캡쳐한 것이다.

1. ChatGPT를 통한 iris 데이터 분석

집필 시점에서 무료 ChatGPT는 ChatGPT-4o 버전을 사용하고 있고, 따라서 그 버전으로 다음과 같은 질문을 해보았다. 본 교재에서 사용되는 인공지능 서비스는 교재를 보는 누구나 실습해볼 수 있도록 무료 버전의 서비스만 사용하기로 한다.

다음과 같은 질문을 ChatGPT에 던져본다.

〈그림 2-49〉 ChatGPT에 질문

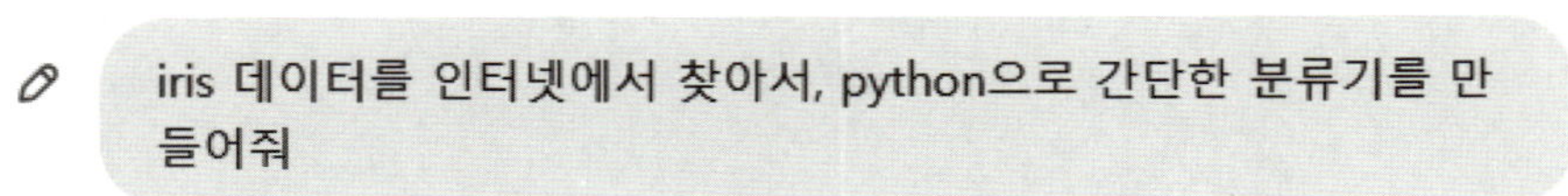

출처: ChatGPT(https://ChatGPT.com)

그러면 아래와 같은 결과를 표시해준다.

〈그림 2-50〉 ChatGPT 답변-1

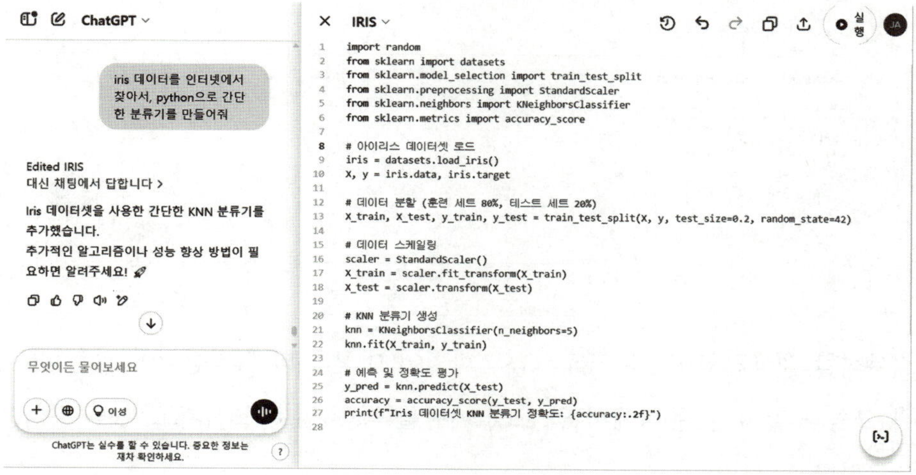

출처: ChatGPT(https://ChatGPT.com)

iris 파일을 주지 않고, 인터넷에서 검색하라고 요구했더니 sklearn에 내장된 데이터를 바로 사용했다. 환각(halluchnation)이거나 질문의 의도를 잘못 이해했을 때 발생하는 현상으로, 원하는 답변이 아닐 경우 틀렸다고 얘길 해주고 요구조건을 조금씩 추가해서 계속 물어보면 응답도 수정이 된다. 본 교재에서는 이정도 답변으로도 충분하니, 더 추가적인 질문은 하지 않도록 한다.

2. ChatGPT에 파일 업로드 후 예측

〈그림 2-51〉 ChatGPT에 파일 업로드

출처: ChatGPT(https://ChatGPT.com)

분석할 대상인 AirPassengers.csv 파일이 내 컴퓨터에 저장되어 있는 경우, 위 그림과 같이 [컴퓨터에서 업로드] 메뉴를 통해 업로드 시키고 이후 분석을 요구한다.

〈그림 2-52〉 업로드 된 파일과 관련한 질문

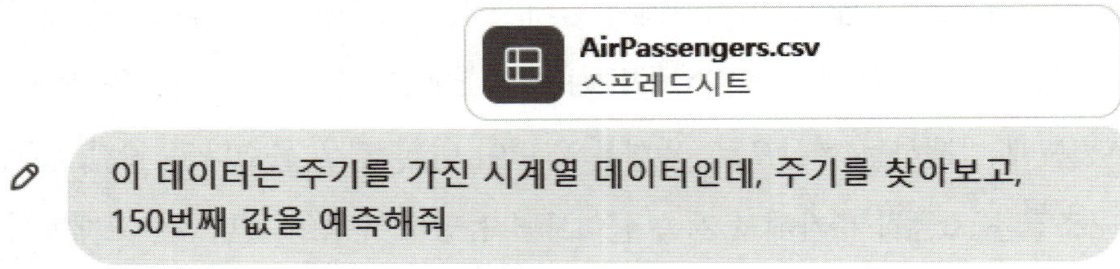

출처: ChatGPT(https://ChatGPT.com)

이후 나오는 답변 중 주요 결과 화면은 다음과 같다.

〈그림 2-53〉 ChatGPT의 시계열 분석 결과

데이터를 확인한 결과, "Month" 열은 날짜(연-월) 형식이고, "#Passengers" 열은 승객 수를 나타냅니다.
이제 주기를 분석한 후, 150번째 데이터 포인트를 예측해보겠습니다. [>_]

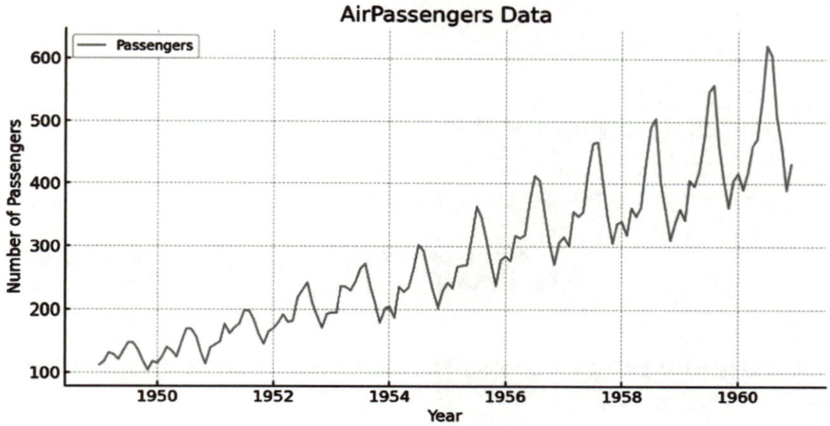

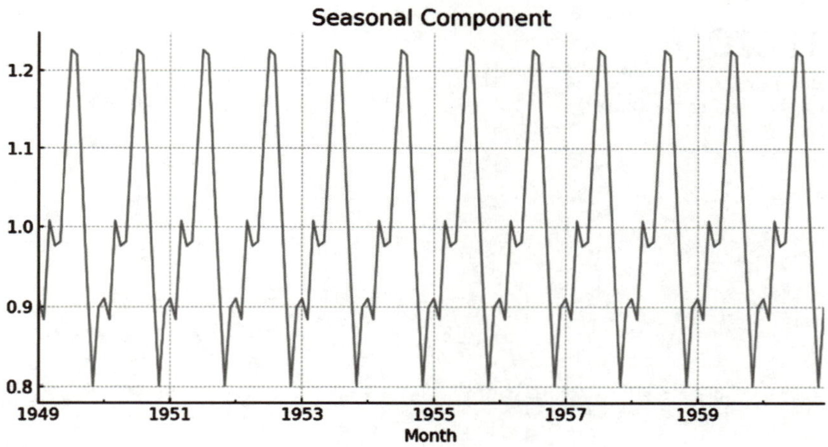

시계열 데이터를 분석한 결과, **주기는 12개월(1년)** 정도로 보입니다.
이제 ARIMA 모델을 사용해 150번째 데이터를 예측해보겠습니다. [>_]

ARIMA 모델을 사용하여 150번째 데이터(승객 수)를 예측한 결과, **약 447명**으로 예상됩니다.
추가적인 분석이나 다른 예측 모델 적용이 필요하면 알려주세요! 🚀 [>_]

출처: ChatGPT(https://ChatGPT.com)

이 데이터는 단위가 1,000명이기 때문에 실제 결과를 1,000배 하면 예측치가 된다. 문장 끝에 있는 [>_] 기호를 클릭하면 어떻게 분석했는지 소스코드를 보여준다.

3. ChatGPT가 인터넷에서 스스로 검색 후 분석

〈그림 2-54〉 nvidia 주식 예측 질문

출처: ChatGPT(https://ChatGPT.com)

〈그림 2-55〉 ChatGPT의 예측에 대한 논평

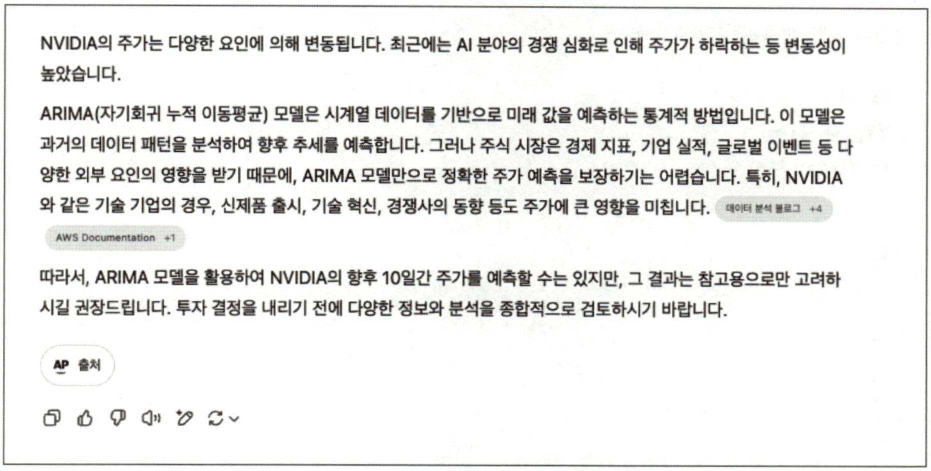

출처: ChatGPT(https://ChatGPT.com)

이 그림에서 알 수 있듯이 반드시 답을 알려주는 것은 아니다. 민감한 결과에 대해서는 답을 회피하기도 한다. 학습되지 않았거나, 논쟁이 많은 질문들은 이렇게 회피하도록 훈련되어 있다.

4. Grok으로 유사 분석

집필 과정에서 ChatGPT를 제외한 가장 최신에 출시된 서비스가 Grok-3이다. ChatGPT와 성능에는 일부 차이가 있을 수 있으며, 이후에 또 어떤 서비스가 등장할지 알 수는 없지만, 현재까지 문답식 환경은 어느 서비스를 선택하더라도 대체로 비슷하다. 여기서는 Grok을 예로 들었지만 기타 교재에서 다루지 않은 다른 서비스도 사용해보길 바란다.

ChatGPT에 던진 질문 중 마지막 질문을 Grok에 똑같이 하더라도 ChatGPT와는 많이 다른 결과가 나오는 것을 확인해보자.

〈그림 2-56〉 Grok에 한 질문과 답변 시작부

출처: Grok(https://grok.com/)

〈그림 2-57〉 Grok의 예측 결과

ARIMA를 사용한 10일 후 주가 예측

ARIMA(자기회귀누적이동평균) 모델은 시계열 데이터의 패턴을 분석해 미래 값을 예측하는 통계 모델입니다. 이를 적용하기 위해 최근 1개월 일별 데이터를 사용하며, ARIMA(p,d,q) 파라미터를 간단히 설정합니다:

- **p (자기회귀 차수)**: 과거 데이터의 영향을 반영. 여기서는 1로 설정.
- **d (차분 차수)**: 데이터의 정상성을 확보. 1차 차분으로 설정.
- **q (이동평균 차수)**: 잔차의 이동평균을 반영. 1로 설정.

데이터 준비

최근 1개월 데이터(2025년 2월 24일 ~ 3월 24일)를 사용하며, 이는 제공된 실시간 금융 데이터에 기반합니다. 이 데이터는 정상성을 가정하고 모델에 입력됩니다.

ARIMA 모델 적용

ARIMA(1,1,1) 모델을 적용해 10일 후(2025년 4월 3일) 주가를 예측합니다. 최근 하락 추세와 변동성을 고려하여, 모델은 단기적인 패턴을 반영합니다. 계산은 다음과 같은 단계를 거칩니다:

1. **현재 가격**: 2025년 3월 24일 $118.63.
2. **추세 분석**: 최근 1개월간 평균 일일 변화율은 약 -0.52% (130.95에서 118.63으로 하락).
3. **예측**: ARIMA 모델은 과거 데이터의 자기회귀와 이동평균 요소를 결합해 단기 예측을 생성합니다.

예측 결과

ARIMA(1,1,1) 모델을 적용한 결과, 2025년 4월 3일 NVIDIA 주가는 다음과 같이 예측됩니다:

- **예측 주가**: 약 **$115.80** USD
- **신뢰 구간 (95%)**: 약 $110.50 ~ $121.10 USD

출처: Grok(https://grok.com/)

이 분석을 했던 python 코드를 만들어 달라고 다시 요청하면, 다음과 같은 코드를 만들고 해설을 붙여준다

〈그림 2-58〉 Grok이 만든 python 코드

```
import pandas as pd
import yfinance as yf
import matplotlib.pyplot as plt
from statsmodels.tsa.arima.model import ARIMA
import warnings
warnings.filterwarnings("ignore")

# 1. NVIDIA 1년치 주식 데이터 가져오기
ticker = "NVDA"
start_date = "2024-03-03"
end_date = "2025-03-03"
data = yf.download(ticker, start=start_date, end=end_date)

# 종가(Close)만 사용
stock_prices = data['Close']

# 2. 1년치 주식 차트 그리기
plt.figure(figsize=(12, 6))
plt.plot(stock_prices, label='NVDA 종가')
plt.title('NVIDIA (NVDA) 1년 주식 차트')
plt.xlabel('날짜')
plt.ylabel('주가 (USD)')
plt.legend()
plt.grid(True)
plt.show()

# 3. ARIMA 모델 학습
# ARIMA 파라미터 (p, d, q)는 간단히 (5, 1, 0)으로 설정, 실제로는 튜닝 필요
model = ARIMA(stock_prices, order=(5, 1, 0))
model_fit = model.fit()

# 4. 10일 후 예측
forecast_steps = 10
forecast = model_fit.forecast(steps=forecast_steps)
forecast_index = pd.date_range(start=end_date, periods=forecast_steps + 1,
freq='B')[1:] # 주말 제외

# 5. 예측 결과 시각화
plt.figure(figsize=(12, 6))
plt.plot(stock_prices[-30:], label='최근 30일 종가') # 최근 30일만 확대
plt.plot(forecast_index, forecast, label='10일 예측', color='red')
plt.title('NVIDIA (NVDA) 주가 예측 (ARIMA)')
plt.xlabel('날짜')
```

```
plt.ylabel('주가 (USD)')
plt.legend()
plt.grid(True)
plt.show()

# 6. 예측값 출력
print("\n10일 후 예측 주가:")
for date, price in zip(forecast_index, forecast):
    print(f"{date.strftime('%Y-%m-%d')}: {price:.2f} USD")
```

출처: Grok(https://grok.com/)

〈그림 2-59〉 Grok의 코드 해설부

코드 설명

1. **데이터 수집:**
   - `yfinance` 를 사용해 2024-03-03부터 2025-03-03까지 NVDA의 주식 데이터를 가져옵니다.
   - 종가(Close)를 기준으로 분석합니다.
2. **1년치 주식 차트:**
   - 첫 번째 그래프는 1년 동안의 종가를 선으로 표시합니다.
   - X축은 날짜, Y축은 주가(USD)이며, NVDA의 주가 흐름(상승/하락 패턴)이 보입니다.
3. **ARIMA 모델:**
   - ARIMA(p, d, q)는 시계열 예측에 사용되는 모델로, 여기서는 `(5, 1, 0)` 을 기본값으로 설정했습니다.
     - `p=5` : 과거 5일의 데이터를 사용.
     - `d=1` : 1차 차분으로 비정상성을 제거.
     - `q=0` : 이동평균 요소 없음.
   - 실제로는 `auto_arima` 로 최적 파라미터를 찾는 게 좋지만, 단순화를 위해 고정값 사용.
4. **10일 예측:**
   - `forecast` 로 2025-03-04부터 2025-03-13까지 10일(영업일 기준)을 예측합니다.
   - 두 번째 그래프는 최근 30일 데이터와 예측값(빨간색)을 함께 보여줍니다.
5. **결과 출력:**
   - 각 날짜별 예측 주가를 소수점 둘째 자리로 표시.

출처: Grok(https://grok.com/)

〈그림 2-60〉 Grok의 결과 해설부

예상 결과 해석

1년치 주식 차트

- 2024년 3월부터 2025년 3월까지 NVDA 주가는 AI 및 반도체 수요에 따라 변동했을 가능성이 높습니다.
- 예를 들어, 2024년 중반에 신제품 발표(예: Blackwell 아키텍처)가 있었다면 주가가 급등했을 수 있고, 시장 조정 시기에 하락했을 수 있습니다.
- 그래프는 이런 패턴을 반영하며, 최근 몇 달의 상승 또는 하락 추세를 보여줍니다.

ARIMA 예측

- ARIMA는 단기 예측에 적합하며, 최근 주가 추세를 기반으로 10일 후를 추정합니다.
- 예시 예측값 (가정):

```text
2025-03-04: 135.50 USD
2025-03-05: 136.20 USD
2025-03-06: 136.80 USD
2025-03-07: 137.10 USD
2025-03-10: 137.30 USD
2025-03-11: 137.50 USD
2025-03-12: 137.60 USD
2025-03-13: 137.70 USD
```

- 실제 값은 코드 실행 시 과거 데이터에 따라 달라집니다. 현재 주가(예: 2025-03-03 기준 130 USD 가정)에서 약간 상승하는 경향을 보일 수 있습니다.

한계

- ARIMA는 단기 추세를 잘 반영하지만, 갑작스러운 이벤트(예: 실적 발표, 시장 충격)를 예측 못 함.
- 정확도를 높이려면:
    - `auto_arima`로 최적 (p, d, q) 조합 찾기.
    - 외부 변수(예: 시장 지수, 경쟁사 데이터)를 추가한 SARIMAX 사용.

실행 방법

1. 필요한 라이브러리 설치:

```bash
pip install pandas yfinance statsmodels matplotlib
```

2. 코드를 실행하면 두 개의 그래프와 예측값이 출력됩니다.

출처: Grok(https://grok.com/)

여기까지가 Grok의 결과이고, 위에서 보여준 소스코드를, 한글 폰트 부분을 해결한 뒤 실행하면 다음의 결과를 얻을 수 있다.

〈그림 2-61〉 Grok이 작성한 코드 실행 결과

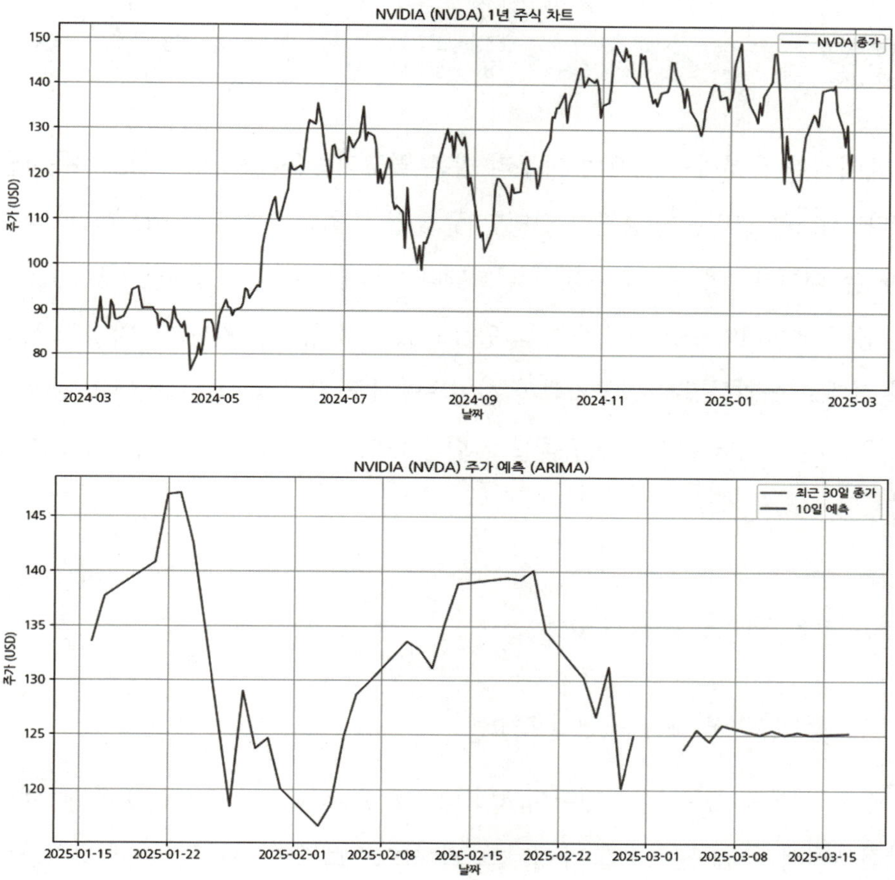


```
10일 후 예측 주가:
2025-03-04: 123.70 USD
2025-03-05: 125.46 USD
2025-03-06: 124.38 USD
2025-03-07: 125.87 USD
2025-03-10: 125.01 USD
2025-03-11: 125.41 USD
2025-03-12: 125.00 USD
2025-03-13: 125.25 USD
2025-03-14: 125.01 USD
2025-03-17: 125.17 USD
```

출처: Grok(https://grok.com/)

인공지능 서비스(LLM)에 따라 비슷하거나 다양한 결과를 얻을 수 있으니, 다양하게 시도해 보길 바란다.

8절 국내외 데이터 공유 사이트

데이터가 충분하지 않으면 아무리 많은 알고리즘을 습득하더라도 무용지물이다. 최소한 모집단을 충분히 설명할 수 있을 만큼의 데이터가 필요하다. 국내에서는 데이터 3법 통과로 규제가 완화됐다. 전 세계적으로도 kaggle과 GitHub를 통해 데이터와 소스코드가 널리 공유되고 있으며, 인공지능과 4차 산업혁명의 시대로 돌입하면서 공공기관과 사이트에서도 자발적으로 데이터를 공개하고 있어서 데이터 분석을 실습해볼 기회가 많다. 국내외의 공유 데이터를 소개하겠다.

1. 국내 데이터 공유 사이트

1) 행정안전부: 공공데이터포털

먼저 소개할 곳은 '공공데이터포털(https://www.data.go.kr/)'이다. 행정안전부에서 운영하는 통합 데이터 포털 사이트로 2011년 7월부터 서비스를 시작했으며, 정부가 보유한 공공데이터를 제공한다. 30,000건 이상의 파일 데이터와 3,000개 이상의 오픈API를 제공하고, 공원이나 CCTV, 주차장 등의 표준 데이터도 100건 이상 제공한다. 오픈API로 데이터 분석이나 시각화 그래프 등을 얻을 수 있다.

2) 서울시: 서울 열린데이터 광장

지자체에서도 데이터를 공개하고 있는데, 대표적으로 서울시가 운영하는 '서울 열린데이터 광장(https://data.seoul.go.kr/)'이 있다. 2020년 2월 기준 5,200개의 데이터 세트와 4,500여 개의 Open API를 제공한다.

3) 경기도: 경기데이터드림

경기도의 경우는 '경기데이터드림(https://data.gg.go.kr/)'에서 1,300건 이상의 데이터를 제공하고 있다.

4) 한국정보화진흥원: AI 허브

공공기관 중에서는 과학기술정보통신부 산하의 한국정보화진흥원(NIA)에서도 'AI 허브(http://www.aihub.or.kr/)'를 통해 AI 데이터와 API 등을 제공하고 있다.

5) 한국데이터산업진흥원

한국데이터산업진흥원(https://www.kdata.or.kr/)과 같은 기관은 직접 데이터를 제공하기보다는 데이터를 판매하기도 하고, 판매 기업이나 가공 기업과 수요 기업을 맺어주고, 데이터바우처 사업을 통해 정부 지원으로 데이터 산업을 지원하고 있다.

2. 해외 데이터 공유 사이트

1) 미국 data.gov

미국의 경우 2009년부터 data.gov(https://www.data.gov/)에서 OGPL

(Open Government PLatform)을 오픈소스로 GitHub에 공개했다. 오바마 정부 Open Government 정책의 대표적인 산물로, 정부의 데이터를 무료로 제공하고 있다.

2) 영국 ckan

영국에서도 2010년 ckan(https://ckan.org/)에서 CKAN이라는 오픈소스 데이터 포털 플랫폼을 공개했다. 역시 영국의 공공정보를 전 세계에 공개했다.

3) 호주 data.gov.au

호주에서도 2011년부터 data.gov.au(https://data.gov.au/)를 통해 공공정보를 공개해오고 있다.

4) 그 외: MIT의 MIMIC

이렇게 공공정보만 공유되는 것이 아니다. 의료 분야에서도 MIT의 전자생리학 연구실에서 공개한 MIMIC-III(Medical Information Mart for Intensive Care-III)가 있다. 2001년부터 2012년까지 12년간의 다양한 인종별, 연령별로 40,000명가량의 환자 데이터가 들어 있다. Vital sign 외에 각종 처방까지 포함되어 있는데, 접근 권한에는 약간의 제한이 있다.

이 외에도 너무 많은 데이터 세트가 공개되어 있어서 일일이 소개하지 못하므로 필요한 분야의 데이터를 국내외에서 검색해보기 바란다.

4장

인공신경망 프로그래밍 맛보기

인공신경망을 프로그래밍 하려면, 고전적 빅데이터 분석처럼 한 줄로 쉽게 만들어지는 코드가 아니라서 기초 설명이 많이 필요하다. 본 교재에서는 그나마 가장 쉬운 프로그램을 이해할 수 있을 정도까지만 설명하려고 하는데 그래도 분량이 꽤 된다. 2절부터 나오는 내용은 인공신경망 구조를 만들고 이를 학습시키는 방법을 순차적으로 설명하고 있으며, 3절에서 소개된 마지막 소스코드까지만 이해하도록 하자. 향후 인공신경망으로 데이터분석을 해야 할 입장이 된다면, 이 코드를 각자의 목적에 맞게 수정하거나, 유사한 작업을 하는 코드나 모델을 kaggle 또는 github, huggingface 등에서 구해야 한다.

1절 인공지능(AI)의 범위와 역사

사람과 같이 생각하고 말하는 기능적인 '인공지능'이라는 생각을 맨 처음으로 한 사람은 컴퓨터과학의 아버지라고 불리는 앨런 튜링(Alan Turing)이다. 그는 1950년 철학 저널 〈마인드(Mind)〉에 "기기와 지능(Computing Machinery and Intelligence)"라는 논문을 발표했다. 인공지능에 대한 연구 방법을 논한 것은 아니고 기기가 지능을 갖췄는지를 검증하는 방법을 언급했다. 한 사람과 기기를 교류하게 하고 그 사람이 교류하고 있는 대상이 사람인지 기기인지를 알아챌 수 없다면 그 기기가 지능이 있는 것으로 볼 수 있다고 주장했다.

사람들은 이 방법을 튜링테스트(Turing Test)라고 불렀다. 사실 튜링은 문제만 남기고 답은 하지 않았지만, 60년 전인 이 시기를 자연어 기계 처리 역사의 시작으로 보는 견해가 일반적이다. 빅데이터를 활용하기 위해서는 빅데이터를 분석해야 하고, 분석을 위해서는 분석엔진이 필요하다. 인공지능(AI) 기술은 빅데이터 분석을 위한 엔진 역할도 한다.

1. 인공지능의 범위

인공지능이라는 용어도 사용자에 따라 다른 영역에서 인식할 때가 많다. 인공지능에 대해 한참 대화하다 보면 상대방이 말한 인공지능이 내가 생각한 인공지능이 아니었음을 자주 경험하게 된다. 빅데이터 분석과 인공지능을 같은 의미로 사용하기도 한다.

인공지능이라는 용어는 현재 너무 광범위하게 쓰인다. 이 교재에서는, 특히 이번 장에서는 광범위한 인공지능의 개념이 아니고 인공신경망의 구조를 활용한 최신 인공지능 분야인 딥러닝에 한정해서 다루기로 한다. 지금부터 사용되는 인공지능이란 용어는 굳이 인공신경망으로 바꾸는게 무리가 있어 인공지능이란 용어를 그대로 쓴 부분도 있으나, 고전적 빅데이터 분석과는 다른, 인공신경망 구조를 가지는 딥러닝 구조에 더 가까운 표현이다. 강인공지능/약인공지능을 강인공신경망/약인공신경망으로 바꾸는게 어색하듯이 말이다.

2. 인공신경망의 역사

기능과 무관하게, 인공신경망이라고 불리는 구조적인 측면에서의 개념과 모델은 1943년에 워런 매컬러(Warren S. McCulloch)와 월터 피츠(Walter Pitts)의 논문[2)]에서 처음 태동했다. AI(Artificial Intelligence)라는 용어는 1956년 다트머스 칼리지(Dartmouth College)에서 열린 학술대회에서 존 매카시(John McCarthy)가 처음 사용했다.

1958년에는 퍼셉트론(Perceptron)[3)]이 소개되어 AND, OR 등의 게이트(gate)를 구현하면서 잠깐 황금기를 맞이했다. 그러나 1969년 퍼셉트론이 XOR 게이트는 학습이 불가능하다는 것이 증명[4)]되면서 미 국방부의 AI 연구자금 2,000만 달러 지원이 전격 중단되고, 이후 꽤 오랜 기간 암흑기를 거친다. 논문 제목이 인공지능이나 인공신경망과 관련되면 학회에서 논문을 받지 않을 정도였다. XOR는 그 뒤로 17년이 더 지난 1986년에야 역전파(Back Propagation) 알고리즘으로 풀리긴 했으나, 여전히 SVM 등에 밀려 빛을 보지 못했다.

하지만 아주 오랜 암흑기를 거치면서도 학자들은 꾸준히 대안을 찾아갔다. 1990년대 후반 딥블루(Deep-Blue)가 체스 우승자를 꺾고, 2010년에 왓슨(Watson)이 퀴즈대회에서 우승하며 신호탄을 보냈음에도 그 뒤로 어떤 일이 더 일어날지는 누구도 알지 못했다. 당시에는 빅데이터가 전 세계의 화두였다.

2012년이 되자 인공신경망 구조의 두 가지 사건이 세상을 놀라게 했다. 하나는 앤드루 응(Andrew Ng) 교수가 유튜브의 동영상 1,000만 개 중에서 고양이

---

2) Warren S. McCulloch & Walter Pitts, A logical calculus of the ideas immanent in nervous activity, The bulletin of mathematical biophysics volume 5, pages 115-133, 1943
3) Rosenblatt, F. (1958). The perceptron: a probabilistic model for information storage and organization in the brain. Psychological review, 65(6), 386
4) Minsky, M., & Papert, S. (1969). An introduction to computational geometry. Cambridge tiass., HIT

가 나오는지 아닌지를 인공신경망을 통해 인식하는 데 성공한 일이다. 그리고 또 하나는 ILSVRC 대회에서 AlexNet이란 구조가 전년도 대비 정확도를 10% 포인트가량 향상시킨 일이다. ILSVRC(ImageNet Large Scale Visual Recognition Challenge)는 120만 장의 이미지를 학습시켜서 1,000개의 카테고리로 자동분류하는 대회다. 사람도 전문 영역이 아니면 이미지를 구분하지 못하는 경우가 있다. 예를 들어 바다표범과 물개를 구분하지 못하는 사람이 있듯이, 이미지에서 사람의 오류는 대략 5% 정도로 본다.

2011년까지 대회 1위 알고리즘이 25%를 웃도는 선이었는데, 2012년 AlexNet은 오류를 16% 정도까지 낮추면서 격차를 크게 벌렸다. 이 2012년 대회 이후 딥러닝이란 단어가 사람들의 관심을 끌기 시작했다.

그렇게 딥러닝이 부각되면서 그동안 인공지능 영역에서 뚝심 있게 연구를 진행해온 4명의 교수를 '인공지능 4대천왕'이라 지칭하게 됐다. 〈그림 2-62〉가 그 주인공들로, 4명이 함께 찍힌 사진은 이것이 유일하다.

〈그림 2-62〉 인공지능 4대천왕

주: 왼쪽부터 얀 르쿤, 제프리 힌턴, 요슈아 벤지오, 앤드루 응
출처: 앤드루 응의 페이스북

얀 르쿤(Yann LeCun, 영어식 발음은 얀 르쿤이고 출신지인 프랑스에서의 발음은 얀 르퀑인데, 대부분 한국에서 만나는 세미나에서 발음은 얀 르쿤으로 발음하므로 본 교재에서도 얀 르쿤으로 통일함)은 필기체를 컴퓨터가 인식하도록 연구하다가 CNN 구조를 만들었고, 제프리 힌턴(Geoffrey Hinton)은 기존의 역전파(Backpropagation) 이론을 완성했으며 앞서 소개한 AlexNet의 공동 개발자이기도 하다. 그리고 요슈아 벤지오(Yoshua Bengio)는 자연어 처리와 GAN의 연구에도 기여했다. 이 세 사람에 의해 딥러닝이란 용어가 탄생했다. 마지막으로 앤드루 응 교수는 딥러닝을 이용해서 유튜브 영상을 인식하는 데 성공했고, 코세라(Coursera)[5] 강의를 통해 딥러닝을 보급하는 데 기여했다. 그래서 엄격하게 말하자면 '인공지능 4대천왕'보다는 '딥러닝 4대천왕'이란 표현이 더 적절해 보인다.

그렇게 2012년이 지나고 더 큰 충격이 몰아친 것은 2016년이었다. 허사비스(Demis Hassabis)[6]가 세운 딥마인드(DeepMind)[7]의 알파고(AlphaGo)가 이세돌을 4:1로 꺾은 것이다. 2014년부터는 진짜 같은 가짜 이미지를 만드는 GAN의 후속편이 줄줄이 발표되면서 이미지를 생성하고 변형하는 수준이 사람이 작업한 것과 구분하기 힘들 만큼 발전했다. 소위 생성형 AI의 시작이 된 것이다. 국내에서도 SK T-Brain의 DiscoGAN과 최윤제 학생[8]의 StarGAN 등이 개발되어 세계적으로 주목받았다.

앞서 소개한 AlexNet과 연관된 대회인 ILSVRC는 그 뒤로 어떻게 됐을까? 인간 능력의 한계라던 5%의 벽은 2015년에 ResNet이 3.6%의 오류율을 기록

5) 앤드루 응과 대프니 콜러(Daphne Koller) 교수가 2012년 설립한 온라인 교육 플랫폼
6) 영국의 컴퓨터 공학자로, 2010년 딥마인드를 창업하고, 2024년 노벨 화학상을 수상
7) 2010년 런던에서 설립됐으나 2014년 구글에 인수됨.
8) 개발할 당시 고려대학교 석사 과정 학생으로 네이버 클로바의 인턴 수행 중

하며 넘어섰고, 이후 이 대회를 유치하는 게 의미가 없어져 2017년을 마지막으로 폐지됐다.

인공신경망을 주제로 한 논문 분야도 암흑기를 보냈지만, 2015년에 이르자 르쿤·힌턴·벤지오가 발표한 논문 “Deep Learning”이 〈네이처(Nature)〉에 실렸다. 그리고 이들은 2019년 컴퓨터계의 노벨상이라고 불리는 튜링 어워드(Turing Award)를 수상했다.

알파고보다 더 큰 충격은 2022년 11월 ChatGPT가 발표되면서 전 세계를 흥분시킨 것이다. 이보다 앞선 2017년 Google에서 “Attention is all you need”란 이름의 논문으로 Transformer 구조를 발표했는데, 이 Transformer 구조가 이후 LLM에서 대 변화를 일으킨다. 언어모델에서 많이 언급되던 인공지능 모델로 BERT, GPT 같은 용어들이 등장하는데, 여기서 사용된 T가 바로 Transformer의 약자이다. 이후 대화만 하는 LLM이 아니라 음성, 이미지, 오디오 등의 다중 기능을 갖춘 LMM(Large Multimodal Model)이 급부상하고 있는데, ChatGPT-4 이후 모델들이나 Gemini 등이 이에 해당하고, 이외에도 “온디바이스 AI”나 “AI 에이전트” 등의 단어들로 계속 발전중에 있으나 아직 완전히 확립되고 보편화되었다고 보기에는 시기상조인듯 하여, 인공지능의 역사는 현재 진행형으로 더 지켜봐야 하겠다.

이제 강 인공지능과 약 인공지능을 잠깐 설명하기로 하자. 지금까지의 인공지능은 대부분 약 인공지능이라 불린다. 특정 임무만 수행하는 데 특출나기 때문이다. 이미지에서는 이미지만, 음성에서는 음성만, 바둑에서는 바둑만 특출난 식이었다. 반면에 강 인공지능이란 용어도 있는데, 단일 영역이 아니라 여러 영역에서 인간과 유사한 작업을 두루 할 수 있는 일반적인 인공지능(Artificial General Intelligenece, AGI)과 인간의 감성과 의식을 이해하는 인공 의식

(Artificial Consciousness) 등을 포함한다. LMM이 조금씩 AGI로 가고 있는 중간 단계라 볼 수 있지만 아직은 강 인공지능이라고 보지는 않는다.

인공지능이 인간의 능력을 넘어서는 단계와 시기를 AI 특이점이라고 말하는데, 2020년부터 일론 머스크는 2025년에 특이점이 올 것이라고 예견했고, 2025년 초에는 openAI의 CEO인 샘 알트먼이 2025년이 놀라운 해가 될 것이라고 예고하기도 했다. 이 교재는 어쩌면 특이점을 돌파하기 직전에 쓰여진 교재가 될지도 모른다.

2절 인공신경망 기초 이론

이번 절에서는 인공신경망 이론을 시작해 본다.

1. 퍼셉트론

인공지능의 초기 기본 구조는 퍼셉트론(Perceptron)이다. 퍼셉트론은 인간이나 동물의 뇌에서 기억이나 학습을 할때 신호가 저장되거나 전달되는 신경망을 흉내 낸 구조로, 신경세포인 뉴런(neuron)과 이들을 이어주는 시냅스(synapse)를 본떴다. 1958년 프랭크 로젠블랫(Frank Rosenblatt)의 논문[9]에서 제안됐으며, 이것이 인공신경망의 가장 기본적인 구조다.

9) Rosenblatt, F. (1958). The perceptron: A probabilistic model for information storage and organization in the brain. Psychological Review, 65(6), 386-408

〈그림 2-63〉 퍼셉트론 기본 구조

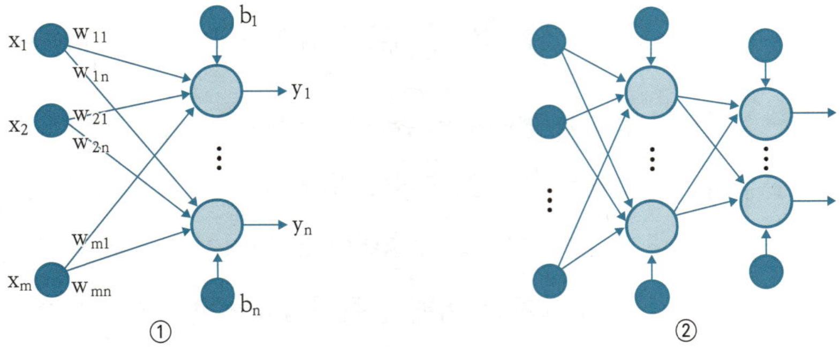

주: ① 단층 구조, ② 다층 구조

입력값 x와 출력값 y는 뉴런에 해당하고(때로는 node라고 불리기도 한다), weight인 w는 시냅스에 해당하는데 퍼셉트론에서는 가중치를 부여하는 역할을 한다. 1차원 행렬을 보통 벡터라고 부르는데, x는 길이가 m인 벡터이고 y는 길이가 n인 벡터이며, w는 m*n 의 크기를 가지는 2차원 행렬이다. b는 bias 항목으로 편향이 있을 것이라는 가정이며 뉴런의 크기(개수)만큼 존재한다. 행렬의 성분은 모두 실수값이다. x가 입력으로 들어가면 중간의 weight들과 곱해진 후 출력값 y가 된다.

x와 w의 곱은 〈그림 2-64〉와 같은 행렬 연산으로 이루어진다.

〈그림 2-64〉 행렬로 표현된 같은 수식

$$\begin{bmatrix} x_1 & x_2 & x_m \end{bmatrix} \begin{bmatrix} w_{11} & w_{1n} \\ w_{21} & w_{2n} \\ w_{m1} & w_{mn} \end{bmatrix} + \begin{bmatrix} b_1 & b_n \end{bmatrix} = \begin{bmatrix} y_1 & y_n \end{bmatrix}$$

$$\begin{bmatrix} x_1 & x_2 & x_m & 1 \end{bmatrix} \begin{bmatrix} w_{11} & w_{1n} \\ w_{21} & w_{2n} \\ w_{m1} & w_{mn} \\ b_1 & b_n \end{bmatrix} = \begin{bmatrix} y_1 & y_n \end{bmatrix}$$

행렬곱으로 나타내면 자칫 복잡해 보일 수 있으나, x의 각 뉴런들은 y로 가는 길목의 weight들과 단순한 곱셈만 할 뿐이다. 그리고 y의 뉴런들은 들어오는 값들을 단순히 더하기만 한다. 이 그림에서 표현된 두 행렬 연산식은 똑같은 식이다. 위의 식이 더 직관적이긴 하나, 소스코드를 검색해보면 개발자의 취향에 따라 아래 식으로 프로그램한 경우도 종종 발견된다. 행렬의 크기를 어떻게 설계했는지를 확인해보면 된다. 둘 중 아래의 식은 bias도 weight의 일부로 본다는 뜻이다.

〈그림 2-65〉와 같은 가장 단순한 구조의 신경망을 생각해보자.

〈그림 2-65〉 가장 단순한 퍼셉트론

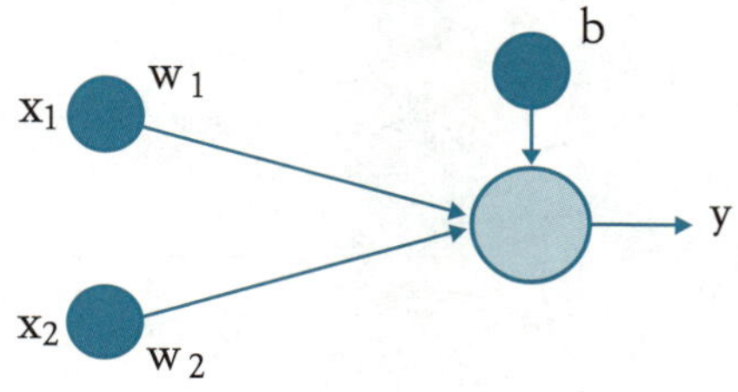

이 구조에 따르면 선형 결합에 의한 $y = x_1w_1 + x_2w_2 + b$ 식이 성립한다. 초기 퍼셉트론은 이 그림과 같이 가장 단순한 구조로 논리 게이트(AND, OR, NAND)를 구현할 수 있었다. AND 게이트를 예를 들면 (x_1, x_2) = (1, 1)일 때만 결과가 1이고, x 중에 하나라도 0이 있으면 결과는 0이 된다. 결과는 0과 1로만 나타나야 하는데 선형 함수로는 연속적인 결과가 나온다. 따라서 $x_1w_1 + x_2w_2 + b = 0$을 경계면으로 하는 분류기를 생각하고, $x_1w_1 + x_2w_2 + b$의 값이 음수이면 결과는 0으로, 양수이면 결과가 1이 나오도록 조절할 필요가 있으므로 구조를 조금 바꾼다. 〈그림 2-66〉의 step function을 퍼셉트론의 뒷부분에 적용한다.

〈그림 2-66〉 step function

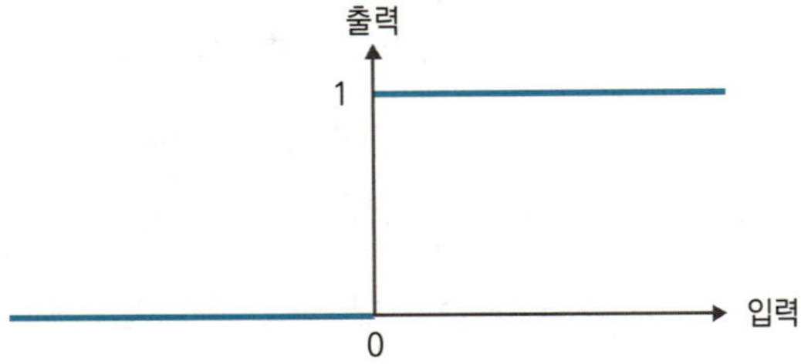

step function이 적용된 퍼셉트론은 〈그림 2-67〉과 같다.

〈그림 2-67〉 step function이 적용된 퍼셉트론

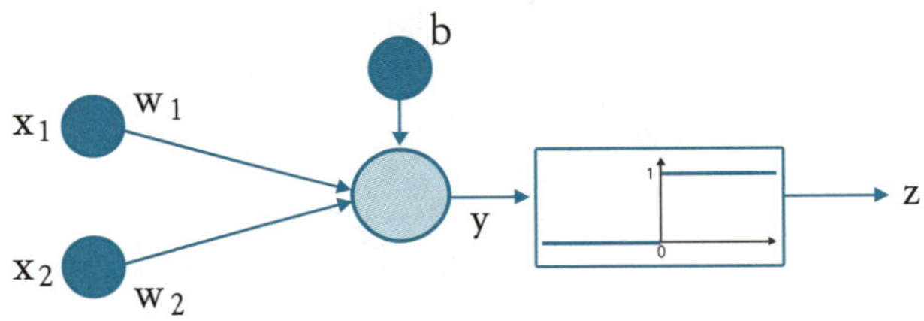

단순한 행렬 연산 결괏값을 다음 뉴런으로 전달할 때, 어떤 값으로 전달할지를 결정하는 것을 활성화 함수(activation function)라고 하는데, step function도 활성화 함수의 한 종류로, 결괏값이 음수이면 0을 전달하고 양수이면 1을 전달한다. 활성화 함수는 곧이어 교재의 이후 설명 부분에서 다시 언급이 된다.

이제 weight를 〈그림 2-68〉과 같이 조절하면 AND 게이트와 OR 게이트가 완성된다.

〈그림 2-68〉 퍼셉트론으로 만든 AND 게이트와 OR 게이트

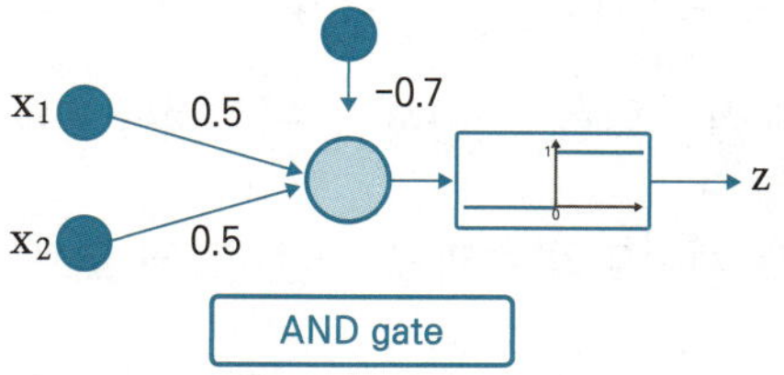

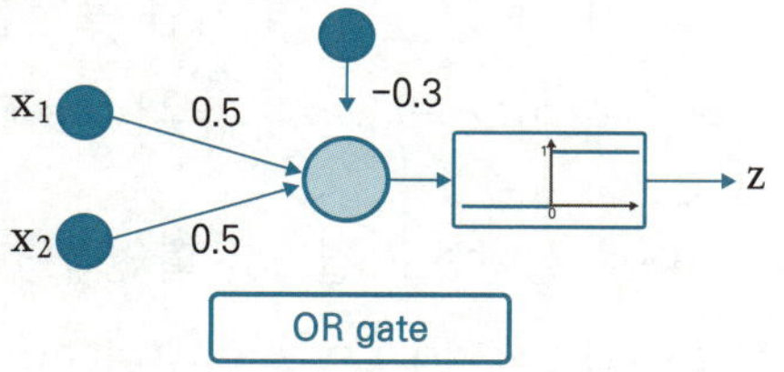

$y = x_1w_1 + x_2w_2 + b$의 식에 weight와 bias를 적당히 조절해서 $y = 0.5x_1 + 0.5x_2 - 0.7$과 같이 바꾼다고 해보자. -0.7 때문에 x_1, x_2 중 하나라도 0이 들어가면 y는 음수가 되어서 z가 0이 되고, 둘 다 1일 경우에만 z가 1이 된다. AND 게이트를 소프트웨어에서 우회적으로 만들 수 있다. bias 항을 −0.7이 아니고 −0.3으로 바꾸면, x_1, x_2 중 아무거나 1이 들어가면 y값이 양수가 되므로 z가 1이 되고, 둘 다 0일 경우에만 z가 0이 되므로 OR 게이트가 된다. AND 게이트에서의 w와 b의 부호를 바꾸면 NAND 게이트가 된다. AND 게이트를 퍼셉트론으로 구현한 코드는 다음과 같다.

```
import numpy as np

x = np.array([[0, 0,      1],      # [x1, x2,      b]
              [0, 1,      1],
              [1, 0,      1],
              [1, 1,      1]])
w = np.array([[0.5, 0.5, -0.7]]).T

for i in range(4):
    x_i = x[i, :]
    temp_predict = np.dot(x_i, w)
    if temp_predict <= 0:
        predicted = 0
```

```
    else:
        predicted = 1
    print(predicted)
```

x를 [0, 0, ______ 1]처럼 표현한 이유는 앞의 2개는 게이트의 입력으로 들어갈 값이고 뒤의 하나는 bias에 곱해질 1임을 구분하기 위해서다.

이대로 실행하고 결과를 확인하면 AND 게이트의 결과가 나온다. 위 코드에서 값 −0.7을 −0.3으로 바꾸면 OR 게이트의 결과가 나온다. weight값들의 부호를 모두 바꾸면 NAND 게이트가 된다. 하지만 이 구조로는 weight를 아무리 조절해도 XOR 게이트는 만들지 못한다. AND 게이트가 반드시 (0.5, 0.5, -0.7)일 필요는 없다. (0.1, 0.1, -0.15)이어도 상관없다.

지금까지는 weight값을 미리 주고 논리회로를 제작했지만, 머신러닝을 통해 이 weight값들을 스스로 찾게 하고자 하는 것이 인공신경망의 본질이다. 이제 적당한 weight를 찾아가는 방법을 살펴보자.

2. 오류를 이용한 학습

구조를 더 복잡하게 하더라도 최적의 weight를 찾을 수 있다면 XOR도 가능하고 많은 문제를 풀 수 있다는 건 알겠는데, weight가 최적인지 아닌지를 어떻게 판단할 수 있고, 최적의 weight 값은 어떤 과정을 통해 찾아질까?

이 물음들에 대한 답은, 임의의 weight를 아무렇게나 잡고서 시작한다. 정확히는 아무렇게 시작지는 않지만, 아무렇게나 시작해도 결국 최적의 값을 찾아가긴 한다. 시작점에 따라서 최적의 값까지 가는 시간이 좀 더 걸릴 뿐이다. 시작점에서부터 weight를 조금씩 변화시키되, 예상 결괏값(predict)과 원래 답(y)

의 차이가 줄어들도록 해서 궁극적으로는 최소가 되도록 만든다. 이 차이를 오류(error)라고 하는데, 오류가 0이 되는 것은 불가능하지만 0에 근접하도록 최소화하는 것이다. 오류를 최소화하기 위해 반드시 두 가지 과제를 해결해야만 한다. 첫째는 이 개념상의 오류를 수치로 나타낼 수 있어야 하고, 둘째는 이 오류가 최소가 되는 weight의 위치를 찾아야 한다. 모든 인공지능 프로그램의 공통적인 숙제가 이것이다.

그렇다면 AND 게이트와 같은 단순한 문제는 오류를 어떻게 정의할까? 이 예제와 연관지어서는 가장 단순하게는 오류를 (predict - y)값으로 정의할 수 있겠다. 현재의 인공신경망에서는 오류를 이렇게 정의하지 않고 좀 더 합리적인 값을 사용하는데, 지금은 비록 비합리적인 오류함수이지만 쉬운 설명을 위해 이렇게 정의하기로 하고 합리적인 오류는 뒤에서 설명하기로 한다. 아래 코드는 오류를 보강하는 부분을 보여주기 위해 임시로 만든 코드이다.

```
error = predicted - expected
w = w - learning_rate * x_i * error
```

이 방식은 현대의 인공지능 모델에서는 잘 다루지 않는 방식이기 때문에 초판과 달리 혼동을 피하기 위해 상세 설명은 생략하도록 한다. 살짝만 얘기하자면, 현대의 인공지능 모델에서 사용하는 방법은 3절에서 나오는 예제 코드에서 보듯 cross-entropy를 오류식으로 쓰고, w를 업데이트 하는 식에 입력값 x_i를 사용하지 않는다. 하지만 전체적인 코드는 이와 아주 유사한 형태이기 때문에 일단은 이 코드를 받아들이고 넘어가자.

3. 활성화 함수(activation function)

활성화 함수는 앞서의 설명처럼 다음 뉴런으로 값을 조절해서 넘기는 함수로서 다양한 함수들이 있는데, 아직은 간단한 개념을 설명하기 위해 step function을 활성화 함수로 썼다. 그런데 이 함수는 선형적으로 부드럽게 연결된 곡선이 아니라서 미분이 불가능하고, 대부분의 구간에서 미분값이 항상 0이 나오므로 인공신경망 학습에는 부적절한 활성화 함수다. 인공신경망에서 많이 쓰이는 활성화 함수는 step function과 유사하게 생겼으면서 미분이 가능한 함수라야 하는데, 앞서 고전적 빅데이터 분석에서 설명한 로지스틱 함수 $\frac{1}{1+e^{-x}}$가 이와 유사해 자주 사용된다. 같은 함수지만 분류기에서는 이 함수를 로지스틱 함수라고 부르고, 인공신경망에서는 시그모이드(sigmoid) 함수라고 부른다.

〈그림 2-69〉 시그모이드가 적용된 퍼셉트론

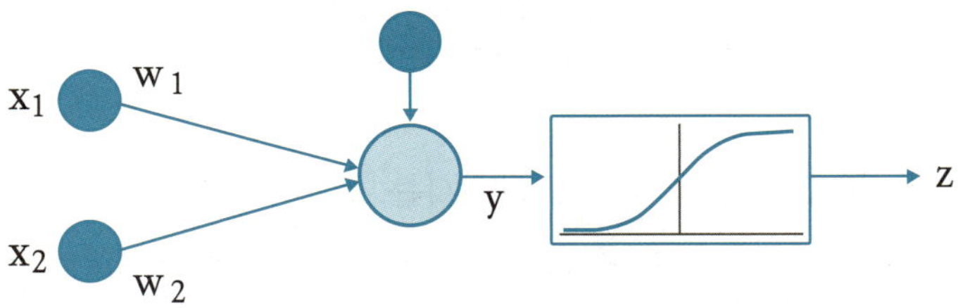

앞서의 코드에 시그모이드를 적용하면 다음과 같다. 이 예제는 다소 답답해 보일 수 있으나, 곧이어 나올 gradient descent가 적용되지 않은 코드다.

```
import numpy as np

def sigmoid(x):
    return 1 / (1 +np.exp(-x))

x = np.array([[0, 0,     1],
              [0, 1,     1],
              [1, 0,     1],
              [1, 1,     1]])
y = np.array([[0, 0, 0, 1]]).T

w = np.random.random((3, 1))
print('Init weight:', w.T)

learning_rate = 0.1

for i in range(50):
    predicted = sigmoid(np.dot(x, w))
    error = predicted - y
    w = w - learning_rate * np.dot(x.T, error)
    print(i+1, 'w =', w.T, 'error =', error.T)

print('y = (%f)x1 + (%f)x2 + (%f)' %(w[0], w[1], w[2]))
```

이 코드도 앞서의 코드처럼 오류 계산 부분이 현대의 방식은 아니지만, 앞의 예제와 연속선상에 있으므로 아직은 error와 w 업데이트 식을 그대로 사용하기로 한다. 이 코드 역시 50번만 반복하고 있다. 시그모이드 함수의 특성상 결괏값이 0이나 1이 나올 수 없으므로, 반복 횟수를 늘리면 error가 점차 절댓값이 줄어들기는 하나 영원히 0이 되지는 않고, 반대로 weight값들은 계속 변화된다. 종료를 지정해주지 않으면 무한히 반복한다. 따라서 적절한 선에서 그만두도록 해야 한다. 이 결과값은 0부터 1사이의 값이므로 일종의 확률값으로 이해해도 되는데, 결과가 True 또는 1이 될 확률로 보면 된다.

시그모이드 외에 ReLU, tanh 함수도 자주 사용되고 있다. ReLU는 x 〉 0인 경우만 x값을 반환하고, 최근에는 ReLU가 성능 면에서 가장 빠르므로 선호하는 편이다.

〈그림 2-70〉 시그모이드 이외의 활성화 함수

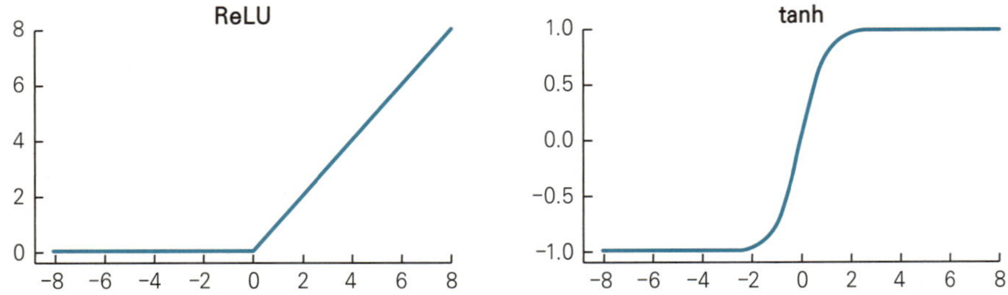

이 활성화 함수를 사용한 예제는 생략하기로 한다. 우선은 sigmoid 결과를 확률로 이해하는 데 집중하기로 하자.

4. one-hot encoding과 softmax

〈그림 2-71〉 각 개체에 활성화 함수만 적용한 개념

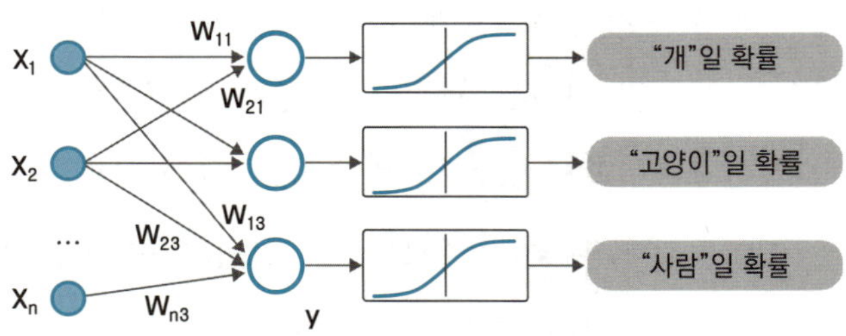

지금까지는 단순 gate를 만들기 위해 0과 1이 나오는 단순한 문제를 풀어보았는데, 조금 복잡한 문제인 다중 분류(multi classification) 문제로 접근해 보자.이를 위해서는 퍼셉트론을 조금 확장해야 한다. 예를 들어 어떤 그림이 문제로 주어졌는데, 그 그림속에는 "개", "고양이", "사람"중 하나가 들어있는

그림일 경우를 가정해 보자. 이들이 동시에 나타나는 그림이면 문제가 더 복잡해지므로, 아직은 이 중 하나만 들어있는 그림이라고 가정해야 한다. 그러면 인공신경망의 구조가 〈그림 2-71〉과 같이 구성된다. 왼쪽 입력은 gate때와 달리 2개의 정보가 아니고 n개의 정보가 들어간다 가정하고, 오른쪽은 3개의 클래스 중 하나의 답을 얻고자 한다. n개의 정보라는 것은 그림의 픽셀 수가 될지 아니면 어떤 특성일지는 정의하기 나름이지만, 아무튼 어떤 n개의 정보라고 가정을 해 본 것이다.

〈그림 2-72〉 각 객체마다 perceptron으로 참/거짓 판단

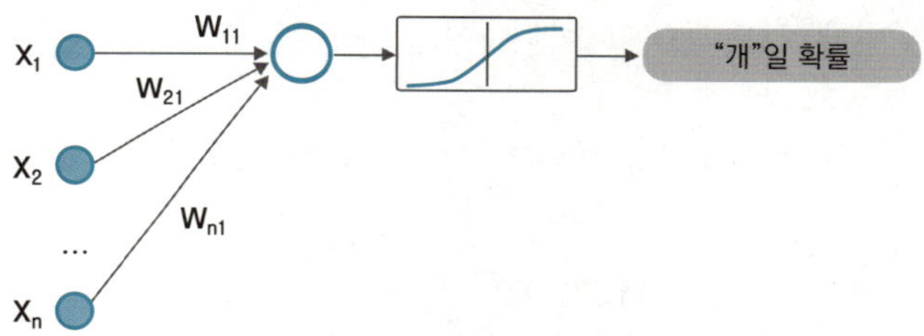

〈그림 2-71〉을 한꺼번에 고민하지 않고, 〈그림 2-72〉처럼 각 개체별로 나누어서 그 중 "개" 하나에만 집중해 보자. n개의 입력이 "개"에 해당하는 클래스로 몰린 값들을 합치고, 이 결과를 합치면 "개"일 확률이 나온다. "개"일 확률이 0.5보다 크면 개가 있다는 결론이 되고, 아니면 개가 없다는 결론이다. "고양이"와 "사람"에 해당하는 곳도 같은 방식이다. 그런데 이렇게 각각을 계산하다 보면, "개"일 확률이 0.6, "고양이"일 확률이 0.7, "사람"일 확률이 0.3이 나오는 경우도 발생한다. 확률은 합이 1이어야 하는데, 이 경우는 합이 1보다 커진다. 그리고 이 결과에서는 "개"도 들어있고 "고양이"도 들어있는 그림이란 결과가 나온다. 각 객체별로 확률이란 단어를 썼던건 이해가 되지만 전체 객체를 합쳤을 때는 결과도 이상해지고 확률이란 단어도 갑자기 부적절해졌다. 확률이란 단어를 쓰기는 애매하지만, 어쨌거나 오른쪽 class가 3개이므로 출력값은

3개가 있을 것이고 문제의 그림속에는 객체가 하나만 있다고 가정을 했으므로, 이 출력값들 중 가장 큰 값을 답으로 인정하기로 하면 일단 문제는 풀린다. 하지만 이 풀이는 좀 미더운 부분이 남아있으니, 이 부분을 보다 간편히 해결하기 위한 방안이 one-hot encoding과 softmax이다.

각 객체별 확률이란 개념에서는 "개"도 True와 False로 정답을 나타내야 하고, "고양이"와 "사람"도 그렇게 나타내야 하는데, 이럴 경우 둘 이상의 객체가 존재한다는 결론이 나오기도 한다. ["개", "고양이", "사람"] 셋 중 하나만 존재하기 때문에 정답을 각 객체별로 표현하는 것은 바람직하지 않고 전체 객체를 고려한 형태로 만들어야 한다. 우선, 정답을 다음과 같이 정의해보자

〈그림 2-73〉 one-hot encoding으로 정답 표현

```
 0  1  2   : 위치 index
[1  0  0]  : 개
[0  1  0]  : 고양이
[0  0  1]  : 사람
```

n개의 입력값이 개와 관련한 정보였으면, 개의 위치에 해당하는 값이 1이 되고 나머지는 0이 되어야 한다. 고양이는 고양이의 위치에 해당하는 값이 1이고 나머지는 0이다. 즉, 정답을 표현하기 위해서는 하나의 1이 존재하는데 그 1의 위치로 정답을 표현한다. 이것이 one-hot encoding이다.

〈그림 2-74〉 활성화 함수 결과를 확률로 보기 어려운 이유

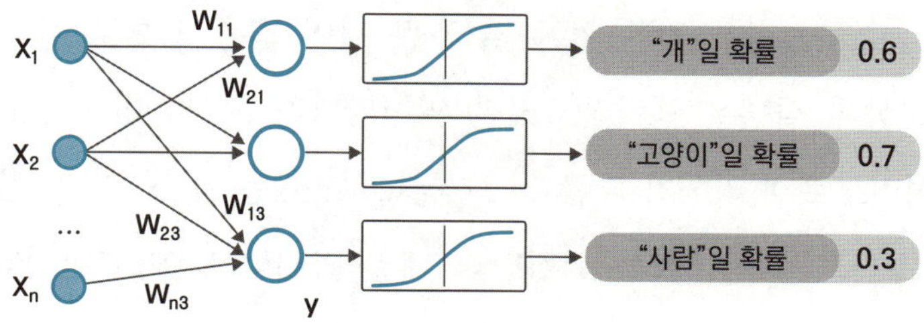

어찌어찌 해서 위에서 말한대로 각 객체마다 이런 확률값을 가진다고 하면, 세 확률의 합이 1을 넘고, 따라서 이 값들은 확률이라고 말하긴 힘들다. 물론 이 중 가장 큰 값에 해당하는 "고양이"가 선택이 되긴 하겠지만, 뭔가 확률적인 의미에서는 찜찜함도 남아있고, 나중에 설명될 역전파와 미분을 고려하더라도 이 방식은 적절하지 않은 부분이 있다. 그래서 도입한 것이 softmax인데, 3개의 값 중 가장 큰 값이 더 두드러지게 만들고, 3개의 출력값의 합이 1이 되도록 비율적으로도 조절하는 것이다. 마지막 단에서의 임시 결과들을 [*a, b, c*]라고 하고 이 값들을 모두 exponential 함수에 씌우면 $[e^a, e^b, e^c]$가 되는데, 이들을 모두 합이 1이 되도록 전체 합으로 나눈다. 즉 $S = e^a + e^b + e^c$이고, softmax의 결과는 $\left[\frac{e^a}{S}, \frac{e^b}{S}, \frac{e^c}{S}\right]$가 된다. 물론 세 가지 클래스니까 a, b, c까지만 썼지만, j개의 클래스라면 $S = e^a + e^b + \ldots + e^j$이고 softmax의 결과는 $\left[\frac{e^a}{S}, \frac{e^b}{S}, \cdots \frac{e^j}{S}\right]$이다.

따라서 softmax 계산 전의 [개, 고양이, 사람] = [0.6, 0.7, 0.3]이었던 값이 계산에 의해 [0.35, 0.39, 0.26]으로 바뀌고, 고양이일 확률이 "0.39"로 가장 커서 고양이라고 답을 내게 된다. 이를 그림으로 나타내면 〈그림 2-75〉와 같다. 눈썰미가 좋은 독자라면 눈치챘을 수 있겠지만, 〈그림 2-75〉에서는 sigmoid 함수가 사라졌다. sigmoid 함수를 통과한 결과를 softmax에 넣어도 결과는

비슷하겠지만, sigmoid를 생략하고 softmax에 넣어도 예측 결과가 뒤집히진 않는다. sigmoid가 있든 없든 결국 큰 값이 최종 답으로 나오기 때문이다. 그리고 상세 설명은 생략하겠지만 역전파까지 고려하면 sigmoid를 없애는 것이 여러모로 편리하기 때문에, 보통 softmax는 sigmoid와 함께 쓰이지 않는다. 그리고 softmax는 신경망의 제일 마지막 단에서 한번만 나타난다.

〈그림 2-75〉 softmax 적용 후 각 객체일 확률과 예측 결과

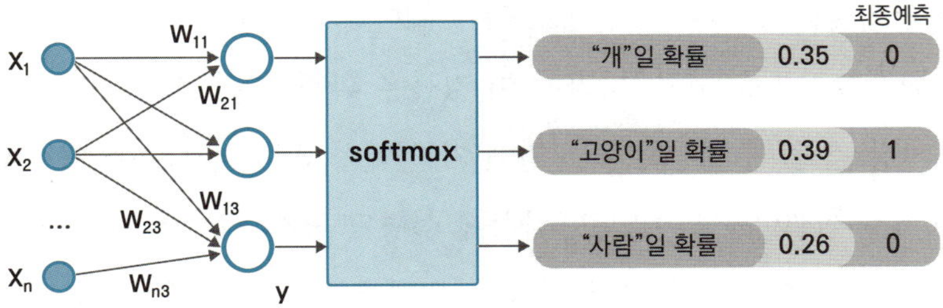

5. cross-entropy

만약 다음과 같은 결과를 가정해 보자. 정답이 잘못 나온 경우를 가정한다.

〈그림 2-76〉 예측이 잘못된 예제

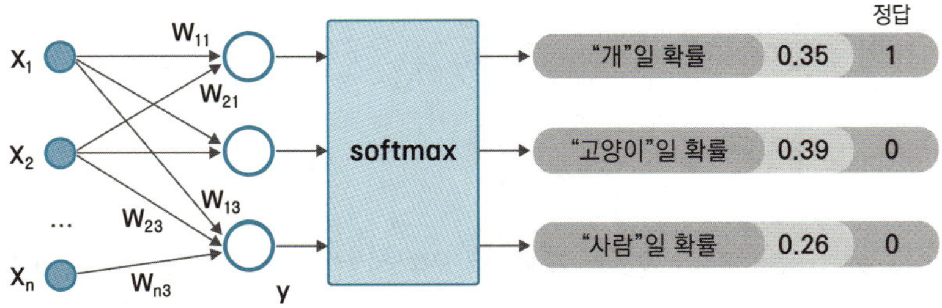

"개"라고 나와야 하는데 "고양이"라고 답을 잘못 낼 경우이다. 이런 상황을 해결하기 위해 error 값은 앞서의 perceptron처럼 (predict-y)의 식을 사용하지 않고 이와 다른 오류함수를 사용하는데, 그것이 바로 cross-entropy이다.

수식이 $e=-\frac{1}{C}\sum_{i=1}^{C}\{y_i\log(\hat{y_i})+(1-y_i)\log(1-\hat{y_i})\}$로 표현되어서 참 재미있는 수식인데, 개, 고양이, 사람 클래스인 경우 one-hot encoding에서 i번째 클래스에서 실제로 나와야 될 답이 y_i이고 계산에 의해 나온 값이 $\hat{y_i}$이다. 위의 결과 예에서 개라고 나와야 하기 때문에 정답은 [1, 0, 0]이어야 하고, $y_{개}$=1인데 $\widehat{y_{개}}$=0.35인 경우이다. 수식을 다시 살펴보면, y_i는 0과 1만 존재하므로, y_i가 0일 경우는 $y_i\log(\hat{y_i})$ 항이 없어지고 $\log(1-\hat{y_i})$항만 남게 되고, y_i가 1일 경우는 $(1-y_i)\log(1-\hat{y_i})$ 항이 없어지고 $\log(\hat{y_i})$항만 남게 된다. y_i가 0일 경우 남은 항 $\log(1-\hat{y_i})$를 자세히 보면, $\hat{y_i}$가 y_i와 다른 1의 값을 가지게 되면 값이 무한대가 되도록 설계되어 있고, y_i가 1일 경우도 남은 항 $\log(\hat{y_i})$을 보면 $\hat{y_i}$가 y_i와 다른 0의 값을 가지게 되면 마찬가지로 무한대로 커지게 된다. 부호는 음수로 커지므로 e식에는 전체에 -1을 곱해서 양수가 되도록 조절하고는 있다. 이 성질을 이용해서 각 클래스별 오류를 계산해서 평균을 낸 값이 cross entropy의 최종 오류가 된다. 간단히 말해 0과 1중의 하나로 답을 예측해야 할 경우에 0을 1로, 또는 1을 0으로 잘못 예측하게 되면 error 값이 무한대에 가깝게 커지도록 설계된 식이므로, 각 클래스마다 이 식을 적용함으로써 클래스를 잘못 짚으면 오류가 많이 커지도록 되어 있다. 이렇게 softmax와 cross-entropy는 대부분의 분류 문제를 다루는 인공신경망의 가장 마지막 부분에 나타나며, 각 객체별 cross-entropy를 합치고 객체의 개수로 나누면 평균적인 cross-entropy 값이 계산되는데, 이 값이 최종 오류값이 되고, 이 오류값을 바탕으로 다음의 경사하강법에 의해 오류값을 낮추는 과정으로 들어간다.

6. 경사하강법(gradient descent method)

이제, weight의 변화에 따른 error의 변화를 나타내는 함수는 softmax를 통과한 후 cross-entropy까지 적용하여 오류를 계산하게 되는데, 이 오류를 계산하는 식이 간단하지가 않고, 따라서 이 오류 함수는 정확한 모양을 모른다. 하지만 이 함수는 연속 함수일 것이고 어딘가 최솟값을 가지고 있을 것이다. 우리는 이렇게 짐작된 오류함수를 이용해서 오류가 최소가 되는 곳으로 weight를 이동하고 싶다.

그림으로 나타내면 다음과 같다.

〈그림 2-77〉 오류함수와 w의 최종값을 이해하기 위한 가정

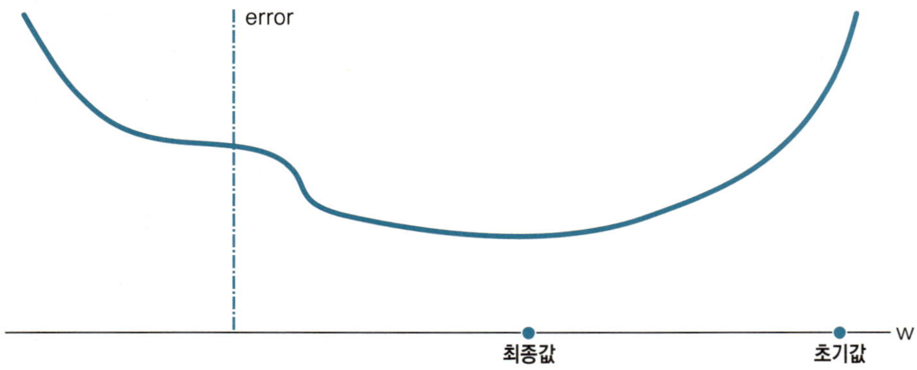

초기값은 어디서 시작할지 모르나, 가로축인 w축을 이리저리 옮겨가다가, error가 최소가 되는 그 어딘가의 위치를 찾아가는 과정이 학습 과정이다. 중요한 것은, error의 최소값 자체는 전혀 중요치 않고, error가 최소가 되는 w의 최종값 위치가 가장 중요하다. 이 위치를 찾으면 학습이 끝나게 된다.

이 그림에서는 단순히 2차원으로 표시했으나 제일 단순한 퍼셉트론에서도 w_1, w2의 두 입력축이 있으므로 3차원으로 표시해야 하고, 신경망의 구조가

복잡해질수록 $f(w)$의 모양을 그리거나 파악하기가 더욱 불가능해진다. 하지만 눈에 보이지 않고 모양이 파악되지 않음에도 최적의 값에 접근하는 방법이 있다. 어떤 지점의 weight에서 함수값을 확인해보고, 위치를 옮겨서 다시 함수값을 확인했을 때 이전보다 함수값이 증가했는지 감소했는지 확인할 수 있고, 감소하는 방향으로 계속 나가다 보면 함수가 최소가 되는 지점을 발견할 수 있다. 얼핏 보면 한도 끝도 없는 탐색이 될 것 같지만 인공지능의 많은 학자들에 의해 미분값을 이용해서 이 탐색을 효율적으로 하는 방법들이 개발되어 있다. 위에서 가정한 error그래프를 나타내는 함수를 error function이라고 부를 수 있겠으나, 일반적으로는 object function 또는 cost function이라고 불린다. 이 관계에서 w의 최종값의 위치를 찾는 과정을 〈그림 2-78〉과 같이 나타낼 수 있다.

〈그림 2-78〉 경사하강법

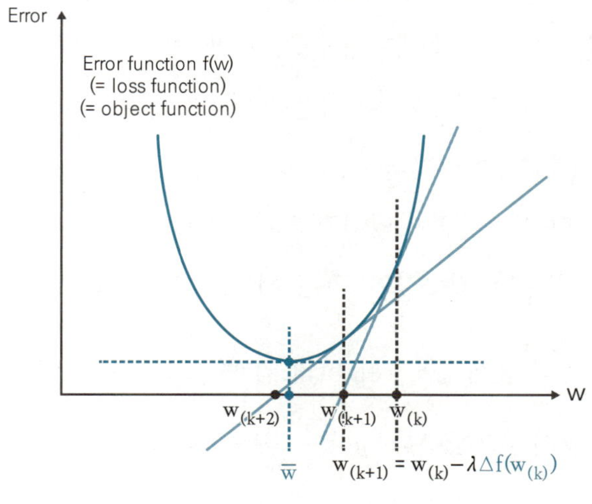

함수의 최소값의 위치를 찾는 과정을 그림에 있는 수학적 기호로 표현하자면, 임의의 $w_{(k)}$에서 시작해서 최적의 위치 $\overline{w}$를 찾아가는 과정이다. $w_{(k)}$에서의 미분값 $\triangle f(w_{(k)})$를 계산해서(바로 미분 계산이 힘들면 $w_{(k)}$ 근처 좌우에서의

오류값을 계산해서 그 높이 차이를 이용할 수도 있다) 이 값이 양수이면 $w_{(k+1)}$은 $w_{(k)}$보다 왼쪽에 있고, 이 값이 음수이면 오른쪽에 있다. 따라서 $w_{(k+1)}$은 $w_{(k)}$에서 미분값의 방향과 반대 방향에 존재한다. weight의 업데이트는 이 $\triangle f(w_{(k)})$에 learning rate에 해당하는 λ를 곱한 만큼을 빼주는 형태의 식이 되고, 다음과 같이 나타낼 수 있다.

$$w_{(k+1)} = w_{(k)} - \lambda \triangle f(w_{(k)})$$

이는 2차원에서의 아주 간략한 설명이다. 차원이 높아지면 각 차원별 경사하강법을 수행하는데, 각 차원별 미분값을 적용해서 움직일 방향을 찾으면 가장 경사가 급한 방향으로 이동하게 되니까 $f(w)$ 최저점의 방향이거나 그 근처로의 방향이 된다.

정확한 $\overline{w}$를 찾을 필요는 없다. $\overline{w}$ 근처의 적당한 값만 발견하면 된다. $\overline{w}$ 근처에서 몇 단계를 더 진행해도 error가 거의 변화가 없다면 거기서 중단하면 된다. 여기서 주의할 것이 w가 이 곡선을 따라서 위아래나 사선으로 움직인다고 착각할 수 있다는 것이다. $\overline{w}$를 찾기 위해 w는 w축인 가로축 상에서만 좌우로 움직일 뿐이다. 차원이 많아져도 마찬가지다. 모든 weight는 이 축에서만 움직이면서 함수가 최솟값이 되는 위치로 찾아가는 것이다.

다음 예제는 앞의 예제에서 weight의 업데이트 부분이 변경됐다. 시그모이드 함수의 미분 부분이 추가됐는데, $y = \frac{1}{1+e^{-x}}$의 미분은 다음과 같이 정리된다.

$$\begin{aligned}\frac{dy}{dx} &= \frac{d}{dx}\left(\frac{1}{1+e^{-x}}\right) \\ &= \frac{e^{-x}}{(1+e^{-x})^2} \\ &= \frac{(1+e^{-x})-1}{(1+e^{-x})^2} \\ &= \frac{1}{1+e^{-x}}\left(1-\frac{1}{1+e^{-x}}\right) \\ &= y(1-y)\end{aligned}$$

특이하게도 x에 대한 식이 아니고 y에 대한 식으로 나타난다. 다음 예제에서 시그모이드의 미분함수의 정의를 봐도 알 수 있고, 업데이트에서도 이 미분값이 활용됨을 확인할 수 있다. learning rate에 error가 곱해진 것은 error가 큰 행일수록 업데이트가 더 많이 되도록 하기 위함이다.

```
import numpy as np

def sigmoid(x):
    return 1 / (1 + np.exp(-x))
def prime_sigmoid(z):
    return z * (1 - z)

x = np.array([[0, 0,      1],
              [0, 1,      1],
              [1, 0,      1],
              [1, 1,      1]])
y = np.array([[0, 0, 0, 1]]).T

w = np.random.random((3, 1))
print('Init weight:', w.T)

learning_rate = 0.5

for i in range(50):
```

```
    predicted = sigmoid(np.dot(x, w))
    error = predicted - y
    w = w - learning_rate * np.dot(x.T, prime_sigmoid(predicted) * error)
    print(i + 1, 'w =', w.T, 'gradient =', prime_sigmoid(predicted).T, \
                        'error =', error.T)

print('y = (%f)x1 + (%f)x2 + (%f)' %(w[0], w[1], w[2]))
```

여기서의 error는 앞서의 예제와 다르게 0과 1 사이의 실수값이므로 learning_rate를 0.1로 하면 학습 속도가 너무 느려서 learning rate를 0.5로 바꿨다. sigmoid()의 미분값은 항상 양수이니까 error의 부호에 따라 weight의 업데이트 방향이 결정된다. gradient와 error를 함께 출력하도록 했다.

gradient는 4차원인데, 4개의 원소 중 가장 큰 값이 해당 축의 weight를 가장 많이 조절하게 되므로 4차원 구조에서 이 gradient의 벡터만큼 w가 이동하는 효과를 가진다. gradient와 error는 반복 횟수가 커질수록 값이 점점 작아진다. gradient가 작아지는 것은 아래로 볼록한 함수의 최저점 근처에서 미분경사가 완만해지고 있다는 뜻이고, error가 작아지는 것은 함수값이 낮아지고 있다는 뜻이다. 그렇게 나오지 않으면 프로그램을 수정해야 한다.

경사하강법도 이렇게 단순한 방법이 아니고 효과적으로 최적의 w를 찾는 개선 방법이 많다. 간단히 설명하자면 다음과 같다.

- SGD 최적화: 무작위로 추출한 일부의 w만 업데이트하는 방식
- Momentum 최적화: SGD에 관성 항을 추가함으로써 업데이트가 진행되어오던 방향을 계속 유지하도록 해주는 방식
- Adagrad 최적화: learning rate를 점차 줄이는 방식
- RMSprop 최적화: 최근의 weight에 더 큰 비중을 두는 방식

- Adam 최적화: Momentum과 RMSprop를 합친 형태로 자주 사용되는 방식

이 방식들이 적용되면 이 코드에서 w = w - learning_rate * np.dot(x.T, prime_sigmoid(predicted) * error) 부분이 조금씩 수정된다. 하지만 이 식들을 자세하게 공부할 필요는 없고 이 5개 정도의 이름만 알아두자. 코딩 중에 optimizer를 지정해야 하는 경우 이 이름의 optimizer를 잘 선택할 수 있으면 된다.

7. 순전파와 역전파

순전파(forward propagation)는 입력을 넣으면 순차적으로 출력까지 되는 과정을 말한다. 시그모이드 활성화 함수가 적용된 경우라면 계산식이 $z = sigmoid(x_1w_1 + x_2w_2 + b)$로 표현이 되고, 이 식에서 x_1과 x_2를 넣으면 y가 계산되는 과정이 순전파다. 역전파(back propagation)는 정확히는 오류역전파(back propagation of errors)로, 사용자에 따라 'backpropagation'으로 붙여쓰기도 한다. 순방향과 역방향이란 단어가 쓰이므로 얼핏 들으면 역방향은 순방향의 반대니까 역함수를 떠올리는 이가 있을 수도 있으나 역함수와는 전혀 다르다. 경사하강에서처럼 미분을 구해서 오류의 증감 방향을 보고 weight들을 업데이트해야 하는데, 미분 과정을 단축키는 방법이 고안되었고, 그 연산 방식이 forward와 반대 방향으로 계산하기 때문에 붙여진 이름이다.

역전파는 합성함수가 적용된 경우에 빠른 weight 업데이트를 위해 사용한다. 제프리 힌턴 교수가 창안했다고 하는 글도 가끔 보이지만, 실제로는 1974년 폴 워보스(Paul Werbos)가 다층 퍼셉트론(multi layer perceptron, MLP)에서 학습할 수 있는 방법을 고민하다 창안한 것이다. 1982년 논문으로도

발표했으나 묻혀버렸으며, 1986년 힌턴 교수가 이 개념을 적용해서 완성했다. 앞서의 예제는 사실 역전파가 적용된 것이다.

지금까지 진행해왔던 퍼셉트론의 풀이 방식을 다시 확인해보고자 하는데, 이 부분은 복잡한 편미분과 연쇄 법칙(chain rule)을 설명해야 한다. 각 weight들의 업데이트는 다음 식으로부터 시작한다. (error의 부호를 고려하면 다소 혼동이 있을 수 있으나, 이후 식과의 연결을 위해 이 식에는 error의 부호가 고려되지 않았다)

$$\frac{\partial e}{\partial w_1} = \frac{\partial(x_1 w_1 + x_2 w_2 + b - \text{정답})}{\partial w_1} = x_1$$

$$\frac{\partial e}{\partial w_2} = \frac{\partial(x_1 w_1 + x_2 w_2 + b - \text{정답})}{\partial w_2} = x_2$$

$$\frac{\partial e}{\partial b} = \frac{\partial(x_1 w_1 + x_2 w_2 + b - \text{정답})}{\partial b} = 1$$

본 교재에서 상세한 수식을 설명하는 것은 교재의 범위를 벗어나는 부분이므로 상세 유도식은 차후 고급과정에서 다루기로 하고, 시그모이드 활성화 함수가 적용된 경우 상당한 수식을 건너뛰면서 이 식으로부터 도출된 역전파에 의한 weight 업데이트는 다음과 같다.

$$w_{(k+1)} = w_{(k)} - \lambda \triangle f(w_{(k)}) = w_{(k)} - \lambda z(1-z)x = w_{(k)} - \lambda x^T z(1-z)$$

시그모이드가 적용됐던 코드에서도 **w = w - learning_rate*np.dot(x.T, prime_sigmoid(predict)*error)** 부분이 역전파가 적용되어 있었다. 식이 너무 단순해서 역전파를 고려하지 않았어도 우연히 역전파가 적용되어 있지만, 신경망의 구조가 복잡해지면 역전파의 중요도를 알게 될 것이다.

3절 인공신경망 프로그래밍

이번 절에서는 독자가 책을 보면서 PC에서 직접 인공신경망을 이용한 실습을 해볼 수 있는 기본 코드들을 소개하겠다. 이 과정은 좁게는 분류기 예제일 수도 있으나, 넓게 보면 빅데이터 분석을 위한 사전 작업이 되기도 한다.

1. Multi-Layer Perceptron(MLP)과 XOR 게이트

이제 예제를 넓혀보자. XOR gate 문제를 풀기 위해 뉴런의 개수가 4개인 은닉층(hidden layer)을 가진 퍼셉트론을 만들어보자. 구조는 〈그림 2-79〉와 같다. 글의 흐름대로라면 마지막단에 softmax가 오는 것이 맞지 않냐고 반문할 수 있으나 이 문제는 다중객체 문제가 아니고 XOR gate 문제이다.

〈그림 2-79〉 MLP 실습 예제

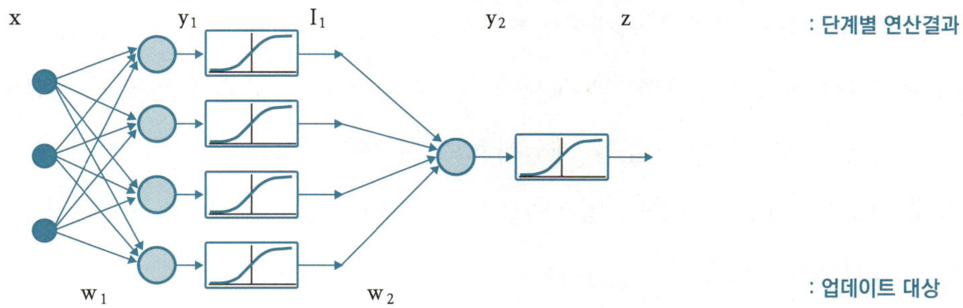

소스 코드에 쓰일 수식을 표현하자면 다음과 같다. 여기서 부터는 첨자로 표시하지 않고 소스코드와 동일한 기호를 사용한다.

y1 = x × w1

l1=sigmoid(y1)

y2 = l1 × w2

z = sigmoid(y2) = predicted

이 구조로 XOR 게이트를 학습시키려 한다. w1은 (3, 4) 크기, w2는 (4, 1) 크기의 행렬이다. 행렬을 곱할 때 지금까지는 편의상 '*' 기호로 곱셈을 나타냈지만, 앞서 numpy에서 잠깐 언급했듯이 행렬에서의 두 가지 곱셈기호 ×와 •를 구분해서 $[1\ 2]\times[3\ 4]=[1*3\ \ 2*4]=[3\ 8]$과 $[1\ 2]\bullet\begin{bmatrix}3\\4\end{bmatrix}=[1*3+2*4]=[11]$로 정의하기로 한다. 이 예제에서는 w1과 w2를 모두 학습시켜야 하므로 각 단계별 편미분을 구해야 하는데, 행렬이 포함된 편미분이므로 자세한 유도는 생략하기로 한다. error e에 대해 다음과 같은 업데이트가 일어난다.

$$w2_{(k+1)}=w2_{(k)}-\lambda\frac{\partial e}{\partial w2}=w2_{(k)}-\lambda*\text{l1.T}\bullet\left(z(1-z)\times\frac{\hat{y}-y}{\hat{y}(1-\hat{y})}\right)$$
$$w1_{(k+1)}=w1_{(k)}-\lambda\frac{\partial e}{\partial w1}=w1_{(k)}-\lambda*x.\text{T}\bullet\left(\left(z(1-z)\times\frac{\hat{y}-y}{\hat{y}(1-\hat{y})}\bullet w2.\text{T}\right)\times \text{l1}(1-\text{l1})\right)$$

이와 같이 다소 복잡한 업데이트를 한다. w1과 w2가 반드시 같은 learning rate를 가질 필요는 없으나, 본 교재에서는 편의상 같은 값을 사용했다. 역전파의 특성상 뒷부분부터 미분을 계산하므로 미분이 전파되는 도중 w2를 먼저 업데이트하고 w1를 나중에 업데이트한다. 그리고 y는 XOR의 결괏값인 [0, 1, 1, 0]으로 바꿔준다.

다음은 이 예제를 풀어보는 코드다. 업데이트할 w가 많아 for문의 반복이 100번으로는 부족하고 10,000번가량 해야 만족스러운 결과가 나온다.

```
import numpy as np

def sigmoid(x):
    return 1 / (1 + np.exp(-x))

```

```
def prime_sigmoid(z):
    return z*(1-z)

def CrossEntropy(predicted, y):
    return -np.log((2*y-1)*predicted + (1-y))/y.shape[0]

def prime_CrossEntropy(predicted, y):
    return 1/((1-y)-predicted)/y.shape[0]

x = np.array([[0, 0,      1],
              [0, 1,      1],
              [1, 0,      1],
              [1, 1,      1]])
y = np.array([[0, 1, 1, 0]]).T      # XOR gate

w1 = np.random.random((3, 4))
w2 = np.random.random((4, 1))
learning_rate = 0.4

for i in range(10000):
    l1 = sigmoid(np.dot(x, w1))
    predicted = sigmoid(np.dot(l1, w2))
    delta2 = prime_sigmoid(predicted) * prime_CrossEntropy(predicted, y)
    delta1 = np.dot(delta2, w2.T) * prime_sigmoid(l1)
    w2 = w2 - learning_rate * np.dot(l1.T, delta2)
    w1 = w1 - learning_rate * np.dot(x.T, delta1)
    print(i + 1, 'error =', CrossEntropy(predicted, y).T)

L1 = sigmoid(np.dot(x, w1))
Predicted = sigmoid(np.dot(L1, w2))
print('Result:\n', Predicted)
```

구조가 더 복잡해져서 w1과 w2들을 모두 업데이트해야 하므로 학습의 반복 횟수가 더 늘어나야 한다.

여기서 w1은 (3, 4) 크기의 행렬이므로 12개의 원소가 있는데, 각 원소가 제각각 업데이트를 실행하므로 상호 배타적으로 스칼라 연산만 할 뿐이다.

gradient를 벡터라고 설명하면 학생들이 축들의 상호작용을 떠올리면서 혼동하는 경우가 많은데, 각각이 스칼라 연산만 하는 단순 구조다. 〈그림 2-78〉에서처럼 w는 가로 축에서만 좌우로 움직일 뿐이다. w1이 벡터나 텐서의 형태를 띠고 있긴 하지만, 그냥 단순히 각 원소의 업데이트만 염두에 두면 단순한 스칼라 연산으로 보는 게 더 이해가 빠를 것 같다.

이제 인공신경망의 기본적인 사용법을 익혔다. 마지막 결괏값에서 가운데 두 원소의 값이 1에 가깝게 되어 있다면, XOR이 제대로 학습된 것이 맞다. 인공신경망을 사용하는 학습은 코드를 직접 작성하는 것이 사실 너무 힘들다. 지금까지는 정말 걸음마 수준의 코드만 소개했을 뿐이고, 이후에도 GPU를 사용하는 부분, pytorch와 tensorflow 등의 라이브러리 사용법, 대규모 서버를 병렬학습시키는 등의 방법을 더 익혀야 한다. 하지만 많은 코드들이 github 등에서 오픈소스로 제공되고 있으므로, 인공신경망을 학습시켜야 한다면 필요한 코드는 유사한 작업을 하는 코드를 다운로드 받아서 본인의 목적에 맞도록 변형시켜서 작업하는 것이 일반적이다. 다시 언급하지만 소스코드를 작성할 때, 고전적인 빅데이터 분석은 핵심 부분인 model을 선정하는 부분만 잘 이해하면 프로그래밍이 어렵지 않지만, 인공신경망으로 프로그램 하려면 상당히 많은 노력과 지식이 필요하다.

참고문헌

〈도서〉

4차 산업혁명 6개의 미래지도, 보스턴컨설팅그룹 서울오피스, 토트, 2018

4차 산업혁명 이미와있는미래, 롤랜드 버거, 김정희 外역, 다산, 2017

Deep Learning Cookbook(번역판), Douwe Osinga, 느린생각, 2019

DeepLearningBoon, Ian Goodfellow, Yoshua Bengio, Aaron Courville, MIT, 2016

Dive into Deep Learning, Aston Zhang 外, 2019

Introduction to Machine Learning, 2e, Ethem Alpaydin, The MIT Press, 2010

Machine Learning in Action, Peter Harrington, 2012

Machine Learning Yearning, Andrew Ng, 2019

Machine Learning, Tom M. Mitchell, McGraw Hill, 1997

Mathematics for Machine Learning, Marc Peter Deisenroth 外, Cambridge Univ Press, 2020

Pattern Recognition and Machine Learning, Chris Bishop, Springer, 2007

Python Data Science Handbook, Jake VanderPlas, O'Reilly Media, 2016

Understanding Machine Learning, Shai Shalev-Shwartz et.al, Cambridge University Press, 2014

골빈해커의 3분 딥러닝(텐서플로맛), 김진중, 한빛미디어, 2017

디지털 비즈니스의 미래, 이성열 外, 리더스북, 2019

디지털 트랜스포메이션을 위한 비즈니스 모델링, 윤기영 外, 박영사, 2019

딥러닝의 정석(텐서플로와 최신 기법으로 배우는 딥러닝 알고리즘 설계), 니킬 부두마, 고광원 外 역, 한빛미디어, 2018

머신 러닝을 활용한 컴퓨터 보안, 클라렌스 치오 外, 김창엽 外 역 에이콘출판사, 2018

머신러닝 실무 프로젝트, 아리가 미치아키 外, 심효섭 역, 한빛미디어, 2018

머신러닝 이북-수포자를 위한 머신러닝, 조대협, 2017
밑바닥부터 시작하는 데이터 과학, 조엘 그루스, 박은정 역, 인사이트, 2015
밑바닥부터 시작하는 딥러닝 2, 사이토 고키, 이복연 역, 한빛미디어, 2019
밑바닥부터 시작하는 딥러닝, 사이토 고키, 이복연 역, 한빛미디어, 2016
빅데이터 마케팅, 야마모토 사토루, 양희은 역, 영진닷컴, 2019
빅데이터 분석 기획, 노규성 外, 와우패스, 2019
빅데이터 분석과 활용, 박인근 外, 주식회사 제이펍, 2019
빅데이터 비즈니스 성공지도, 마이클 미넬리 外, 김선희 外역, 에이콘, 2014
빅데이터 소사이어티, 마르크 뒤갱 外, 김성희 역, 부키, 2019
빅데이터 인문학 진격의 서막, 에레즈 에이든 外, 김재중 역, 사계절, 2015
빅데이터 컴퓨팅 기술, 박두순 外, 한빛아카데미, 2014
빅데이터 활용 사전 419, 윤종식, 제이에스데이터, 2018
빅데이터, 사람을 읽다, BC카드 빅데이터센터, 미래의 창, 2020
수학의 아름다움, 우쥔, 한수희 역, 세종서적, 2019
시작하세요! 텐서플로 2.0 프로그래밍, 김환희, 위키북스, 2020
자연어 처리를 위한 트랜스포머, 데니스 로스만, 유현중 역, DK로드북스, 2022
케라스 창시자에게 배우는 딥러닝, 박해선 역, 프랑소와 숄레, 길벗, 2018
코딩셰프의 3분 딥러닝(케라스맛), 김성진, 한빛미디어, 2018
텐서플로를 활용한 머신러닝, 니샨트 수클라, 송교석 역, 한빛미디어, 2019
트랜스포머를 활용한 자연어 처리, 루이스 턴스톨 外, 박해선 역, 한빛미디어, 2022
파이썬 라이브러리를 활용한 머신러닝, 안드레아스 뮐러 外, 박해선 역, 한빛미디어, 2019
파이썬과 케라스로 배우는 강화학습(내 손으로 직접 구현하는 게임 인공지능), 이웅원 外, 위키북스, 2017
파이썬으로 데이터 주무르기, 민형기, 비제이퍼블릭(BJ퍼블릭), 2017
한 권으로 끝내는 딥러닝 텐서플로, 바라스 람순다르 外, 장정호 外 역, 한빛미디어, 2018

핸즈온 머신러닝, 오렐리앙 제롱, 박해선 역, 한빛미디어, 2018
Do it! BERT와 GPT로 배우는 자연어 처리, 이기창, 이지스퍼블리싱, 2021

〈논문〉

Bahdanau, Dzmitry, Kyunghyun Cho, and Yoshua Bengio. "Neural machine translation by jointly learning to align and translate." arXiv preprint arXiv:1409.0473 (2014).

BROWN, Tom, et al. Language models are few-shot learners. Advances in neural information processing systems, 2020, 33: 1877-1901.

Dosovitskiy, Alexey, et al. "An image is worth 16x16 words: Transformers for image recognition at scale." arXiv preprint arXiv:2010.11929 (2020).

Girshick, R. B., Donahue, J., Darrell, T., & Malik, J. (2013), Rich feature hierarchies for accurate object detection and semantic segmentation, CoRR abs/1311.2524 (2013), arXiv preprint arXiv:1311.2524

Goodfellow, Ian, et al. "Generative adversarial nets." Advances in neural information processing systems 27 (2014).

Goodfellow, Ian, et al. "Generative adversarial networks." Communications of the ACM 63.11 (2020): 139-144.

He, K., Gkioxari, G., Dollár, P., & Girshick, R. (2017), Mask r-cnn, In Proceedings of the IEEE international conference on computer vision (pp. 2961-2969)

Krizhevsky, A., Sutskever, I., & Hinton, G. E. (2012), Imagenet classification with deep convolutional neural networks, In Advances in neural information processing systems (pp. 1097-1105)

LeCun, Y., Bottou, L., Bengio, Y., & Haffner, P. (1998), Gradient-based learning applied to document recognition, Proceedings of the IEEE, 86(11), 2278-2324

Liu, Ze, et al. "Swin transformer: Hierarchical vision transformer using shifted windows." Proceedings of the IEEE/CVF international conference on computer vision. 2021.

Minsky, M., & Papert, S. (1969), An introduction to computational geometry. Cambridge tiass., HIT

RADFORD, Alec, et al. Improving language understanding by generative pre-training. 2018.

RADFORD, Alec, et al. Language models are unsupervised multitask learners. OpenAI blog, 2019, 1.8: 9.

R. A. Fisher, The use of multiple measurements in taxonomic problems, Annals of Eugenics 7 (2): 179–188, 1936

Redmon, J., & Farhadi, A. (2018). Yolov3: An incremental improvement. arXiv preprint arXiv:1804.02767.

Redmon, J., Divvala, S., Girshick, R., & Farhadi, A. (2016), You only look once: Unified, real-time object detection, In Proceedings of the IEEE conference on computer vision and pattern recognition (pp. 779-788)

Rosenblatt, F. (1958), The perceptron: a probabilistic model for information storage and organization in the brain, Psychological review 65(6), 386

S. Hochreiter and J. Schmidhuber, "Long Short-Term Memory," in Neural Computation, vol. 9, no. 8, pp. 1735-1780, 15 Nov. 1997, doi: 10.1162/neco.1997.9.8.1735.

Tan, M., & Le, Q. V. (2019), Efficientnet: Rethinking model scaling for convolutional neural networks. arXiv preprint arXiv:1905.11946

Tan, M., Pang, R., & Le, Q. V. (2019), Efficientdet: Scalable and efficient object detection. arXiv preprint arXiv:1911.09070

Tan, Mingxing, and Quoc V. Le. Efficientnet: Rethinking model scaling for convolutional neural networks, arXiv preprint arXiv:1905.11946 (2019)

Vaswani, Ashish, et al. "Attention is all you need." Advances in neural information processing systems 30 (2017).

Warren S. McCulloch & Walter Pitts, A logical calculus of the ideas immanent in nervous activity, The bulletin of mathematical biophysics volume 5, pages 115-133, 1943

Y. LeCun et al, Gradient-based learning applied to document recognition, Proceedings of the IEE Vol 86, 1998

김진오, 딥 러닝 시스템을 활용한 단기전력부하 예측에 관한 연구 : 시계열 분석기법과 LSTM을 중심으로 상세보기, 단국대학교 정보·지식재산대학원 석사학위논문, 2020

RADFORD, Alec, et al. Improving language understanding by generative pre-training. 2018.

RADFORD, Alec, et al. Language models are unsupervised multitask learners. OpenAI blog, 2019, 1.8: 9.

BROWN, Tom, et al. Language models are few-shot learners. Advances in neural information processing systems, 2020, 33: 1877-1901.

〈보고서〉

4차 산업혁명 시대에 대응한 주요국의 공공데이터 개방 현황 분석, IITP 해외 ICT R&D 정책 동향, 2018-03호, 2018

Data and Analytics: 금융기관의 빅데이터 활용사례, 삼정KPMG 경제연구원, 2017

기업운영 혁신을 위한 데이터 과학: 기업의 활용방안, 삼정KPMG 경제연구원, 2020

<개인 블로그>

https://rfriend.tistory.com/206

https://rfriend.tistory.com/227

https://jehoons.github.io/linkage-matrix/

https://godongyoung.github.io/머신러닝/2018/02/07/ISL-Linear-Model-Selection-and-Regularization_ch6.html

https://machinelearningmastery.com/machine-learning-in-python-step-by-step/

https://statkclee.github.io/statistics/stat-time-series-arma.html

https://github.com/Frixoe/xor-neural-network/blob/master/XOR-Net-Notebook.ipynb

https://smartstuartkim.wordpress.com/2019/02/09/history-of-neural-network-3-backpropagation/

https://3months.tistory.com/436

https://m.blog.naver.com/biz_data/221406798645

https://bcho.tistory.com/1208

<웹페이지>

https://www.accessnow.org/understanding-differential-privacy-matters-digital-rights/

https://www.kaggle.com/

https://github.com/

https://ideone.com/

https://colab.research.google.com/

https://www.kaggle.com/notebooks/

https://numpy.org/

https://pandas.pydata.org/

https://scikit-learn.org/

https://pypi.org/project/imageio/

https://matplotlib.org/

https://stackoverflow.com/

https://programmers.co.kr/

https://tacademy.skplanet.com/

https://opentutorials.org/

https://www.youtube.com/watch?v=rfscVS0vtbw

https://www.jetbrains.com/

https://ubuntu.com/

https://www.cosy.sbg.ac.at/~pmeerw/₩atermarking/lena.html

https://en.wikipedia.org/wiki/Iris_flower_data_set

https://github.com/div338/Divisive-Clustering-Analysis-Program-DIANA-/blob/master/divisive_clustering.py

https://github.com/corazzon/OpenData₩rangling

https://www.kaggle.com/c/titanic

https://www.kaggle.com/c/boston-housing

https://www.kaggle.com/c/boston-dataset/data

https://www.kaggle.com/rakannimer/air-passengers

https://www.kaggle.com/c/cudlfinance/overview

https://github.com/rajatsharma369007/CUDL-Finance-TIme-Series-Prediction

https://www.kaggle.com/c/GiveMeSomeCredit

https://github.com/IdoZehori/Credit_Score

https://www.kaggle.com/c/home-credit-default-risk

https://github.com/richars7/HomecreditRisk_kaggle

https://www.kaggle.com/c/loan-default-prediction

https://github.com/harishpuvvada/LoanDefault-Prediction

https://www.data.go.kr/

https://data.seoul.go.kr/
https://data.gg.go.kr/
https://www.aihub.or.kr/
https://www.kdata.or.kr/
https://www.data.gov/
https://ckan.org/
https://data.gov.au/
https://mimic.physionet.org/
https://github.com/MIT-LCP/mimic-code
https://www.nytimes.com/2019/03/27/technology/turing-award-ai.html
https://www.kaggle.com/c/digit-recognizer/data
https://www.ebsi.co.kr/
https://twitter.com/eturner303/status/1143174828804857856
https://joelgrus.com/2016/05/23/fizz-buzz-in-tensorflow
https://www.youtube.com/watch?v=FwFduRA_L6Q
https://github.com/facebookresearch/Detectron
https://github.com/facebookresearch/detectron2
https://github.com/keras-team/keras-applications/tree/master/keras_applications
https://github.com/1297rohit/RCNN
https://github.com/iArunava/YOLOv3-Object-Detection-with-OpenCV
https://image-net.org/challenges/LSVRC/2012/
https://datasetsearch.research.google.com/
https://research.google.com/audioset/
https://waymo.com/open
https://msropendata.com/
https://bbcsfx.acropolis.org.uk/
https://movieqa.cs.toronto.edu/home/

https://cocodataset.org/

https://rajpurkar.github.io/SQuAD-explorer/

https://www.wikidata.org/wiki/Wikidata:Main_Page

https://www.gutenberg.org/

https://archive.org/

https://interiornet.org/

https://tacodataset.org/

https://github.com/deepinsight/insightface/wiki/Dataset-Zoo

https://ko.wikipedia.org/wiki/공공데이터포털

https://openai.com/product/dall-e-2

https://chat.openai.com/

https://www.midjourney.com/

https://stablediffusionweb.com/

https://github.com/cmdr2/stable-diffusion-ui

http://vision.stanford.edu/cs598_spring07/papers/Lecun98.pdf

https://www.researchgate.net/publication/13853244_Long_Short-term_Memory

https://arxiv.org/abs/1406.2661

https://arxiv.org/pdf/1409.0473.pdf

https://arxiv.org/pdf/1706.03762.pdf

https://arxiv.org/pdf/2010.11929.pdf

https://arxiv.org/pdf/2103.14030.pdf

https://dacon.io/

https://dmadidxormr.tistory.com/4970

저자 약력

심준식

대일외국어고등학교 졸업
University of Oklahoma 경제학 학사
고려대학교 정보보호대학원 빅데이터 분석 및 응용 석사
고려대학교 일반대학원 사이버국방학과 박사수료(블록체인 및 암호화폐 연구)

(전) 딜로이트 안진회계법인 스타트업 자문그룹 이사
(전) 삼일 PwC 회계법인 리스크 어드바이저리
(전) ESC Ever(e스포츠 리그오브레전드 프로팀) Co Founder
(전) ASPN SAP FI Consultant
(전) 해병대 재정장교 중위

(현) 삼정 KPMG 회계법인 디지털본부 Director
(현) 금융감독원 '블록체인 발전포럼' 자문위원
(현) 미국공인회계사(CPA Licensed in Washington, U.S)
(현) 고려대학교 정보보호대학원 암호화폐연구센터 연구원
(현) 스페셜경제 자문위원
(현) Techstars Korea Startup Mentor

E-mail: jssim985@gmail.com

우재현

서울대학교 기계공학과 학사
서울대학교 전기컴퓨터공학부 석사(암호학)
고려대학교 정보보호대학원 박사(멀티미디어 보안)

(전) 우리은행 인터넷뱅킹 보안
(전) 삼성SDS 삼성그룹 보안
(전) 비플라이소프트 인공지능팀장
(전) 고려대학교 빅데이터응용 및 보안학과 겸임교수

(현) 메이플러스 대표이사
(현) 단국대학교 인공지능공학과 겸임교수

E-mail: bull0330@korea.ac.kr

감수자 약력

이승준

한양대학교 수학과 학사

(전) KB증권, IT센터 팀장/부장
(전) (주)일래스틱웨어, 대표
(전) 쌍용정보통신/시스템연구소, 연구원
(전) LG소프트, 연구원

(현) FinanceData.KR 대표

빅데이터, 인공지능을 만나다

초판1쇄	2020년 4월 29일
4판1쇄	2025년 8월 1일
저 자	심준식, 우재현
감 수 자	이승준
발 행 인	이준수
발 행 처	한국금융연수원 출판미디어사업부
	(03053) 서울시 종로구 삼청로 118
전 화	02) 3700-1500
팩 스	02) 3700-1530
홈페이지	www.kbi.or.kr
등 록	1990년 4월 20일(제1-1040호)
정 가	19,000원
I S B N	978-89-287-8277-2 13320

한국금융연수원 자격검정시험 안내

•「국가공인자격」은 자격기본법에서 정한 기준과 절차에 따라 국가가 공인한 자격으로 신용분석사, 여신심사역, 국제금융역, 자산관리사(FP), 신용위험분석사(CRA), 외환전문역 I종, 외환전문역 II종 등 7개의 자격이 있습니다.

•「자체인증자격」은 우리 원이 인정, 수여하는 자격으로 공개시험형 자체자격인 프라이빗 뱅커(CPB), 은행텔러, 영업점 컴플라이언스 오피서(은행)(보험)(증권), KBI 금융DT 테스트, 자금세탁방지 업무능력 검정시험 등 7개 자격이 있습니다.

구분	자 격 명 (공인/등록번호)	응시료	자격소개
국가공인자격	신용분석사 (제2024-1호) (2008-0438)	전과목 : 66,000원 1부 : 28,000원 2부 : 39,000원	금융회사의 여신관련 부서에서 기업에 대한 회계 및 비회계자료 분석을 통하여 종합적인 신용상황을 판단하고 신용등급을 결정하는 등 기업신용 평가업무를 담당하는 금융전문가
	여신심사역 (제2024-2호) (2008-0439)	전과목 : 66,000원 1부 : 28,000원 2부 : 39,000원	금융회사의 여신심사 담당자로서 경제상황과 기업의 재무, 비재무상태 등을 분석, 파악하여 적정한 대출심사 의견서 작성, 대출이율 및 대출기간 결정 등 대출실행 여부를 판단하고 자금의 효율적 운용, 대손 방지를 위한 제반조치, 여신의 법률적 검토, 사후관리업무 등 여신업무와 관련한 종합적인 업무를 수행하는 금융전문가
	국제금융역 (제2021-1호) (2008-0440)	전과목 : 66,000원 1부 : 33,000원 2부 : 33,000원	금융회사의 국제금융 관련 부서에서 국제금융시장의 동향파악, 분석 및 예측 등을 통하여 외화자금의 효율적 조달과 운용업무를 담당하고 이에 따른 리스크관리 등 국제금융 관련 업무를 수행하는 금융전문가
	신용위험분석사(CRA) (제2023-2호) (2008-0442)	1차 : 77,000원 2차 : 88,000원	금융회사 및 기업신용평가기관 등에서 개인과 기업에 대한 신용상태를 조사평가하고 신용위험을 측정 · 관리하는 여신전문가
	자산관리사(FP) (제2020-1호) (2008-0441)	전과목 : 55,000원 1부 : 28,000원 2부 : 28,000원	금융회사 영업부서의 PB(Private Banking) 팀에서 고객의 수입과 지출, 자산 및 부채현황, 가족상황 등 고객에 대한 각종 자료를 수집, 분석하여 고객이 원하는 Life Plan 상의 재무목표를 달성할 수 있도록 종합적인 자산설계에 대한 상담과 실행을 지원하는 금융전문가
	외환전문역 I종 (제2020-1호) (2008-0436)	전과목 : 55,000원	금융회사의 외환업무 중 외국환 거래 법규 및 외환거래실무를 이해하고 고객의 외화 자산에 노출되는 각종 외환 리스크를 최소화시키는 등 주로 개인 외환과 관련된 직무를 담당
	외환전문역II종 (제2020-1호) (2008-0436)	전과목 : 55,000원	금융회사의 외환업무 중 수출입업무 및 이와 관련된 국제무역규칙을 이해하고 외환과 관련된 여신 업무를 수행하는 등 주로 기업 외환과 관련된 직무를 담당
자체인증자격	은행텔러 (2008-0437)	전과목 : 55,000원	창구에서 일어나는 제반업무에 대해 신속하고 친절한 업무수행과 정확한 업무처리로 고객에게 도움을 주고 상담을 통해 문제해결을 하도록 도와주는 금융전문가
	영업점 컴플라이언스 오피서(은행) (2010-0118) (보험, 증권) (2013-0702,0703)	전과목 : 각 44,000원	금융회사의 영업점에서 준법관련 법규와 감독기관의 감독규정이 정한 내용과 취지를 충분히 이해하고 업무 수행과정에서 이를 준수하며, 영업점에서 발생 가능한 금융사고 및 민원사항이 발생하지 않도록 사전적 예방 차원에서 그 준수사항의 이행을 점검하는 금융전문가(은행, 보험, 증권 분야별로 자격이 구분됨)
	프라이빗뱅커 (CPB) (2018-004091)	1차 : 110,000원 2차 : 342,000원 (실무교육)	개인고액자산가의 자산 및 수익증대를 실현하기 위해 금융분야 전반에 걸쳐 종합적인 금융상담과 실행을 지원할 수 있는 최고급 수준의 금융자산설계전문가
	KBI 금융DT 테스트 (2021-001872)	전과목 : 44,000원	금융인 및 예비금융인을 대상으로 디지털금융 전반에 대한 기본지식과 업무활용능력 등 금융DT 관련 기본역량 평가
	자금세탁방지 업무능력 검정시험 (2023-004792)	전과목 : 66,000원	금융시스템을 이용한 자금세탁행위와 공중협박자금조달행위를 적발 및 예방할 수 있는 전문적인 업무역량 평가

소비자 알림사항

•상기 "프라이빗뱅커(CPB)", "영업점컴플라이언스 오피서(은행)(보험)(증권)", "KBI 금융DT 테스트", "은행텔러", "자금세탁방지 업무능력 검정시험" 자격은 자격기본법 규정에 따라 등록한 민간자격으로, 국가로부터 인정받은 공인자격이 아닙니다.

•민간자격 등록 및 공인 제도에 대한 상세내용은 민간자격정보서비스 (www.pqi.or.kr)의 '민간자격 소개'란을 참고하여 주십시오.

기타

•응시료 환불 규정 : 접수기간 중 100%, 접수기간 종료 후 시험일 5일전 18시까지 50% 환불/이후 환불 불가

•자격 공인번호는 재공인시점에 따라 변경될 수 있으며, 응시료, 환불규정 등은 응시 시점에 따라 변경될 수 있으니 자격시험 응시 전 반드시 한국금융연수원 홈페이지에서 응시하고자 하는 자격시험에 관한 최신 정보를 확인하시기 바랍니다. 자격시험에 관한 자세한 사항은 한국금융연수원 홈페이지를 참조하시기 바랍니다.

•주소 : 서울특별시 종로구 삼청로 118 / TEL : 02-3700-1500 / 홈페이지 : www.kbi.or.kr